ここからはじ[める] 文章・談話

高崎みどり・立川和美 編

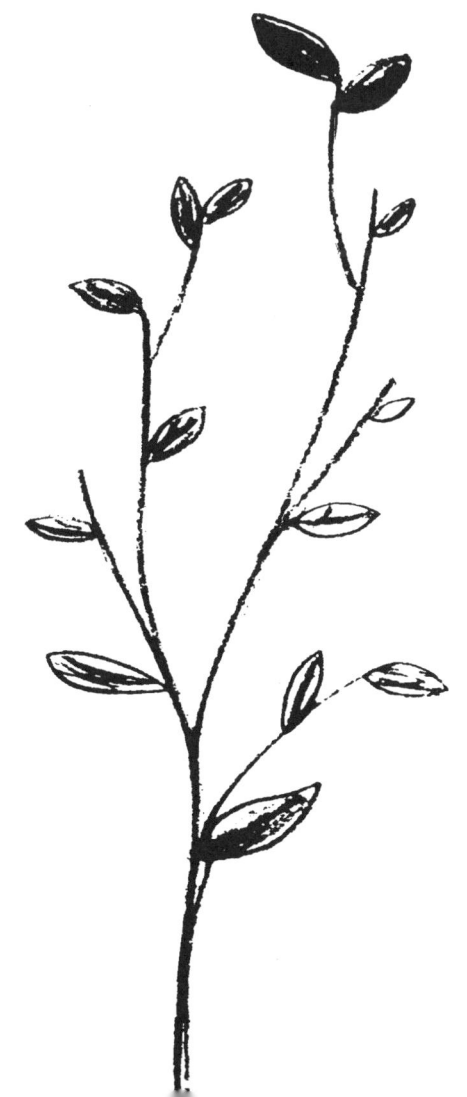

ひつじ書房

まえがき

　このテキストを編みたいと思った動機は三つあります。一番目は、若い方たちに、"日本語の豊かさ"というものを実感してもらいたいということです。"日本語の豊かさ"とはよく言われますが、具体的にどのようなものであるかは、意外にはっきりしてはいないのではないでしょうか。

　身の回りを見回すと、いろいろなレベルのことばが満ち溢れています。中には、非常に美しいと感じられることばの連なりもあれば、日本語の乱れとして嘆かれるものもあることでしょう。情報だけが早く伝わる方がいいものもあれば、込められた感性をゆっくり味わいたいものもあることでしょう。そのような豊かなことばを聞きわけ、表現しわけているのが私達の言語生活の現状です。それではその豊かさ、すなわち多様性、あるいは美しさや乱れとは、具体的にどのような言語形式の連なりの結果なのでしょうか。あるいは、どのような仕組みを持ち、どのような歴史を受け継いでいるのでしょうか。ぜひ、それを知って、そして日本語の使い手みんなで、豊かな日本語の富に対する感動を分かち合いたいものです。

　二番目は"身近なものを客観視"することの大切さです。このテキストには、皆さんが日常接する生きた日本語の姿が示されています。こうした、ふだんの日本語のありさまを客観化してみることは、なかなか難しいものです。自分自身を鏡の中で見つめるような気恥かしさもありますし。しかし、身近なもの、自明なことを客観化するということは社会の一員としてとても重要なこと。ことばの観察作業が、そうした姿勢を持つ手がかりになってくれればいい、と願うものです。

　最後は手短に。コミュニケーションの手段は様々ですが、やはりその根本のところには"ことば"があるのだ、ということ。こうしたことを再確認していただければと願っています。

2008年1月10日

高崎みどり

立川和美

[付記]

本書を上梓するにあたって資料提供などでご援助いただいた以下の方々に深く感謝申し上げ、この場を借りて厚くお礼を申し上げます。

第1章　藤本鉄石書簡の図版の転載をご許可くださった、京都大学附属図書館
第2章　広告の転載をご許可くださった、パナソニックモバイルコミュニケーション株式会社
第6章　小説『電車男』の転載の許可および誤りの箇所をご指摘下さった、『電車男』担当の編集者ならびに新潮社
第8章　随筆の『文藝春秋』巻頭随筆「気配りとずるさ」の掲載をご許可下さった、文藝春秋社および山内昌之氏
第10章　狂言舞台の挿絵を提供下さった田嶋明日香氏（お茶の水女子大学文教育学部日本語日本文学コース）

さらに、このテキストの出版を勧めて下さり、何かとご援助下さったひつじ書房の松本功氏、森脇尊志氏に、感謝いたしたく存じます。

目　次

まえがき ……………………………………………………………………… i

はじめに …………………………………………………………………… 1
- 1　本書の概要 ………………………………………………………… 1
- 2　文章・談話の研究とは何をすることか ………………………… 2
  - 2.1　文章・談話とは ……………………………………………… 2
  - 2.2　文章・談話研究とは ………………………………………… 3
  - 2.3　「文章」と「談話」の区別について ……………………… 5
  - 2.4　文章・談話研究とほかの分野の関連 ……………………… 6
- 3　音声言語と文字言語研究に必要な知識 ………………………… 7
  - 3.1　概観 …………………………………………………………… 8
  - 3.2　音声言語と文字言語の関係 ………………………………… 12

1　新しいコミュニケーションツールのことばについての分析——ケータイメールを中心としてPCメール・チャット・ブログなどを材料に …………………………………………………………… 19

研究角度　①表記…23　②用語・文体…26　③文末(発話末)…28
　　　　　④あいさつ・感動詞・応答詞…29　⑤隣接ペア…30
　　　　　⑥ディスコミュニケーション、フレーミング…31
　　　　　⑦全体構造…32　⑧メールは話しことばか書きことばか…35

　課題 ……………………………………………………………………… 37

2　広告のことばの分析―ネット広告と雑誌広告を材料に …… 43
研究角度　①構成…46　②文と非文…49　③文脈…51
　　　　　④キャッチコピーの表現形式と効果…52
　　　　　⑤キャッチコピーのレトリック…57
　　　　　⑥広告の文章の歴史…59
　　　課題 …………………………………………………………… 62

3　日常会話の分析―小学校教員の談話データを材料に ………… 65
研究角度　①人称…69　②性差…70　③場面差…72
　　　　　④重なり…73　⑤会話の構成…75　⑥話題語…77
　　　　　⑦緩和表現・注意喚起表現など…78　⑧笑い…80
　　　課題 …………………………………………………………… 81
3章のデータ処理法 …………………………………………………… 86

4　目的をもった会話の分析―相談談話をモデルとして ……… 99
研究角度　①談話構造…106　②話者交替…109　③あいづち…111
　　　　　④フィラー…112　⑤ディスコースマーカー…113
　　　　　⑥指示語…115　⑦比喩…118　⑧引用…119
　　　　　⑨助言の間接性…120　⑩ポライトネス…122
　　　課題 …………………………………………………………… 128

5　小説の文体分析―色々な作品を材料に ……………………… 135
研究角度　①位相と文体…140　②文体の比較―漱石と鷗外…145
　　　　　③「文章讀本」からみる作家の文体意識…147
　　　　　④語り手の設定…148　⑤統計的文体論…150
　　　　　⑥文体形成にかかわる言語形式の諸項目…151
　　　課題 …………………………………………………………… 153

6　新しい形態の文章の文体分析——『電車男』を材料に ……… 159
研究角度　①成立・ジャンル…162　②作者…163　③構造・構成…164
　　　　　④文脈…168　⑤表現…169　⑥位相…169　⑦表記…170
　　　　　⑧文末表現・間（ま）…171　⑨比喩表現…172
　　　　　⑩描写法…173　⑪ウェブ上の文学について…174
　　課題…………………………………………………………………… 176

7　新聞記事の分析——社会面の記事二種を材料に ……………… 179
研究角度　①空間的配置…181　②見出しの特性…182
　　　　　③新聞記事テクストの型…183
　　　　　④接続助詞の使い方や文構造の工夫…185
　　　　　⑤一文の長さ…187　⑥文末表現…188　⑦語彙の特性…191
　　課題…………………………………………………………………… 192

8　随筆の分析——『文藝春秋』巻頭随筆を材料として …………… 195
研究角度　①パラグラフと構造…197　②文末表現…199
　　　　　③指示語…203　④語彙の結束性…206　⑤接続表現…207
　　　　　⑥随筆というジャンル…209　⑦引用・話法…211
　　課題…………………………………………………………………… 212
8章のデータ処理法………………………………………………………… 217

9　古典文学作品の分析——『枕草子』第一段「はるはあけぼの」を
　　　材料に ……………………………………………………………… 221
研究角度　①文章史から見た和文体…222
　　　　　②『枕草子』の随筆テクストとしての特徴…223
　　　　　③第一段の特性——新鮮な美意識…224　④文章の構成…225
　　　　　⑤文の特徴と構造…226　⑥清少納言による一般化の発想…227
　　　　　⑦語り手の存在…228　⑧和文体に見られる和歌的表現…229
　　　　　⑨詞書と歌との文脈関係…230　⑩モダリティ…230

⑪比喩表現…231
　　課題……………………………………………………………… 231

10　狂言の分析―「附子」を材料に ………………………… 235
研究角度　①狂言「附子」のテクスト概説…240
　　　　②狂言の口語的性格…241
　　　　③狂言テクストにおける「笑い」のタイプ…246
　　　　④狂言の登場人物と「笑い」…248
　　　　⑤狂言の構造…249　⑥狂言のレトリック…252
　　　　⑦狂言の身体表現…253
　　課題……………………………………………………………… 254

索引……………………………………………………………………… 259

はじめに

1　本書の概要

　このテキストは、大学の学部における、文章・談話についての**講義用・演習用テキスト**として編んだものである。

　内容は10章に分かれ、それぞれの章は、具体的な文章や談話文字起こしを掲げて、いくつかの観点から分析するという、**【例＋分析】**から構成されている。

　例に掲げた文章・談話は、古典文学から最近のものまで、ジャンルも随筆から小説、新聞記事、広告やメールや話しことばまで多岐にわたる。

　分析の角度は、文章論・文体論やテクスト分析・談話分析のいろいろな先行研究をカバーするように幅広くした。また、それらの角度以外にも、たとえば文法現象や語彙の性質といったものが、文章・談話という環境の中ではどのように発現するのかをみることもできる。

　ひとつの分析角度はひとつの項目で紹介し、簡単な理論の紹介や、例を使った観察をコンパクトにまとめた。項目の中で紹介しきれない部分は注に送り、また相当する関連文献を章末に掲げた。各章で平均して7項目前後の分析角度を示している。

　それぞれの分析は簡潔に記述してあるため、完全に分析しきれているわけではない。単なるヒントにとどまる場合もあるので、できれば学生の皆さん自身の手で完結させてほしい。

　また、各章の最後に**課題**がいくつか設けてある。例の文章や談話を使っ

て、すぐできる課題もあるが、参考文献を調べたり、また材料を自分で探して、分析を加えなければならないものもある。興味や必要に応じて挑戦してほしい。そのために必要と思われる**コンピュータを使った処理法**を3章・8章に概説してある。

　本書の第1章からは、早速、具体例とその分析に入っていくので、その前に、文章・談話について、多少概説的な事柄を述べよう。

2　文章・談話の研究とは何をすることか

2.1　文章・談話とは

　ことばについてのほかの研究分野、たとえば語彙論や文法論に比べて、単に対象とするサイズが大きい（語→文→文章・談話）ということだけが異なるのではない。

　文章・談話はことばの具体的環境、現実使用の場である。文法ルールや語彙の意味の発現の場であり、文法の変化、意味の拡張・縮小、質的変化も、これらの実際の使用の場面で起こってくる。

　また、文章・談話は、言語による私たちの生活である。あらゆる文章・談話はどんなにささやかなものでも目的と意味をもち、ときに楽しみであり、義務でもあり、文化・芸術や政治や経済や外交関係などの社会のあらゆる側面で、人を動かすことに深くかかわる。

　あらゆる文章・談話に送り手が存在し、それぞれのもつ特質が反映する。また、送り手が存在するなら受け手も存在し、送り手は受け手を意識しながら自らの文章・談話を紡いでいく。受け手の存在は確実に送り手の表現姿勢をコントロールし、特に日常会話のような談話においてそれは顕著であるが、文章においてもそのような傾向はみられる。

　たとえば小説や論説のような文章は、だれかが読まなければただの小さな黒いインクのシミの連なりである。読み手がそれを辿り、意味をみいだすことでそれは文章として成立する。もちろん、書き手の生産の場と読み手の受容の場は、時間的空間的に隔たっているのが普通なので、読者の成立させた

文章の意味というものは、原初の文章の意味といくらか、ずれているかもしれない。その意味で、読書行為を、読み手による文章の意味の再生産であるとする考え方もある。

聞き手、読み手という受け手の存在は、談話・文章を成立させる上で必須の要素である。受け手は、談話・文章を受容したときに、おそらくは何らかの反応をするだろう。談話であれば、その反応を次は自分の発話となして、相手に返す。やりとりが成立し、それが繰り返されて、会話が紡がれていく。文章であっても、受け手は反応として、解釈や反駁を自分の中に作り上げる。ときに、もとの文章を引用して評論したり、反論したりすることもある。これを、文章・談話を中にはさんでの相互作用であると言ってかまわないだろう。

過去には膨大な量の文章・談話が存在し、大部分は消えたが、あるものは残っている。そして、今日、この今の時点でもいろいろな文章・談話が生産されつつあり、受容されつつある。それらはひとつひとつどこか違っており、それぞれがユニークなものである。まったく同じものはありえない。それが文章・談話である。同じようにみえても、同じではないという、そういう存在である。

2.2 文章・談話研究とは

大きさの点でいえば、文章・談話は、文や発話がいくつか連なったものであるから、文法論や語彙論で扱うよりも大きいサイズを対象として考えなければならない。構文論でも語彙体系でも、ただでたらめに品詞や語彙が集まるのではないように、文章・談話においてもAの文はBの文の前に位置しなければならない必然性をもっており、ただの文連続ではない、何かの原理が働いている。よく国語の試験問題で、ひとつだけ文を抜き出しておいて、「この文はどこに位置するのが正しいか」を問うたり、いくつかの文の順序をでたらめに並べておいて「どういう順序に並べるのが正しいか」を問う問題が出題できるのも、そこに順番を決定する何らかの原理が働いていると我々が信じているからである。その原理とはどのようなものなのかを研究し

ていく。

　また、文章・談話は、文法や語彙の理論の実際が試される環境を提供してもいる。理論的に考えられてきたいろいろなルールや仮説やグルーピング法を、具体的な場にさらすことによって、それらで説明できないような現象が見出されるかもしれない。それを何とか説明しようとするうちに、その文法や語彙の中に潜んでいた別の側面をみつける可能性もある。

　研究対象の扱い方の姿勢も、語彙や文法研究と少なからず違っている。たとえば、"こういう場合は必ずこうである"というような、ルール的なものを、文章・談話研究で見出すのはなかなか困難である。だが、気楽な日常会話のような場合も、ただ勝手に思いつくままを言い放しにするわけではない。よく観察すると、会話をうまく運ぶために、参加者全員はそれぞれ努力していることがわかる。まるで、彼らが気づかないで守っている取り決めがあるようなのだが、それはどんなものなのであろうか。

　いわゆる若い層が次々に繰り出す「日本語の乱れ」は、ことばを使うにあたっては、ルールに忠実であることよりも、その場その場のコミュニケーションの「達意」性のほうが重要であることを示している。ことばの実際の使用は、ルールとルールを足し算したものよりももっと曖昧性に富み、場の干渉や援助を強く受けている。

　単位について考えることもことばの研究には重要である。文は、ひとまとまりのことを言い切った、ひとつの単位であるとされる。しかし、文章からみると、むしろ1文で、言い切れないから次の文が必要で、その言い切れていないお互いの依存性が、次々と連続して文章を構成しているつながりともなっている、ともいえる。より小さい単位が集まって、より大きい単位を構成していく、という、きれいな仕組みが、文章・談話に存在するのかどうか、存在するとしたらどのような単位がどんなふうに集まって、意味をもった全体としての文章・談話を作り上げているのか、観察を重ねる必要がある。

2.3 「文章」と「談話」の区別について

　文や発話[1]より大きいサイズの、ひとまとまりの言語の研究は、前提として、"話しことばと書きことば"というような二項対立の観点をもっている。特に日本語では、話しことばと書きことばの懸隔が甚だしかった時代が長く、それが現代語でも保たれて、二つを区別して考えるほうが便利であった。

　しかし最近は電子メールやチャット、ブログといった新しいメディアによるコミュニケーション、そして構えた姿勢なしでまるでお喋りするような、肩の力のぬけた新しい文体の広がりや、また「ライトノベル」[2]「ドラマCD」[3]といった新ジャンル、などなど、媒体として音声言語とも文字言語ともいえない、使用語彙のレベルとしても話しことば的とも書きことば的とも限定できない、"ことば"が増えてきた。さらに各種学力調査において明らかになった「読解力の低下」「作文力の低下」などの一種の"書きことば離れ"を考え合わせると、典型的なもの、規範的なものとして「書きことば」をきっちりと位置づけて、「話しことば」と対立させて考えることがなかなか困難になってきた。

　最終的には、書きことば・話しことばの区別を超えて、日常、身の回りにある日本語を"テクスト"として切り取って、同一平面で研究対象に据えたい、と願っている。そのためには、身の回りにどんなテクストがあるのか、それをどのような角度から切り込んでいけば実体がつかめるのか、ということを丹念に確認する必要があるのである。

　今後、どんな文章・談話がユニークさを競って、生産されるのか、見当もつかない。しかし、文法や語彙の史的変化と同様、それらは一定の方向に変化していくことが予想され、その変化はコミュニケーションの質の変化ともつながり、私たちの生活に徐々に影響を及ぼす。それだけに、過去に存在した文章・談話を、現在の研究の観点から参照する必要があり、文章文体史・言語生活史は重要な分野である。それらをふまえた上で、「話しことば」「書きことば」の区別を超えた、現実に生産される日本語の根源的様相をぜひともとらえてみたいものだ。

2.4　文章・談話研究とほかの分野の関連

　文章・談話研究は、一般的な日本語学・言語学以外にも、さまざまな分野と関連している。その一部ではあるが、簡単に紹介してみよう。

〈国語教育〉

　国語教育では、教材や単元をジャンル分けから系統だてることが多い。そのジャンル分けには、文章論や談話理論が生かされている。各々の文章や談話のパターンや特色を明確にした上で、いろいろな種類の文章・談話を読み、書き、かつ聞き、話すチャンスを与えられるように、理論的な整備をするのが、文章・談話研究のつとめといえる。

　文章・談話理解の作業の基礎となる、段落分けや主題、要約やあらすじ、といった事柄は、多く文章・談話論の理論が提供すべきものであろう。表現上の作業（作文やディベート）においても、その誤りを正すことはできても、よりよい表現のための系統だった理論を提供することは容易ではない。小学校1年から高校3年まで、無駄なく落ちなく指導を積み上げるための理論的支柱を提供する必要がある。

　また、国語教育の側から、どのような文章・談話の構成や構造、文体・表現であれば、読解や聴解の上で効果的か、といった実践上のフィードバックもなされている。作文作成作業時の、思考や感情が文字化されるまでの"試行錯誤"の観察や、教室で行われる談話の中にあるルールの発見、日常の会話とは違う談話文体へのシフトなど、実践の場からの教示も多い。

〈日本語教育〉

　第二言語教育という点で、外国語教育に共通する作文教育や読解教育などの方法論も有効であるが、やはり文章・談話というサイズにおける"日本語としての自然さ"というきわめて曖昧な部分をきちんと説明することが必要であろう。誤用分析における、"間違ってはいないのだが、何となくおかしい"表現や、読解において要点をつかめない学習者の悩みなどを分析すると、日本語の文章・談話特有のポイントをふまえていないから、という場合

もある。

　そうしたポイントの整理、日本語特有の文章・談話の展開方法のとらえかたなどの理論が、要求されており、それに答えようとするかたちで発展してきた文章・談話研究の部分も多い。たとえば談話でのあいづちの打ち方のタイミングは、コミュニケーションの滑らかさにもかかわるが、日本語教育の研究者によって重要な指摘が多くなされたなど、日本語教育の現場からの分析は文章・談話研究において不可欠なリソースとなっている。

〈文学研究〉

　文学において作品や作家の表現を論ずるときに「文体」という角度からみることがある。そこに使われていることばについての個性的特徴を、作品世界や作家の文学性に結び付けて論じることが多い。その、ことばについての特徴を拾うポイントを言語学の枠組みで体系化し、方法論として精緻化したのが「文体論」という分野であるといえる。

　「文体論」は文章論の中のひとつの角度として扱われる場合もあるし、また文章論・文体論として並立させる場合もある。いずれにしても両者は異質のものではない。「文体」というものを受容者が認知する、異質性としての表現効果である、と考える立場もあるが、これは、文章の成立が受容者の存在にかかっているという考えの延長線上にある。「文章論」は文章の一般的なありかたから入り、「文体論」は文章の個性的なありかたから入るもので、同じく文章を対象とする点で両者は連続的な面をもつという考え方もあるのである。

　文学研究者の感覚的な指摘を裏付けたり、作者自身も無自覚な創作手法の変化を実証したりと、文学研究に有効な材料を提供する、という意味で成果をあげている分野である。

3　音声言語と文字言語研究に必要な知識

　音声言語・文字言語を研究するための、ごく基本的な知識を、いくつかの

先行研究から、簡単にまとめてみる。

3.1 概観
〈場〉

　"送り手・ことば・受け手"が揃っているときそこに「場」ができる。それらが同時に存在しうるのが典型的な話しことばである。そこでは送り手と受け手の交替が始終起こる。ゆえにコミュニケーションは相互的となり、相手との共同作業で作り上げるものとなるので、あいづちなども必要になってくる。伝えたい内容とともに、聞き手への配慮がことばとなって多く現れる。それで終助詞や終助詞的表現、間投詞や敬語が使われることとなる。「場」がしっかりと存在するので、「場」への依存度が高くなり、指示表現(特に現場指示)、省略が多くなる。また、生身の表現主体の属性(性・年齢・立場・感情…)が現れやすい。

　書きことばでは、書くときも、また読むときも、書き手と読み手は普通同時には存在せず、また「ことば」も形を変えている(原稿から完成された形へ)ので、「場」が話しことばほどしっかりと意識はされない。そのため、話しことばで見られたような様相は観察し難いが、"場"への配慮が全くないわけではない。文末のモダリティなどに形を変えて存在している。

〈媒体〉

　次に媒体に注目して、音声がもつ諸側面を考えよう。

　音声はすぐに消える。だからひとつひとつの発話は文字言語に比べると短く、単純な構造とならざるをえない。繰り返しや不整表現(倒置・補足・挿入・不照応)も多くなる。ことばを遡って直すことはもちろんできない。また沈黙を避けようとすると無意味なことばや発声もせざるをえない。計画を立てる時間も少ないので、言いよどみもある。文字言語のように、立ちどまって読み返す、考え込むということができず、時間の流れに沿ってせかされるように進んでいくので、融合形やくずれなど、言語経済的な表現方法も採用する。「声」には高低・強弱・大小などがあり、それらでことばにニュ

アンスを補う。感動詞も使用される。

そして、耳で聞くので、同音異義語が多い漢語は避けられる。漢語が少なくなるのは、ほかに話題の質からくる使用語彙の差異もあり、日常会話では基本的で意味のカバー範囲の広い和語が選択される。したがって少ない種類の語彙を頻度高く使うのが音声言語の特色である。品詞的には名詞が少なく、副詞が多いというデータもある(新聞文章と日常会話を比較して)。たとえば「ほんとに」「すっごく」などが連発される会話も連想されよう。

また、コミュニケーションの形態として、音声言語の場合は直接性が高いので、時と場合によって「おはようございます」「バイバイ」といったあいさつのことばが、多く必要となってくる。こうしたあいさつの語は感動詞とともに、実質的な情報はあまり含まないのであるが、円滑なコミュニケーションにとっては必須のものである。

〈書きことばと話しことばの特徴と種類〉

まず、「書きことば・話しことば」という言い方であるが、主として語彙面や文体面に焦点をあてた場合に使用されることが多い。媒体に焦点をあてたときには、上でみたように「文字言語・音声言語」という言い方をすることもある。また、特に「書きことば」という言い方は、実際の我々の言語生活においてはむしろ"読みことば"であることが多いので、実態・実感を反映していない用語ではある。

用語の吟味はひとまずおき、ここでは、市川(1978)、清水(1999)、定延(2003)、森山(2003)などの先行研究をもとに、特徴と種類という観点から整理してみよう。

■(典型的な)書きことばの特徴
1. 情報・知識を中心的内容とする。
2. 予め準備可能。心構えをすることができる。
3. 非個人的・中立的な述べ方が可能である。
4. 具体的な"場"がまつわる敬語法から自由。

5. 主題・テーマが表示でき、開始や終了、あるいは思考の区切りや内容ごとのまとまりを視覚的に表示できる。圧縮した簡潔な述べ方ができる。
6. 不特定多数を対象とし、公共性が高い。
7. 一方向の伝達が効率的。
8. 文字を使用する。

■ **書きことばの種類**

普通、「書きことば」として意識されるのは、随筆・小説・詩・短歌・俳句／評論・論説・論文／報道・解説・説明・報告の文章／歴史・伝記・回顧録などであろう。しかし日常生活で身近な、日記・記録・メモ・ノートの類や通信・手紙の類も「書きことば」であるし、規約・法令・条例・契約書・証明書・届出書・請求書・申立書・願い書／掲示・通知・広告・標示／教典などもその中に入れることができるだろう。

■ **(典型的な)話しことばの特徴**

1. 経験・感情を中心的内容とする。
2. 心構えなく、いきなりその只中に遭遇する。
3. 位相や方言など個人的・私的な話し方の個性が出る。
4. 具体的な"場"がまつわるため、敬語法に縛られる。
5. いきなり始まり、話題は次々と変わって展開は予め予想ができず、どこが終了かを明示できない。また、冗漫・冗長となりがちである。
6. 一対一が基本であり、特定少数の中で行われ、公共性は低い。
7. 双方向のやりとりによって互いに作り上げていく作業が満足感を生む。
8. 音声を使用する。

■ **話しことばの種類**

家族や友人・知人などの身近な人びとの間での日常会話や、電話の会話、

各種機関・商店などでのやりとりが典型的な「話しことば」といえる。そのほか、会議・討議・討論／演説・スピーチ・講演・講義も「話しことば」に入る。また"聞く"側に立つことが多いにしても、ラジオ・テレビのニュースやドラマなどの番組、公共的な場所でのアナウンス・機械音声、広告宣伝放送なども入れることができるだろう。

以上に加えて、実際には書きことば・話しことば両方にわたるものもある（上記と重なるものもある）。たとえば、

1. 戯曲・脚本、対談・座談・インタビュー記事、口述筆記、録音文字起こし
   ——話しことば的な面が強いが、文字で表現されている。
2. 朗読・暗誦、演説・講義・講演
   ——書きことば的な面が強いが、音声で表現されている。
3. パソコンや携帯電話の画面上でのメールや投稿など
   ——話しことば的な面と書きことば的な面と、それらのどちらともいえない新しい面とが入り混じっている。文字で表現されている。

以上、簡単に書きことば・話しことばの特徴と種類をあげてきた。「特徴」はある程度典型的なものを想定して考えることが可能であるが、「種類」に分けるのは実際はなかなか難しいのである。目的・用途や文体、相手の特定・不特定、分類の細かさのレベルなどによってさまざまな観点があるからである。また実際の言語生活に照らしあわせて、身近なものや縁遠いもの、専ら受け手になっているものや送り手にも受け手にもなっているもの、など、人によってさまざまであることも加わって、万人を満足させる分類というのは難しいものと思われる。

3.2 音声言語と文字言語の関係
〈音声言語からもみるという視点の必要性〉

　音声言語と文字言語(あるいは話しことばと書きことば)は、二項対立にあるものとして扱われることが多い。すなわち両者を比較して相違点をあげるのだが、どちらかといえば、書きことばをもとにして、話しことばをみることが多いのではないだろうか。

　きちんとした構成や構造をもち保存に耐え、観察もしやすい文字言語を言語の研究の基本におき、そこから音声言語をみて、たとえば不整、倒置、省略……といった"特徴"を取り出す、というのが従来からのやりかたのようである。

　それはそれで必要な場合もあるが、音声言語を主体として文字言語をみる、といった観点、あるいは音声言語でもっぱら取りあげられてきた観点について、文字言語を対象として応用してみる、あるいはその逆、といったことにも目をむけてみてはどうか。たとえば、上にあげた話しことばの不整・倒置・省略は書きことばではなぜ許されないのかについて、清水(1999)は、書きことばは話しことばより時間的ゆとりがあるが、その分、言語表現への形式的評価は厳しくなると指摘している。

　音声言語の最も身近な形態である日常の会話においては、文字言語(たとえば典型的なものとしては新聞社説)ほど整った構造がない、などとよく言われる。これを、音声言語は構造というものを必須とはしない可能性、ないしは動的な構造が目的にかない、また要求されているという可能性として考えたらどうか。そして文字言語では平面的静止的な構造が目的にかない、かつ要求されている、と考えたらどうであろう。

　また、たとえば社説ではその全体(ひとつの文章)が終わったときには、ちゃんと構造が出来ているし、物理的な終わり(字数などの制限)を目指して構造を作り上げていくことができる。一方、日常会話ではやりとりが連続的であり中断しないことが目指されている。だから言いさし("完全には終わっていない"という表明)やあいづち("相手に続けさせたい"という表明)やフィラー("自分が続けたい"という表明)が形式として始終必要になる。相

手との会話を中断したり、自分から終わらせたりするのは社会通念上も失礼なことであるので、言い訳やあいさつが必要である。そして終わったときには社説のような構造などできてはいないことが多い。

　だから整っていないかというと、そんなことはない。会話には会話なりの整い方が存在する。たとえば会話では、隣り合った発話同士が緊密に繋がり、その無数の小さな構造体がどんどん連なっていくという動的な展開がある。そしてその後先の順序は、ひっくり返すことのできない厳密な線条性をもっている。が、全体としてひとつの閉じた構造をもつということはない。無限に続けることのできる開放的性格が、日常会話に平面的構造をもたらすことを妨げているのである。

　そもそも、話しことばの「文」つまり1発話は、相手が聞いてさえくれれば、「〜して、〜して、〜した時に〜したら、〜したので〜」と長々と続けていける。そして会話自体も、やりとりをしている参加者が、会話を続けたいという表明をし続ければ、ずっと続いていく。もちろん現実には、物理的にも限界がある。逆に言えば、書きことばにおいては、今の句読法では文を切っていかねばならず、"言い切る"決断をすることに余分な神経を使って随分不便だということになる。そして、これらのことは、「文」とは何か、という古くて新しい問いを突きつける。橋本文法で「文節」「文」の外形上の特徴として、その前後の音の切れ目の存在や、その内部の音の連続性を掲げていることが思い合わされる[4]。つまり「文」を説明するのに、音（＝話しことば）を援用せねばならなかったということになる。

〈言語音・非言語音〉

　音声言語を取り上げるなら、「音声」に着目するのは当たり前であるが、ここでは音韻論で扱われるような角度からでなく、もう少し実際的な場面での「音声」をみてみよう。

　まず、人間の発する音ではあるが、"言語音"ではないものについて考えよう。咳払いや叫び、ため息、笑い声、など、語として国語辞典には載っていないが、それぞれ意味を持ち、立派なコミュニケーション機能をもってい

る。たとえば、会話において、本当に面白さに耐えられず思わず笑ってしまう、という場合もあるし、そうでなくあいづち的な笑いの場合もあるだろう。

　また、逆に音を発しない状態がある程度続く状態、すなわち「沈黙」も、会話の中でいろいろな意味をもってしまう。あまり親密ではない関係の者同士では、なるべく沈黙という状態は避けようという努力がなされる。また、対面よりは電話での会話の方が、沈黙への許容度が低いようである。

　「沈黙」よりも短い「間（ま）」と呼ばれる無音の時間も、話すリズムとして必要な場合があり、聞き手にあいづちを要求する合図となったりすることもある。書きことばでは文節として一続きに表記される「明日はまた<u>冬に逆戻りしたような天気</u>になります。」（天気予報）の下線部も、実際話すときは「明日はまた冬に逆戻りしたような天気、になります」のように名詞と助詞の間を空けたり、"半クエスチョン"と言われる「〜天気？になります」となったりする。

　次に言語音に移ろう。まず、言語音と認識されるためには、ある語句を構成する音が連続して発声されることが必要である。そして会話のコミュニケーション上の単位としての基本単位は「発話」であるが、これも一続きに発声される。途中でほかの人に遮られれば、言いかけであっても、そこまでが1発話となる。つまり「話し手」が交替し、「こえ」が異なる箇所までは、形式的にはひとつの発話となる。さらに、割り込みや重なりにならないように礼儀正しく話者交替をしようとするとき、そのタイミングは今現在の話し手のポーズ（＝休止、間）や、ピッチが下がる瞬間を注意深くとらえることで計れるのである。親しい間柄では、重なりや割り込みが多くなるという観察もなされており、会話での音声の行き交い方は、親疎にまでかかわってくるのである。特に重なりは自然談話では異常なことでも何でもなく、むしろ会話の重要な特徴のひとつとして、もっと研究される必要がある。

　さらに、今現在の話し手に話し続けさせたいというとき、すなわちターンを譲りつづけるという表明は、聞き手のあいづちやうなづきによってなされるが、そのタイミングも、話し手のポーズや声が下がるとき、弱まるときで

ある。言い誤りや言いよどみなど、単にもたついているだけのときは、聞き手には話者交替や相づちのタイミングとはみなされない。話し手も聞き手の相づちを期待し、ポーズをとったり声の高低や強弱を調整したりする。このようにして会話のリズムが保たれ、スムーズな話者交替が実現していく。

　実に精密で繊細なシステムを作り上げているものだと感心させられる。

　もちろん、こうしたシステムは単に音声のタイミングだけに頼っているわけではなく、発話の内容や機能、言語形式（ケド、カラ、などの助詞、ネエ、ナアなどの間投詞）、あるいは視線や姿勢などの非言語行動等々が複雑に絡み合っていることはいうまでもない。

〈コミュニケーション効果〉

　最後に、音声とコミュニケーション効果についても注目したい。「〜してェー、〜してェー」「〜がァー、〜わァー」と延ばしたり、文の途中の区切りでいわゆる"半クエスチョン"にしたりして、一定のリズムをつけると、それなりに安定して自分のペースで話せるということがある。また、言いよどみによって遠慮や、言いにくいことをあえて言っているという気持ちなどを表現することも多い。ピッチの高低にかんしても、高いピッチの声を聞かされつづけると不快感をおぼえたり、ニュースを読むアナウンサーの声は低いピッチの方がニュースが聞きやすいといわれたり、などなど、音声とコミュニケーション効果は密接に関連している。

　特に、現在はメールという、"音声言語的文体をもった文字媒体"というありかたが臨時的ではなく常態化したツールが、コミュニケーション手段として大きな力をもっている。ここでは、過去においてなかなか完成しなかった「言文一致体」というものが急速に形成されつつあるのではないかと考える研究者もいる。このツールでは、文字というものさえ、一度解体されて、べつの文字として認識される（いわゆるギャル文字）し、顔文字(^^;)絵文字という先祖帰りしたような文字、はたまた多くの文字をピースのように使って構成されたイラストのようなもの（＝アスキーアート）が、短い簡単な文面を補うモダリティや伝達態度の表現手段として強力に働いており、"空気が

読める"証しとして欠かせない。

　このように音声言語の側から日本語をみる、あるいは音声言語と文字言語を同一平面において観察するという観点は、文章・談話分析に数々の興味深いテーマを提供してくれる。
　"今"この時代は、文章・談話研究者にとって、非常にエキサイティングな時代であることは間違いがない。そのようなときにめぐりあわせたことを幸せに思い、それが本テキストを編むエネルギーになった。以下、具体的な分析例を参考に、各自が面白いポイントをひとつでもみつけて、文章・談話研究に親しんでほしいと願う。

注
1　書きことばの「文」に相当する話しことばの単位。認定の仕方には諸説あるが、話者の交替による区切りや、同一話者中のイントネーションや終止させる言語形式による区切りなどをあわせ、総合的に認定する
2　「ライトラベル」は十代の読者を対象とした小説。イラストが入ることが多い。SFファンタジーやコラムなど。ジャンルは多岐にわたる。アニメや漫画とのメディアミックスも行われる。
3　アニメ・ゲーム・コミック・小説などを原作として、声や音だけで構成した作品。
4　橋本進吉『国語法研究』(岩波書店)pp.2–13

[参考文献]
市川孝(1978)『国語教育のための文章論概説』教育出版
上野直樹(1998)「アカウントのネットワークの組織化―帳簿に関連したリテラシーの形態」『言語』27(2)大修館書店
内田伸子(1999)「学校の中のコミュニケーション」『日本語学』18(7)明治書院
国立国語研究所(1987)『談話行動の諸相』国立国語研究所報告92　三省堂
坂原茂(1990)「談話研究の現在と将来」『言語』19(4)大修館書店

佐竹秀雄(1980)「若者雑誌のことば―新言文一致体」『言語生活』343　筑摩書房
佐竹秀雄(2005)「メール文体とそれを支えるもの」橋本良明編『講座社会言語科学2　メディア』ひつじ書房
定延利之(2003)「体験と知識―コミュニカティブ・ストラテジー」『國文學　解釈と教材の研究』48(12)學燈社
ザトラウスキー，ポリー(2004)「共同発話における参加者の立場と言語・非言語行動の関連について」『日本語科学』7　国立国語研究所
渋谷勝己(2003)「言語行動の研究史」荻野綱男編『朝倉日本語講座9　言語行動』朝倉書店
清水康行(1989)「文章語の性格」山口佳紀編『講座日本語と日本語教育5　文章・文体(下)』明治書院
田中章夫(1999)『日本語の位相と位相差』明治書院
マッカーシー，マイケル(1995)『語学教師のための談話分析』大修館書店
三浦信孝・糟谷啓介編(2000)『言語帝国主義とは何か』藤原書店
南不二男(1984)「理解のモデルについてのおぼえがき」金田一春彦博士古稀記念論文集編集委員会編『金田一春彦博士古稀記念論文集　第二巻　言語学編』三省堂
南不二男(1987)「談話行動論」国立国語研究所編『談話行動の諸相―座談資料の分析』三省堂
南不二男(2003)「文章・談話の全体的構造」佐久間まゆみ編『朝倉日本語講座7　文章・談話』朝倉書店
森山卓郎(2003)「話し言葉と書き言葉を考えるための文法研究用語・12」『國文學　解釈と教材の研究』48(12)學燈社
茂呂雄二(1988)『認知言語科学選書16　なぜ人は書くのか』東京大学出版会
茂呂雄二・小高京子(1993)「日本語談話研究の現状と展望」『国立国語研究所報告105　研究報告集』14　国立国語研究所

―雑誌特集号―
「話しことばのスタイル」(2001)『言語』30(7)大修館書店
「『話し言葉』の活力」(2005)『言語』34(1)大修館書店
「スキル　話しことばと書きことば―新・言文一致体のエクササイズ」(2003)『國文學　解釈と教材の研究』48(12)學燈社
「特集　会話」(1991)『日本語学』10(10)明治書院
「特集　話し合い」(1993)『日本語学』12(4)明治書院
「特集　現代の言語表現」(1997)『日本語学』16(7)明治書院

「特集　これからの談話研究」(1999)『日本語学』18(11)明治書院

―全体をカバーする事典類の紹介―
　以下にあげる事典・辞典は、文章・談話分析の分野のみならず、日本語学・言語学の各分野についての基本的、または応用的な知識を得るのに必要なものである。

・佐藤喜代治編(1977)『国語学研究事典』明治書院
・国語学会編(1980)『国語学大辞典』東京堂
・田中春美他編(1988)『現代言語学辞典』成美堂
・金田一春彦・林大・柴田武編(1988)『日本語百科大事典』大修館書店
・デイヴィッド・クリスタル著、風間喜代三・長谷川欣佑監訳(1992)『言語学百科事典』大修館書店
・小池清治・小林賢次・細川英雄・犬飼隆編(1997)『日本語学キーワード辞典』朝倉書店
・ケーティ・ウェールズ著、豊田昌倫他訳(2000)『英語文体論辞典』三省堂
・小池清治・小林賢次・細川英雄・山口佳也(2002)『日本語表現・文型事典』朝倉書店
・小池生夫他編(2003)『応用言語学事典』研究社
・中島平三編(2005)『言語の事典』朝倉書店
・日本語教育学会編(2005)『新版日本語教育事典』大修館書店
・飛田良文他編(2007)『日本語学研究事典』明治書院

※また、最新の研究動向について知るには、以下の年鑑を調べるとよい
・国立国語研究所編『国語年鑑』大日本図書
・国立国語研究所編『日本語教育年鑑』くろしお出版

1 新しいコミュニケーションツールのことばについての分析

ケータイメールを中心として
PCメール・チャット・ブログなどを材料に

[例1] ケータイメールのやりとり
(20代女性の友人同士。大学時代の共通の友人の○子が結婚することになり、Aがお祝いパーティの幹事をBに一緒にやろうと勧誘する。以下は、AとBの1回ごとのメールの画面の再現。)

```
1 A  オヒサ♥ 元気ィ？ ○子が結婚することになった☺なんと(笑)で、○月○
     日夜あいてたりする？友達パーチー🍽一緒に幹事やっツァくれん？
2 B  おーおーおーそっかー。。。(感泣)相手どーゆー人⁉︎ってそれ土曜かぁ…むむ微
     妙かも💭返事ちょと待ってもらったりしていい？
3 A  いいよー☺場所は▲▲の××なんだって！！！詳しい情報知らせよっか⁉︎
4 B  うん、ありがと。そこってたぶんレストランウエディングで有名なとこだよ〜
     ☺○子らしいね〜
5 A  へー詳しいねー。じゃ幹事もまかせてOK🎵よね？
6 B  うーん・・・実はさー、最近💰ピンチ💦でその日もバイト入ってるし微妙😭ご
     めん🙇
7 A  そうなんだ・・・じゃ別の人にあたってみるねー
8 B  ごめんよー💦お役に立てなくて。。。。
9 A  いいよー気にしないで☺じゃあ来られそうだったら✉してねー
10 B はーい☺
```

[例2] チャットのやりとりの例
(山歩きが趣味の人が集まっているチャットルーム。年齢・性別は不明。A・B・C・Dはチャット上の名乗りを示す。)

```
1  Aさんが入室しました
2  Bさんが入室しました
3  A>  こんばんは！
```

```
 4  B ＞  こんばんは〜
 5  A ＞  あけがたの地震、ちょっとびっくりしました　＾＾；
 6  B ＞  それが全然。ぼろ家なんですけど、爆睡で(笑)
 7  Ｃさんが入室しました
 8  C ＞  こんばんは＞おーる
 9  A ＞  こんばんは＞Ｃさん　　徹夜あけの寝入りばなだったんで＞Ｂさん
10  C ＞  春になって解禁がふえてきたんでその話題いいですか？
11  B ＞  どこの川ですか＞Ｃさん
12  A ＞  今くらいだとＤさんが入ってくれてアウトドア全開　＼(＾＾)／、みた
　　　　　いな＞Ｃさん
13  B ＞  最近はもうちょっと遅めに入るようですよ。
14  C ＞  Ｄさんといえば、この前話に出たコウタケ、私、見つけたんですよ！
15  A ＞  遅めなのかぁ・・・じゃあまた顔出そっかな。
16  B ＞  Ｄさんて、がんばりますねぇー。
17  A ＞  やっぱりオチます〜。おやすみなさい　zzZ　＞おーる
18  C ＞  我々もがんばりましょうよ＞Ｂさん　おやすみなさい　(＾＾)／〜〜
　　　　　＞Ａさん
19  B ＞  そうですねえ〜＞Ｃさん　　　　どうもです〜＞Ａさん
```

[例3]　ブログの例

(関西在住の20代女性作成。「Ｑジロー」は夫。カラー版は裏表紙を参照。)

関西人だ…

Ｑジローはなんちゃって関西人だ、と思う。
関西出身の両親を持ち、
小学校高学年から高校までを奈良で過ごしたのだから、
立派な関西人であるはずなのに、
まるで関西人気質が感じられない
そして何より関西弁がヘタなのだ。
いやヘタというよりも合ってない感じなのだ、本人の体質に
生粋の東京人にもかかわらず、どうみても関西人
と思われるような話術を持つ人物だっているというのに…研究室に約２名。

そんなわけでＱジローを関西人として認めてないワタクシだが、
昨年の夏にあることがあった。
お盆にＱジローの実家に遊びに行った。
Ｑジロー兄夫婦も来て、お庭でバーベキューをすることに
次から次に出てくる大量の肉やらシーフードをハフハフするなかで
回りのお宅に明かりがついていないことに気づいたＱジローが、
ふと「ご近所はみんないないみたいだね」と言った。

するとQジロー母がしみじみと言った。
「お盆はあれやね、みんな居るか居ないかやねぇ…」
そのときだった。
Qジロー父、Qジロー兄、Qジローの男子三名が間髪いれずに
「あたりまえやん！」
と、はもったのである。
一瞬私はあっけにとられ、「か、関西人だ…」と
目の前で起こった「ザ・つっこみ」に感動を覚えた

その後は、Qジロー母の天然ぶりが
とても後を引いて皆でいつまでも笑った。
いい夜だった🌙

…私が彼を関西人と認めたのはその一瞬だけだ

[例4]　PCメールの例(50代女性××が大学時代のクラスメート○○に送ったメール)

○○様

こんにちは。またまた××です　＾＾；
△△先生の退官記念パーティへのお誘い　有難うございました。
実はその日
映画の試写会に　お友達をお誘いしてしまったので
せっかくですが　参加させていただく事ができないのです。。
ごめんなさいね。

その映画は　私の知人が製作にかかわっていて
「是非いらしてね　お友達も誘って」
と言って　入場パスを送ってくださったの♪
一応　3日間やっているのだけれど
お友達と私の都合がなかなか合わなくて　もうその日しかなかったの。。。(T＿T)

△△先生にはお手紙でお詫びしておけば大丈夫かしら。
どうぞ　他のご参加のみなさまにも　よろしくお伝えくださいますように♪♪

ではでは。。。。また。
○○さんもお忙しいと思いますので
どうぞお大切になさってね。

```
              。:'＊＋☆゜・・・.゜。゜:'゜．＊゜・:゜  ☆
              ××○○子      oooxxx＠ooxx．ne．jp
                            ○○県○○市○○町 0-0-0
                            tel 000-0000-0000
              ':★．＊＋゜．☆。:'＊:・＊＋゜。★・",
```

例1は20代女性に、ふだんやりとりをしている調子で、創作してもらった。例2もチャットに参加経験のある人に創作してもらった。例3は実際のウエブにのったブログに、了承を得て多少手を加えたものである。例4は実際のメールに似せて創作したもの。

本章のねらい

　ここでは、携帯電話器を使ったメールを中心とし、比較・参考としてパーソナルコンピュータを使ったメールやブログなどの文章を対象としてみていく。

　"ケータイ"とカタカナ書きされる、携帯電話器の機能がどんどん拡大し、またそれとともに、私たちの日常生活の中に深く広く入り込んでいることが日々、実感される。また、PC、すなわちパーソナルコンピュータも、あるときは"ケータイ"と競合的に、あるときは相補的に、道具としてごく日常的なものとなっている。

　経済生活や職業生活、エンタテイメント上の変革も大きなものだが、通信手段、すなわち、ことばのやりとり、あるいは読む・書く・話す・聞くという言語生活に限定しても、PCと"ケータイ"は大きな存在となっており、それとともにことばの研究対象としても、多くの研究者が取り上げるようになってきたのは自然なことといえる。

　ごく小さな画面の上に、日記も手紙も、論文もニュースも事典も、短歌・俳句・小説・エッセイも……人生に必要な大部分のことばが存在する可能性が現実になりつつある。マスコミではなく個人が情報を発信したり、見知らぬ人同士が交信しあったりと、今までにないコミュニケーション形態が進化しつつあるのに、使用する言語形式や文体の確定が未だなされず、そのためのディスコミュニケーションが生じたりもしている。一方、急速に発達変化

しつつある分野であるため、ハード面やソフト面での消長も激しく、この章での記述もその面では書く片端から古くなっていくような気がする。"今"のありかたに各自でおき換えて、考えを進めてほしい。

ことばの発生・受容の場としてこのような新しいメディアを考えていくときの方法としては、やはりまず、既製メディアとの比較検討をふまえて、その特徴をつかむことから出発するのがよいだろう。そして、年代や性、あるいは関係の親密度やフォーマル度による差異が大きく、全体像がなかなかつかみにくいので、ことばの使用の分析に加えて、アンケート調査などの方法で使用意識の分析も必要となってくるかもしれない

ここでは、従来の日本語学の諸分野、特に談話・文章分析で確立された分析角度を援用して、新しい、しかも最も身近なメディアの位置づけを試みるのが目的である。以下に示す①〜⑧の角度を順次みていく。

研究角度一覧
①表記　②用語・文体　③文末（発話末）　④あいさつ・感動詞・応答詞
⑤隣接ペア　⑥ディスコミュニケーション、フレーミング　⑦全体構造
⑧メールは話しことばか書きことばか

研究角度①　表記

例1の**ケータイメール**をみてみると、普通の文字以外の、いろいろな絵文字や記号が使われている。多彩な表記だといえよう。

特に絵文字は、親愛や遠慮などの複雑な感情表現が凝縮されたり、ユーモアや軽さの伝達であったり、多機能である。たとえば、6Bの、依頼を断る部分で、絵文字が記号や符号とともに多用されている。9Aの謝罪を受け入れるところにも多用されている。特に、情緒や気分の伝達は重要とみえて、絵文字ソフトでも列のはじめの方に、顔の表情のバラエティやハート、キラキラ、青筋、などが優先的におかれているものがある。また、文字で打つと長くなったりする物や事を絵文字で代用することもよくされる。9Aの封筒マークで「メール」を表す場合なども文字列を1個の絵文字で代用してい

しかし、この絵文字は、真面目な内容や目上の相手には使えない、と考えられているようだ。また、使用者の年代・性、あるいはメール内容によっても使用に差がある。
　機種によって相互に使えない絵文字があるが、顔文字や「！」「・・・」「☆」などの記号はそのようなことはなく、例4のPCメールの例のように、年代が上の送り手も使っているようだ。句点「。」をいくつか連ねて、「。」だけの素っ気無さを緩和したり、"涙"の記号として使われることもある。**チャット**でも同様である。
　ギャル文字は逆に、適切な文字があるのに、わざわざ違うものを打って組み合わせたり、規格外の文字体系を探し出したりする手間をかけ、一瞬の違和感と判じ絵のような謎解きを楽しむ"遊び"である。

〈例〉

　ぉレょぅ、キょぅガっ⊇ぅレィテ＜　？

　　　　　　　　　　　　（おはよう　きょうがっこうに行く？）

、キょぅ＠｜冂艮ｲ木言毒ﾀﾞっτ

　　　　　　　　　　　　（きょうの1限　休講だって）

ゎーゃったー

　　　　　　　　　　　　　　　　　　（わー　やったー）

ーｃﾞ⊇ヵぃｲテ⊇ぅょ〜

　　　　　　　　　　　　　　　　　（どこか　行こうよ〜）

　また、**PC**で扱えるフォント・字体の種類もふえ、手書き風のものや、自筆をフォント化するソフトさえある。このように、**ケータイ**でも**PC**でも、メッセージに込めた意図の伝達のために、表記の力を最大限借りようとしている。そのためにかえって表記のルールからは外れたものが多いことも特徴である。ひらがな＋長音「ほーんと」はもう当たり前で、「ほ〜んとにぃぃぃぃ！？」のような長音の表し方もよくある。例4の「(T＿T)」

1 新しいコミュニケーションツールのことばについての分析　25

も、これが添えられた「その日しかなかったの」を残念そうな口調で言われたもののように(遡って)聞くのではないか。「ノシ」という、手を振ってバイバイする顔文字のそのまた省略形である言語随伴動作の表現もよく使われる。

　普通は、音声的特徴や言語随伴動作を分節化し記号化することは困難なのだが、これらの表記の工夫は、円滑なコミュニケーションに必要なエッセンスを、わかりやすく記号化していることになる。

　例2の**チャット**の顔文字はどうだろうか。高本(1993)では、顔文字を「フェイスマーク」と呼び、それに「顔の表情を図案化したものである」という面と、「体面(face)[1]の調整・維持に関係しているという面」とを併せもている[2]。つまり匿名性の高い**チャット**の方は、自分をどういう人物・役割として見せたいかという演出が、表記などのことばの選び方によって可能になるということであろう。

　なお、小松(1976)に、江戸時代末の、文字の間に小さく絵を入れた、つまり現代の絵文字に似た珍しい手紙の写真版が紹介されている。書き手は維新の志士として高名な藤本鉄石という人物であるという。借金申し込みの手紙だが、「金と画がほしい」という文の「金」「画」という語の代わりに小判

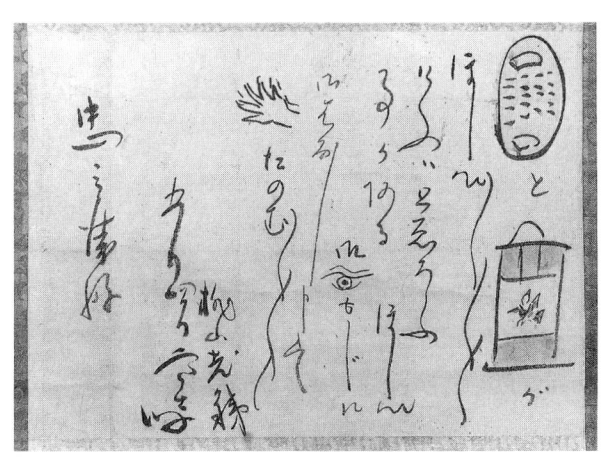

京都大学附属図書館蔵

と画、「御目もじ」の「目」の代わりに眼、「両手を合わせて頼む」の代わりに両手の、イラストっぽいタッチの絵がはめ込まれている。借金申し込みというストレートな内容をユーモラスに和らげる配慮と思われる。「ほしい」「たのむ」を繰り返し符号でそれぞれ3度ずつ重ねており、イコン的で、感情が伝わってくるところなども、メールの表現に通うものがある。

　江戸時代の人々はこのような絵文字入りの"判じ物"を楽しんだようだ。増田（1976）によると、山東京伝[3]の新型煙草入れ売り出しの際の「引札」（宣伝チラシのようなもの。2章 p.59 参照）などは、洒脱な絵と語呂合わせ・掛詞で複雑に構成されており、人気を呼んだという。

　ところで、例3の**ブログ**を見ると、カラーの印字部分が、文法でいう「文節」や語彙でいう「単語」といった単位の認定を越えて、まとまりをかたちづくっていることがわかる。たとえば13行目の赤い印字は「お庭でバーベキュー」というイベントなのであり、"お庭で、バーベキュー"ではないのである。つまり、ホームパーティの決まりごとのような、典型的なイベントをしているという状況設定が重要なのである。また、1行目の「なんちゃって関西人」は茶色で印字されているのだが、もしカラーが表示されなかったら、一瞬、「Qジローはなんちゃって」と「関西人だ」の間で切れていると誤解されかねない。そのほか、"オチ"につながるせりふやキーワードも色字で表記されている。「。」や「、」の代わりに色つきの絵文字が使われている箇所もある。画面上で色が使えるということは、新たな言語表現を生む可能性がある。

研究角度②　用語・文体

　例1の**ケータイメール**も例4の **PC メール**も、誘いや依頼を断る内容を含んでいる。また例3の**ブログ**も、ある人の失言を紹介しており、これらの例はことばの使い方に神経を相当使う必要があるものだろう。**チャット**も相応の礼儀正しさが要求される。例2をみると、入室・退室にはあいさつをしている。全体は話しことばの口調だが、文末は「です・ます」の敬体である。

　親しい者同士でかわすことの多い**ケータイメール**には、感情を入れ込む手

段として絵文字以外にも、幼児語、男性語、女性語、俗語、流行語、方言など、話しことばに使われるような、多くの位相的な語彙が、書き手の現実の位相に関係なく動員される。

　しかし、文体的には、あとの第3章や4章の自然談話文字起こしと比較するとわかるように、完全な話しことばとも言えない文体である。これは、つとに佐竹(1980)の指摘する"新言文一致体"という概念で説明できる。すなわち「まるで話すときのように思いつくまま、感じるままに、相手に話しかけるように書かれる文体」である。**ケータイ**というツールが出現してはじめて新しくメール文体が出現したのではない。もともと、70年代から80年代にかけて、若者向けの文章、あるいは若者が書く文章の文体として"新言文一致体"があった、という。それが、いわばぴったりの媒体を求めて漂流しており、携帯電話文字メールというツールを得てそれになだれ込み、さらにその"新言文一致体"らしさを増幅させていった、ということのようである。

　また、**PCメール**や**ブログ**の例をみると、行のはじめを1字空きにしない改行法が多い。両方とも、文の途中でも改行することが多く、行を空けて心理的な「間」をとりながら個人的なおしゃべりのように身辺事情を展開していく、などの共通点がある。これも"新言文一致体"の一種といえよう。

　PCメールの方は、丁寧語や謙譲語が多用され、また、誘いを断るにあたって事情を詳しく説明する方が丁寧度が高いという意識があって、文章量も多くなっている。**ケータイメール**が、【①表記】でも述べたように、断るところでは絵文字が多用されているのと対照的である。また、**PCメール**にはこの例の場合、「知人」「製作」という漢語が使われており、これらはやや改まった用語である。これには、**PC**の方が50代同士のやりとりの例、**ケータイメール**の方が20代同士のやりとりの例である、という違いもあるだろう。

　ブログも例3のような身辺雑記風のものから、ニュース性や専門性をもったものまで多彩な文体をもっている。とくに日記・随筆文学というジャンルが文学史上大きな存在であるということから考えると、"日々のよしなしごと"や、自分のもっている特殊な知識を他人の目を意識しながら綴ってのこ

す、ということは、日本人にとって抵抗のない言語行為なのであろう。紀貫之が女性に扮し、仮名文という身近な媒体を使用して「土佐日記」という内面表出の文章を作り上げたということも思い合わされる。

チャットは、会話のように即座に返答、発言しなければならないのに、タイピングの手間がかかり、しかも文字としてずっと残るのでことばを選ぶ必要がある。そして3人以上の参加者だと「＞」で発話している相手を特定化して明示することがある。これは、当の相手以外に脇でそれをリアルタイムで"読む"人がいるということを意識しながら書記行為を行う、という、今までにないタイプの書きことばが生じていることとなる。

研究角度③　文末（発話末）

ケータイメールの文末（発話末）は2段階に分けて考えた方がよい。たとえば1A「あいてたりする？」および4B「だよ〜😌」の場合、「する」「だよ」の部分を文末1、句読点が位置する部分「？」「〜😌」を文末2としてみる。

すなわち文末1は、活用語終止形や名詞止、終助詞などの助詞類など言語形式で分析処理可能な部分。終助詞「よ」は「よん」「よぉ」などのバリエーションがあり、念押しや軽い主張として使われる。「結婚する事になった」のような「た」も「たぁ」「たー」といったバリエーションを含み、携帯メールでは、「過去」というよりも、発見や新事実の報告、結果の知らせ、驚いたことなどの話題とともに使用されることが多い。

2Bの中の「かも」は、自分の気持ちについて使われているので、不定や推量というよりも、やわらげ、婉曲の機能を果たしている。

文末2は、「。」「？」などの句切り表記記号が位置する部分で、絵文字・顔文字、（　）での注記も一応ここに入れる。特に、絵文字・顔文字は頻用されるので、それがない場合は"絵文字がない・使わない"という種類の文末と考えた方がよい。たとえば「4B　ありがと。」では「ありがと」のあとに「。」しかなく、ほかの箇所のように絵文字が使われてないことが、意図的ではないにしても気乗りのしないことを伝えてしまっている。

すなわち二重の文末表現をもつことで、より繊細に、気を遣った表現と

なっている。表情の見えない相手に対して文字だけでやりとりすることへの怖れがあり、リスクをとることへの保険として文末2を添えるのだ、ということもあろう。

　チャットの文末は**携帯**ほど文末2に相当するものは頻出しないが、言いさしや終助詞など話しことば文末の特徴をもっている。**PCメール**も同様である。**ブログ**は、それらに比べると、言語形式としては、「だ」や「た」「である」などで終わる書きことばの文末が中心となっている。

研究角度④　あいさつ・感動詞・応答詞

　慣用的なあいさつのことばについてみると、**携帯メール**では「オヒサ」「元気ィ」「ありがと」など変形されてはいるが、限られた文字数の中でも絵文字などに置き換わらずしっかりと存在し、**チャット**では入室するときに話の流れを中断しても「こんばんは」と言い合っている。**PCメール**例でのあいさつことばは、「こんにちは」「ではでは」など、くだけた手紙文に近い。この世代だと、便箋に書くあいさつは、たとえメール例と同じシチュエーションであったとしても、時候のあいさつなど手紙の形式をふまえたものとなるであろう。

　感動詞も**ケータイメール**の2B「おーおーおー」に使われているが、ほかのメール例でも「ゲッ」「あら」「あ」「えっ」など、種類も豊富で、文頭やメールの最初の位置に置かれることが多い。驚嘆だけでなく、"フィラー"として「えーっと」「あのね」のような間投詞的な語も、ためらいの感情を表現する手段などとしてメール中によく使われる。また、「だよ〜〜」「元気ィ」のように、「〜」「ー」の長音記号や促音、小さい「ィ」「ァ」「ェ」を付すことでその語を感動詞のような、感情をこめた語として表現することが可能になる。

　応答詞は、「うん」とか「はーい」などの応答を表すもののほか、「そっかー」「そうなの」などソ系の指示語を含んで相手の発話内容を受け止めるものや、「ふーん」など共感を示す、あいづち的なものもある。

　ただ、普通の電話や対面の会話では、あいづちが頻繁にうたれるが、**ケー**

タイメールやPCメールでは"同期性"(送信と受信がほぼ同時に行われうること)が期待できない場合もあり、字数制限もあって、それほど使用されない。むしろあいづちだけの返信は送りにくいところから、例1の「7A　そうなんだ・・・じゃ別の人にあたってみるねー」のように、あいづちに実質的内容が続くことが多い。結果的に純粋のあいづち表現は音声電話に比べて少ないことが観察される。応答表現としてはほかに「らじゃー」「オッケ（ー）」「りょーかい」のようなものもみかける。

　一方、**ケータイ**の音声電話の方は、最初のあいさつが「今どこ？」「今大丈夫？」というような発声である場合もみうけられ、文字メールとも固定電話とも異なる特色である。

研究角度⑤　隣接ペア

　ケータイメールの1Aから4Bのやりとりをみると、質問—回答、依頼—承諾(拒否)、あいさつ—あいさつ、といった、会話のやりとりで普通期待される隣接ペア[4]が、なかなか実現しにくいことに気づく。これは、スペースが限られており、受信画面が送信画面と同時には表示できず、自分の関心や印象で返信するので、反応がずれるためである。

　チャットとよばれるネット上のコミュニケーション形態では、メンバーの送信内容は全部リアルタイムで表示されるが、やはり、隣接ペアを期待されるセットがなかなか実現しないことも多い。何人もの人が参加するため、投げかけに即座にタイピングして送信ボタンを押しても、チャット画面上はもうほかの話題に移ったり、新しい人が参加してあいさつで途切れたり、また、誰かがパソコンから離れて**チャット**から一時的に"外出"したり、といった理由で、ずれてしまうことがたびたびある。また、長い文をタイピングしていたり、たまたま誰も反応しなかったりして、「間(ま)」が空いてしまうこともある。そんなときは、とりあえず誰かが、中味のない、あいづち的なことばを送ることもある。何人もの匿名の、チャットルームの場だけでつながるメンバー同士が、打てば響くように途切れなく話題を盛り上げていくのはなかなか難しい。

似たものでほかに、登録した知人同士の密室性の高い**チャット**もあり、対面に近いリアルタイムのやりとりが出来るので、隣接ペアは**ケータイメール**やふつうの**チャット**よりは成立しやすい。

研究角度⑥　ディスコミュニケーション、フレーミング

　携帯電話器そのものが、PC と異なって身体に近く持ち運びされるため、**ケータイメール**にも、音声電話機能と同じような"同期性"が期待されることになる。そのため、送信者は、自分の送ったメールに対する返信がすぐに来ないと、"拒否的沈黙"のように受け取りかねない場合がある。受け手が送られてきたことに気づかず、例 1 の 1A と 2B の間が何時間か空いてしまったらどうだろう。A は B に拒否されたような不快さを感じるかもしれない。あるいは、B から反応がないのを気の進まなさと解釈して、ほかの人を誘ってしまうかもしれない。結果的に断られるにしても、間を空けすぎない方が、不快感は少ないだろう。

　チャットも、**ケータイ・PC メール**も、表現は話しことば的なのに、文字しか手がかりがないので、その音調などを受け手が勝手に解釈せざるをえない。例 1 の 1A の誘いが、切羽詰っているのかどうか、2B が乗り気なのかそうでないのか、意図の厳しい吟味がなされるひまもなく、やりとりがどんどんずれていく可能性もある。いくら絵文字や顔文字をつけても、かえって不信感を招く場合もあって、絵文字万能ではない。手段が文字言語なのに、使う側の意識や求める利便性が「話しことば」であるというねじれが生じているのである。つまり媒体としての文字言語に、"場"のある話しことばを演じることを求めている無理がある。

　ブログも、読んだ人がコメントできるが、それに対して**ブログ**の書き手がきちんと返信することが求められる。そのほか BBS(電子掲示板)などネット上の匿名で投稿できるところでは、感情的なやりとりもしばしば生じ、ネット上の行き違い(フレーミング)として収拾がつきにくくなることもある。"即時性""双方向性"という、冷静になる間もとれない、瞬間的な反応の応酬に、誰にでも潜む攻撃性が呼びさまされて、ことばの暴力を引き起こ

しやすいのである。

　ネット上で相手の送信メールや書き込みを引用して(行の始めに「>」がつく)、そこに返信を書き込むのも、擬似対話性が成立するまったく新しいコミュニケーションのスタイルである。ビジネスの場などでは、便利な方式であるが、引用された方としては、自分が送り出したことばがそのまま別の文脈の中に置かれて返信される、という状況の違和感を克服せねばならない。

　そのような意味で、ネット上のやりとりの表現としては、単に敬語のルールを守るというようなことばかりでなく、相手にどう受け取られるかの最悪の場合を想定できる、コミュニケーション上の想像力が必要である。微妙な言語感覚のずれに対する容認性が少ないのもネット上のコミュニケーションの特徴である。今は各自が失敗を重ねつつ、ネット上の言語使用ルール「ネチケット」ができつつあるものと考えられる。

　一方、情報提供のような場合は、客観に徹した表現の方が適している。たとえば「ウィキペディア」は誰でも書き込むことができるが、おのずと共通した"事典の文体"が採用されている。

研究角度⑦　全体構造

　全体の構造を考えるには、既成の、構造が確立しているメディアと比較するとよい。

　まず、電話(従来型の固定電話)と PC メールを比較してみよう。電話の会話の構造は大きく、〈開始部—中間部—終結部〉に分かれ、開始部では呼び出し音に対する受け手の反応提示、かけ手・受け手双方の相手確認、名乗り、あいさつなどがあって、用件内容の中間部に移行する。そしてかけた側の目的と受けた側の反応が十分達成されたという段階で、徐々に終結部に移行し、人間関係の継続の意志を表明してあいさつで終わる。

　PC メールをみると、かけ手側だけの発話としてみれば、このまま電話の片方の側のせりふとして通用しそうである。つまり〈開始部—中間部—終結部〉の各部分の量や内容が、電話とよく似ている。各発話の発話末も対話性

が豊かである。もちろん、開始部の中での名乗りやあいさつなどの細かな順序は異なる。それでもやはり電話と **PC** メールは近い構造をもつといえよう。

次に、手紙と **PC** メールを比較してみよう。メールを表すアイコンも封筒マークで、「メール(Mail)」というネーミングも「郵便物」を想起させるので、感覚的に近いものがある。

PC メールは"開く"前に、"差出人"が表示されること、また、送り手から受け手への一方向性、本文部分における空白行での区切りなども、手紙と **PC** メールの共通点である。ただ、メールの改行は手紙より頻繁で、「文」の途中と思われるところでも改行している。空白部分、空白行の意味は、いわゆる段落などとは異なっているようで、独特の改行原理が働いているものと思われる。

また、**PC** メールでは，頭語や時候のあいさつ、結びのあいさつ、日付などが複雑な手紙と比較すると、簡単に始まり、簡単に終了することができる点も異なっている。

すなわち **PC** メールの構造は手紙と電話の構造の入り混じったかたちで、ある種の固定的な様相(スタイル)をとりつつある、といえようか。

さて、それでは**ケータイメール**はどうか。

例1のように、一人の相手とメールの往復が単線的に続くこともあるが、その間に別の相手とのメールのやりとりがはさまることもよくある。つまりその場合は、時間的な流れと一人ずつの相手との完結したやりとりの構造が並行せず、まだらになる。

また例1の場合、1Aでは開始部としてのあいさつがあるが、すぐ具体的な用件に移行する。2Bもあいさつで受けず、1Aが提示した中間部の話題をそのまま受けて始めている。また、終了部への移行は7Aで行われるが、最後の10Bまで「さようなら」「失礼しました」などの終了部らしい形式的な別れのあいさつはない。すなわち一応、開始部―中間部―終了部は認められそうだが、同じ発話者があいさつと用件をひとつの発信で続けて行っており、開始部と中間部の境に何かマーカーがあるなどの明確な区切りは見出し

にくい。終了部も「じゃ」や「じゃあ」以外、はっきりした形式的特徴をもってはいない。PCメールのように送信者のシグニチャなどが同じ画面の最後の方に出るわけでもない。

　それでは、1A、2Bといった発信者ごとのまとまりを1発信という単位と考えて、相互のやりとりとして構造をみた場合はどうであろうか。1Aと10B以外の各発信は、前の発信を受けとめる部分と自ら相手に投げかける部分から成立しているようにみえる。たとえば2Bは「そっかー」で前の1Aを受け止め、「どーゆー人⁉」「待ってもらっていい？」で相手に投げかけている、というようにである。10Bは受け止め部分のみあって、もはや投げかけがないので、終了となるわけである。これもやりとりの基本構造といえる。

　このように形式的には、"受け止め―投げかけ"が成立しているようにみえるのだが、やりとりの"内容"をみると、単純にひとつの投げかけにひとつの応答、というようなものではないことが観察される。1Aの1回分の発信にしても、複数の話題や感情が同時に並行して記される。また2Bの応答もそれらに応じて複数のかたまりが記されているし、同時にAに対する投げかけもある。すなわち複数話題同時並行の構造である。投げかけられた話題は、応答ですべて受け止められるとは限らず、3A「詳しい情報知らせよっか⁉」や5A「じゃ幹事もまかせてOK👍よね」はBによって返事がなかったり先延ばしされたりすることもある。

　讃岐（2006）では、実際の**ケータイメール**のやりとりを、会話だと想定して組み替えたものと対比させて、自然な会話のやりとりとは異なる構造的特徴を浮かび上がらせている。

　さらに、絵文字や記号が区切りや切り替えに重要な役割を果たしており、いわゆる段落よりも小規模の話題や感情表現のまとまりがいくつか重層的に絡み合う構造も浮かび上がる。要するに**ケータイメール**の構造は、手紙とも電話とも、自然の会話とも異なる構造をもっていると考えられる。

　チャットの構造はどうであろうか。文章・談話の構造は、終わりがはっきりしていないと掴みにくいが、**チャット**は、参加者や話題の流れが複雑に絡

み合い、続いていくものであるため、活動中の**チャット**は構造がみえにくい。

　ブログは、1回ごとに題名でまとまる内容相互が、ゆるやかにつながるオムニバス構造といえるであろうか。ただ、日次日記とは異なり、新しい記述が先に（画面上の上に）出てきており、文章自体は上から下への線条構造だが、作成時間の流れは下から上へとなっている点が異なっている。1回ごとはまた、それぞれ独立した構造をもっていると思われる。たとえば例3では、1行空きで、物理的に5つの部分に別れている。「〜は」という題目を示す冒頭、「そんなわけで」で受け、「すると」でクライマックス、「その後」で出来事の落着、「・・・」でオチをつける、という【起承転結＋オチ】という線条的な構造がみえてくる。また、判断や説明の文末である「非タ形」と、出来事を描写する「タ形」との切り替わりが比較的明確で、【トピック＋コメント】という平面的な構造もみえてくる。

研究角度⑧　メールは話しことばか書きことばか

　例1〜例4までは、新しいコミュニケーションツールの具体例としてあげたものだが、いずれも、固定電話や手紙、日記、また何人かの間のおしゃべり、のような"旧メディア"の特徴もひきずっている。しかし決定的に異なるのは"旧メディア"で不便だと感じられていた点がひとつひとつ技術的に解決されていくうちに、結果としてまったく異なるメディアが生まれ、その結果ことばの使い方もまったく新しいものが生まれてきた、ということである。

　たとえば**ケータイメール**について考えれば、これだけ話しことばに近づこうとしているのなら、携帯電話器の本来的機能である音声でのやりとりをすればいいではないか、と思われるほどである。しかし相手の状況が不明な場合に突然一方的なコミュニケーションを仕掛けることへの躊躇や、公共的な場での使用し難さ、また電波が途切れる、音声が聞き取り難くなるなどの不便さも伴っていた。**ケータイメール**ではそれらは完全とはいえないまでも一応解決されている。つまり話しことばと書きことばの、コミュニケーション

上の長所を組み合わせた存在が出現したのである。

ケータイメールでは、視覚的要素が大きな意味をもつが、言語特徴としては聴覚的要素への志向性が強い。そしてそれらのコミュニケーションツールとしての長所だけを丹念にひろって繋ぎあわせたテクストだといえよう。

PCメールも茂呂(1997 p.59)の指摘するように、話しことばとも書きことばともつかない"ハイブリッド"である。**チャット**(Chat)も"おしゃべり"であるから、文字で表現されたおしゃべりという"ハイブリッド"である。

伊藤(1993)では**チャット**のことばについて「話しことばの特徴をほとんど全部持っており、それは『限りなく話しことばに近い文字言語』」とし、その話しことば的な特徴を「a. 文が極めて短い」「b. 文の順序が正常でない場合がある」「c. 言いさしで文を終わることがある」「d. 修飾語は比較的少ない」など19項目[5]、書きことば的な特徴は1項目だけ(「t. 同じ文やことばを何回も繰返すことが少ない」)を指摘する。さらに**チャット**では擬似会話として即座に反応しなければならないが、どうしてもタイピングの手間がかかり、しかも文字として残るためことばを選ばなければならない。そして「＞」を付してやりとりする当の相手のほかに、それらのやりとりをみているだけの"読み手"が同時に何人も存在する、という、今までになかったタイプの書きことばになっている。

すなわち、これらのことばのありかたは、それが話しことばか書きことばか、という問いをほとんど無意味化している。

またいわゆる"作文"や手書きの手紙などにつきまとう苦手意識、つまり"表現苦"という概念が、想念や感情の文字化に伴う苦だとすれば、表現伝達の手段そのものをエンタテイメントとしてしまった**ケータイメール**の使い手たちにとっては、"表現苦"とはまったく死語であろう。"話す"ように"書ける"のであるから。最初の1文字を押せば、続きの選択候補がいくつも表示されるし、頻繁に使用する語句の組み合わせは優先順位が上がってくるという支援さえある。

ただ、「話しことば」と「書きことば」の区別は無意味化したかもしれないが、"読みことば"と「書きことば」の区別は**ケータイ**による書記に存在

する。たとえば"ケータイ文学"を読むのは気軽でよいが、アマチュアが"書く"ことができるのは"ケータイ短歌"や、小説でいえば短編か連載のようなジャンルであろう。今のようなタイピングシステム・変換システムでは、カタカナ・ひらがな・漢字の3体系をもつ日本語表現の書記道具としてならPCの方が簡単である。しかし、実はPCのタイピングでも、多くの場合、画面上に文字を表示するまでには、ローマ字を一瞬だが介在させて、また漢字変換も通過する。ローマ字は、日本語にとって表意文字や音節(拍)の文字ではなく、音声要素を示す文字であり、一瞬だが、「発音」「ローマ字綴り」という余分な分節作業を通過していることになる。新しいツールは、他にも新たな"表現苦"を作り出している可能性があるだろう。

　以上のように、こうしたメディアにおける言語使用の実態は、話しことば(聞きことば)と書きことば(読みことば)の関係を変化させる要因として注視していく必要がある。

[課題]
1. 携帯電話やPCを使って、文学作品を読んだり、あるいは書いたりするときに、横書きが文学としての特性をどのように変質させるのか、議論してみよう。
2. 文章史・文体史における、口語化の歴史をたどり、その中で佐竹(1980)・(1992)・(2005)などで"新言文一致体"とされる文体が、どのような位置づけにあるのかをみてみよう。
3. 身辺雑記ブログの文体と、紙媒体の日記の文体・エッセイの文体の違いはどのようなものだろうか。
4. 年配者のメール(携帯でもPCでも)や若い世代が改まった場合に出すメールなど、いろいろな世代や場合のメールを集めて比較してみよう。ただしその場合、プライバシーや個人情報の扱いに注意をはらうこと。
5. ケータイメールの絵文字の使用意識をアンケート形式で調査し、実際の使用例と照らし合わせて分析してみよう。
6. 電子媒体上のことば遣いに性差はどのように関係してくるだろうか。

調べてみよう。
7. メールをやりとりしている間柄で、おのずから守られている言語使用上のルール・形式や、自然発生的に実行されているような気遣いをいくつかあげてみよう。
8. メールだけでなく、ホームページやネット上の掲示板などの書き込みにおいて、行き違いやトラブルを見聞した経験を話し合ってみよう。
9. 音と文字の並行性についていくつかの材料を手がかりに考えてみよう。
    例
    ① 同じ商品を音声媒体と文字媒体の両方で宣伝することがあるが、それらのことばの使われ方を比べてみよう。たとえばTVコマーシャルで、強い調子で言われることばは、雑誌・新聞・インターネット広告では、ゴシック・太字・ポイント上げる、などで表現されるかどうか、使用される言語量はどうか、などを調べてみよう。
    ② 文字言語で、文字以外の種々の要素、すなわちリーダー、ダッシュ、など各種表記記号や絵文字類、章立てなどの区切りの改ページ、空白等々の視覚的印象と、音声言語における聴覚的印象との関係を考えよう。
    ③ 最近の軽めのエッセーなどで書き手みずから「(笑)」と記してあるが、その意図と効果について考えてみよう。
10. 文章史上の「散らし書き」「女房奉書」など手紙の作法について調べてみよう。

注
1 「face」については後の第4章の注を参照のこと。
2 髙本(1993)では「電子会議室やチャットでは、相手として潜在的な不特定の読み手が想定されうる。したがって、フェイスマークは、不特定の読み手にさらされる自分自身の、正の体面を維持する機能を担うことになる」とし、フェイスマークの使用によ

り、たとえば「私は、知的興味が旺盛で、適当におっちょこちょいで、多少直情的なところもあるけれども、ふだんは笑顔をたやさず、周囲への気配りも忘れない、表情豊かで穏やかな人間である」という「正の体面」の自己演出が可能になる、と述べている。

3　1761〜1816　洒落本・黄表紙・読本の作者。絵師・図案家。才人で、自ら煙草店を開き、また、宣伝文を書くなど幅広く活躍した。『傾城買四十八手』『江戸生艶気樺焼』など。

4　「隣接ペア」とは、橋内(1999)によれば、「対話者同士で築き上げる一対の隣り合った発話」(P101)を指す。ペアとしてはこれらのほか「勧誘―諾否」「祝辞―謝辞」「謝罪―許容」などがある。

5　以下「e. 文の各成分を省略することがある」「f. 代名詞が多い」「g. 敬語を比較的よく使う」「h. 終助詞を好んで用いる」「i. 間投助詞を好んで用いる」「j. 感動詞を好んで用いる」「k. 漢語は比較的少ない」「l. 古いことば、漢文的ことば、翻訳口調のことばは少ない」「m. 合いの手が多い」「o. 俗語形が頻繁に使われる」「p. 方言形が混入する」「q. 若者ことばが多い」「r. 尻切れトンボの話題が多い」「s. 動詞の連用形で文を中止しない」という15項目がチャットのことばの「話しことば的特徴」としてあげられている。

[参考文献]

伊藤雅光(1993)「『チャット』と呼ばれる"電子おしゃべり"について」『日本語学』12(12)明治書院

伊藤雅光(1999)「電子メール通信のあいさつ言葉」『國文學　解釈と教材の研究』44(6)學燈社

伊藤雅光(2002)「電子メールなどのフェイス・マークの起源はなに？」『日本語学』21(14)明治書院

井上史雄(2005)「情報化と若者の言語行動」橋本良明編『講座社会言語科学2　メディア』ひつじ書房

内田保廣(1997)「電子メール時代の手紙作法」『言語』26(1)大修館書店

紀田順一郎(1997)「手紙文化の変遷とその背景」『言語』26(1)大修館書店

岸本千秋(2005)「ネット日記における読み手を意識した表現」三宅和子・岡本能里子・佐藤彰編『メディアとことば』2　ひつじ書房

清松哲郎(2001)「ぶらり日本語　電子メール」『日本語学』20(6)明治書院

倉田芳弥(2005)「チャットの接触場面における談話管理―日本語母語話者と非日本語母語

話者の相づちの比較から」『人間文化論叢』8　お茶の水女子大学大学院人間文化研究科

岸本千秋(2003)「インターネットと日記」『日本語学』22(5)明治書院

小松茂美(1976)『手紙の歴史』岩波書店

佐竹秀雄(1980)「若者雑誌のことば─新言文一致体」『言語生活』343　筑摩書房

佐竹秀雄(1992)「新言文一致体の計量的分析」『武庫川女子大学言語文化研究所年報』3　武庫川女子大学

佐竹秀雄(2005)「メール文体とそれを支えるもの」橋本良明編『講座社会言語科学2　メディア』ひつじ書房

讃岐希美(2006)「若者の携帯メールの表現」『国文』105　お茶の水女子大学国語国文学会

塩田雄大(2002)「ホームページ日記を書く人が多いのはなぜ?」『日本語学』21(14)明治書院

シャー，バージニア著、松本功訳(1996)『ネチケット』ひつじ書房

高本條治(1993)「パソコン通信におけるフェイスマークの機能」『日本語学』12(12)　明治書院

橘豊(1966)『文章体の研究』角川書店

橘豊(1977)『書簡作法の研究』風間書房

橘豊(1982)「手紙の歴史」宮地裕他編『講座日本語学8　文体史』明治書院

橘豊(1991)「手紙の文章の歴史」辻村敏樹編『講座日本語と日本語教育10　日本語の歴史』明治書院

田中ゆかり(2001)「ケータイメールの『おてまみ』性」『國文學　解釈と教材の研究』46(12)學燈社

橋内武(1999)『ディスコース　談話の織りなす世界』くろしお出版

橋元良明・松田美佐(2005)「ケータイ電話は情報行動を変化させるか」『言語』34(1)大修館書店

林田誠一(2002)「手紙文の指導─封書とｅメールを中心に」『日本語学』21(5)明治書院

平沢啓(2003)「江戸期日記文の文体」『日本語学』22(5)明治書院

藤井貞和(2003)「日記のことば学」『日本語学』22(5)明治書院

増田太次郎(1976)『ブレーン別冊　引札　繪びら　錦繪廣告』誠文堂新光社

森岡健二・宮地裕・寺村秀夫・川端義明編(1982)『講座日本語学7　文体史Ⅰ』明治書院

茂呂雄二(1997)「発話の型」茂呂雄二編『対話と知』新曜社

諸橋泰樹(2005)「『電車男』現象─新しい言語空間は『芸術』を生み得るか」『言語』34(7)大修館書店

屋名池誠(2003)『横書き登場─日本語表記の近代』岩波書店

―雑誌特集号―

「特集　あいさつことばとコミュニケーション」(1999)『國文學　解釈と教材の研究』44(6)學燈社

「特集　ことばの最前線」(2001)『國文學　解釈と教材の研究』46(12)學燈社

「特集　スキル話しことばと書きことば―新・言文一致のエクササイズ」(2003)『國文學　解釈と教材の研究』48(12)學燈社

「特集　"手紙"―手紙文化の明日を考える」(1997)『言語』26(1)大修館書店

「特集　話しことばのスタイル」(2005)『言語』30(7)大修館書店

「特集　『話し言葉』の活力」(2005)『言語』34(1)大修館書店

「特集　電話」(1992)『日本語学』11(10)明治書院

「特集　パソコン通信」(1993)『日本語学』12(13)明治書院

「特集　現代の言語表現」(1997)『日本語学』16(7)明治書院

「特集　ケータイ・コミュニケーション」(2000)『日本語学』19(12)明治書院

「特集　ケータイ・メール」(2001)『日本語学』20(10)明治書院

「第9章　コンピュータ上の日本語」(2002)『日本語学』21(14)明治書院

2 広告のことばの分析
ネット広告と雑誌広告を材料に

[例1] ネット広告

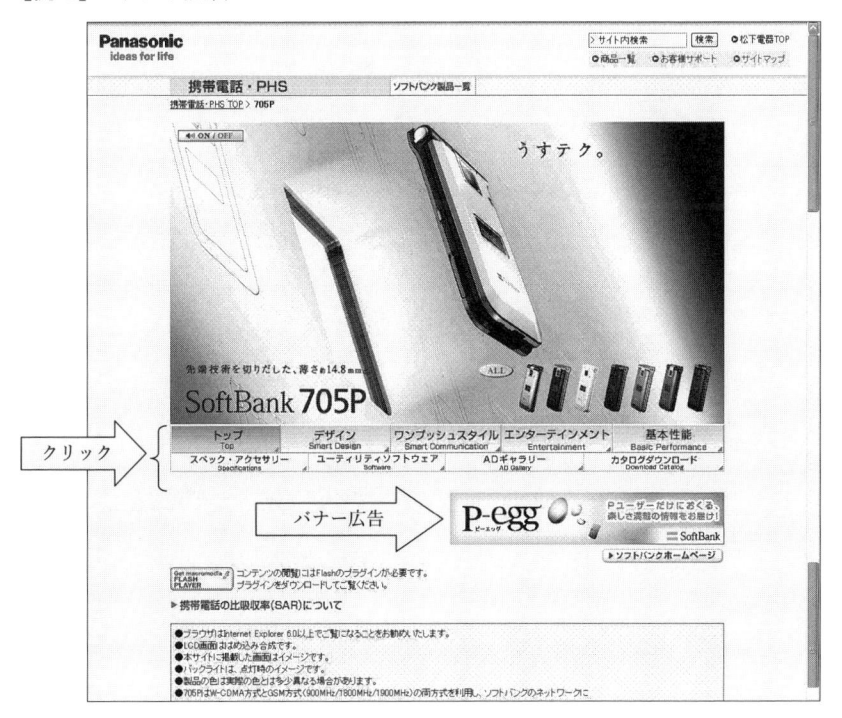

[例2] 雑誌広告

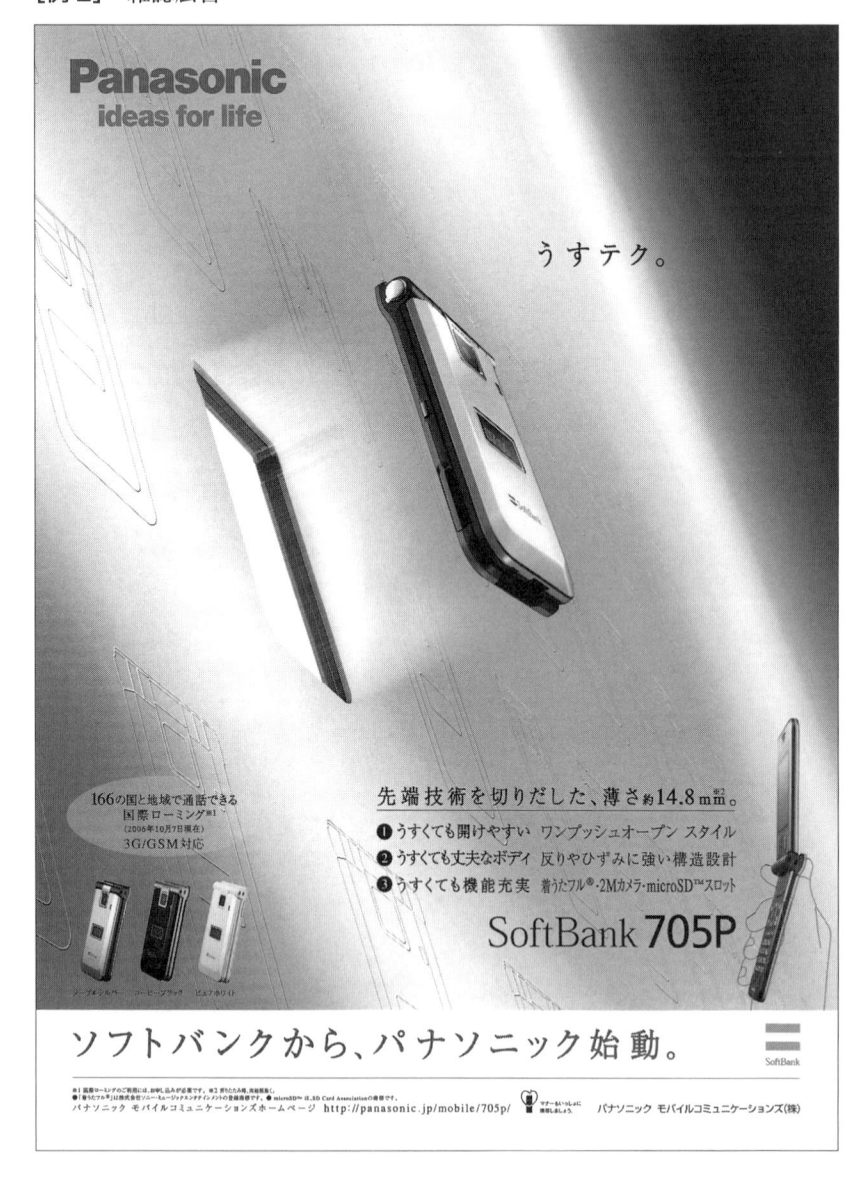

本章のねらい

　ここでは広告表現の分析方法について学ぶ。

　近年インターネットによる広告が盛んになってきている。そこで、ここでは例1として企業のホームページにある携帯電話器の広告を、例2に同じ商品の雑誌広告(1ページ分の大きさ)をあげる。現在多くの人が目にするようになったインターネットの中の広告であるが、その歴史は10年ほどである。日々、いろいろなWeb上の広告手段が試みられており、雑誌・新聞の広告やテレビのCMと並ぶ媒体となりつつある。当初からある企業のHP(ホームページ)や求人広告も広告の一形態である。

　例1の画面の中に矢印で示すような細長い広告があるが、これはバナー広告と言われるものである。バナー広告とは、Webサイトに掲示される広告画像の総称である。情報検索ガイドや、マスメディアのHPなどの画面の一部に旗(バナー)のようにウィンドウを配置するものである。たとえば、路線検索などをしていると、その沿線の不動産や飲食店の広告がタイミングよく現れてくる。また各種の申し込みページとリンクする場合も多い。横山(2003)によると、バナー広告は1994年にアメリカのWebマガジン「HOT WIRED」の中で取り入れられた広告がはじめだと言われ、日本では1996年にYahoo!やNIKKEI NETなどでバナー広告が採用されたという。現在では映像や動画CMが再生されるようなバナー広告も次々現れている。

　他にも"ポップアップ広告"というのがあってそれは、Webページを見たときに、自動的にウィンドウが開いて宣伝用の文字や画像や音声が現れるような広告である。ポップアップ広告は、Webページの中でそれが開くようにスクリプトで記述されている。そのため、そのWebページを開くだけで宣伝用の別のウィンドウが現れる。反対にWebページを閉じたときに現れるものもある。また、ページから移動するとき、あるいは閲覧中に自動的にブラウザウィンドウが立ち上がり、広告が表示されることさえある。

　最近ではポップアップ広告を遮断するツールや、その機能を組み込んだブラウザも登場しているようだ。とにかく、ネット広告のアイデアや技術は日

進月歩である。広告の理想である、需要の見込める層にだけアピールできる形や双方向(インタラクティブ)性の形も可能となっている。ひとつの広告の中で、それに関連する商品や催しなどの別の広告が立ち上がるもの、あるいは広告など見ようと思わなくても、検索エンジンを使っているうちに、意外なホームページに誘導されたり、検索のキーワードと予め連動させてある広告が出てきたりすることもある。広告を出す企業は、商品に誘導できる語彙を登録するために連想語彙のネットワークについて知恵を絞り、いわばネット上の"単語を買う"ということにもなる。ブログの口コミ機能を利用したりするものも現れるなど、次々と新しいタイプの広告表示方法には、分析のいとまもない。

　こうした新しいメディアにおける広告表現の研究も、まず、方法として、従来のメディアにおける研究をふまえて、それを応用することから出発する。そして、従来の方法や研究角度で解決できないところに、ネット広告の研究法を模索してみるという手順を踏むこととしよう。ここでは、先行研究も多く、材料の入手も容易な雑誌・新聞の広告の表現分析をまずおさえることにして、次のような研究角度をみていこう。

研究角度一覧
①構成　②文と非文　③文脈　④キャッチコピーの表現形式と効果
⑤キャッチコピーのレトリック　⑥広告の文章の歴史

研究角度①　構成

　一般的雑誌・新聞広告、あるいはTVのコマーシャルは、画像や音、言語の組み合わせで成立することが多い。現代では、それらの広告表現は、絵画・写真、映画・演劇、音楽、また詩などの言語芸術と相互的な影響関係にある、一種の総合芸術である。その一方で、雑誌・新聞やTVなどのメディアが、第一義的には情報を伝えるものであるように、それらに載る広告も情報の一種である。しかし、雑誌や新聞には、タイアップ広告のような、記事

と広告の中間的なものさえ存在し、一見記事のようで、実際は広告主が存在する、というタイプのものが、一部で問題になったこともある。

　さて、例2は雑誌ページ上の広告であるが、画像と文字が組み合わさった構成、というようにまず捉えられる。その文字も画像との関係で、位置、大きさや字体、色など視覚的な効果が計算されている。

　次に、広告の構成としては、情報の部分と、情動的に訴えかける部分の組み合わせが考えられる。文字部分の構成をみると、最も目立ち、表現も工夫されている「キャッチコピー」、それに添えられる「サブコピー」、など情動的に訴えかける部分、あるいは商品名、そして具体的な説明の部分、価格や会社名やアドレスなど関連する情報の部分、などに大きく分かれている。例2でいうと、右上の「うすテク。」と下方の「ソフトバンクから、パナソニック始動。」が最も大きい活字が使用され、情動に訴えるキャッチコピー部分であると判断される。それらの間に置かれた文字部分4行は、「先端技術を切りだした、薄さ約14.8 mm。」「❶うすくても開けやすいワンプッシュオープンスタイル」「❷うすくても丈夫なボディ　反りやひずみに強い構造設計」「❸うすくても機能充実　着うたフル®・2Mカメラ・microSD™スロット」のように比喩(「先端技術を切りだした」)を使用したり、連体修飾―被修飾の形にそろえたりして情動に訴える部分と、数字や専門用語を使った情報部分とが混在する。さらに最下部は会社名やホームページアドレスなどの情報部分となっている。

　これらがひとつの空間に配置されているが、画像の説明が直接、ことばでなされていることは少なく、また、文字部分も全体がひとつづきの文章としてつながってはいない。受け手はどこから読んでもよいし、どこを飛ばして読んでもよいし、もちろん画像を眺めるだけでもよい。しかし、おのずと、送り手の意図、すなわち読んで欲しい順序、飛ばして欲しくない部分、などが前提としてあって、受け手を誘導するように工夫されている。とくに「キャッチコピー」の部分は"キャッチ"の語の意味のごとく、"何だろう"とか"いいこと言うなあ"とまず目を引けば、自然に説明的な部分にも誘導されるし商品名も記憶してもらえる。商品や会社のイメージとして象徴的な

表現や、受け手の琴線に触れる表現、時代の気分を端的に表す表現など、少ないことば数で大きな効果を狙う、キャッチコピーは広告表現の華である。

　すなわち、広告表現の構成は、キャッチコピーを中心におき、説明、情報をになう言語部分と画像が空間的に配置される構成であるといえよう。

　中にはキャッチコピーもなく、商品名だけの広告や、商品に関係ない語句や文、あるいは画像だけの広告もあるが、それはキャッチコピーが氾濫するなかでそれが"ない"ということで目立とうとするものであろう。

　ほかに広告表現の構成としては、"AIDMAの法則"という広告の目的ないし効果の段階と結びつけて考えることもできる。A(＝Attention)、I(＝Interest)、D(＝Desire, Demandとする説もある)、M(＝Memory, Measurementとする説もある)、A(＝Action)、すなわち、注意をひきつけ、興味をもたせ、要求を起こさせ、記憶させ、行動を起こさせる、というどの段階に重点をおく広告か、あるいは画像なども含めたひとつの広告全体のどの部分がAIDMAのどこを受け持っているのか、というように、考えるわけである。

　以上のような広告の構成原理は、基本的にネット上の広告にも応用できるものである。しかし、ネット広告だけにみられる特徴もある。例1の場合、スクロールやクリックといった操作を加えれば、現在の画面以外の部分も見ることができる。すっきりした画面の下部に「デザイン」「基本性能」「スペック」など、いくつかのバーがありクリックすればさらに個別の情報へ進めるようになっている。これはインターネット広告の特徴である。すなわちクリックによって次々に展開したり、戻ったりできる階層構造をもっている。この例1の場合、クリックして進むと、画像部分が減ったりなくなったりして、細かい文字がびっしりの情報部分だけで構成された画面にたどりつくこととなる。

　これらのネット広告にみられるような、その画面上にはなくクリックという操作でさらに"奥"へいく、というのは従来の雑誌や新聞の広告の平面的構造にはない構造である。ネットショッピングであれば、クリックしたり、画面のスクロールによって、購買行動に導かれるという構成にもなって

おり、広告を見るということと、行動を起こす、ということが空間的につながっていることにもなる。一方、クリックされた回数で、見てくれた人の数が累積されて、宣伝を出している側に報告される設定になっているケースもあり、直接、広告効果が計れるシステムともなっている。

またポップアップ広告のように、画面上に急に現れたり、薄くなったり濃くなったり、動画が出てきたりするものもある。

このように、ネット広告は、雑誌や新聞の広告に比べて、大掛かりで複雑な構成となっている場合が多い。一方、たとえば例2の雑誌広告の下部には、非常に小さな活字で記されている部分の中に、会社のホームページアドレスが記されている。つまり、雑誌広告やテレビのCMには情動に訴える役割をさせて、情報はネット上で検索してもらうように、機能分担がなされている場合も出てきた。その役割分担に応じて、構成も異なるものとなっているのである。

研究角度② 文と非文

例2の雑誌広告をみてみよう。ここでは左上に「Panasonic ideas for life」、右上に「うすテク。」、右下に「先端技術を切りだした、薄さ約14.8mm。」など、いくつかの文字列がある。これらは文だろうか？非文であろうか？

市川(1978)においては、次頁のような広告を示して、「一つの文と、三つの『表示』(式服名をしたものは、全体で一つの『表示』と扱って)によって構成されている」とする。

すなわち「式服のすべてのご相談を承っております」のように文末表現が整っているとみなされるものは文とし、「貸衣装」「○○デパート」「花嫁衣装、ウェディングドレス……」のように、語句ないし語句の列挙は「表示」としていることがわかる。いずれの「文」や「表示」にも句点が付されていない。

なお、市川(1978)では、商店の看板や名刺の文面も構成要素は「表示」とみている。

```
┌─────────────────────────────────┐
│  打 タ 振 花       貸 衣 装      │
│  掛 キ 袖 嫁                     │
│    シ ・ 衣    式服のすべての    │
│    ー 留 装    ご相談を          │
│    ド 袖 ・    承っております    │
│    ・ ・ ウ                      │
│    燕 喪 ェ                      │
│    尾 服 デ                      │
│    服 ・ ィ       ○○デパート   │
│    ・ 殿 ン                      │
│    モ 方 グ                      │
│    ー 紋 ド                      │
│    ニ 服 レ                      │
│    ン    ス                      │
│    グ                            │
└─────────────────────────────────┘
```

　つまり、こうした「表示」は、「文」ではないもの、すなわち"非文"ということになる。

　また、上の広告で唯一「文」とされている「式服のすべて…」には句点が付されていないが、30年ほど前の雑誌や新聞に見られる広告キャッチコピーには句点のない場合が多かった。土屋(1973)では、

　　広告の文章、特に見出しには句読点をつけない、という習慣は、いま、
　　変わりつつある。ここ数年間、見出し(キャッチフレーズ)に句読点、と
　　くに句点「。」をつけた広告が急激にふえている。

と指摘されており、1960〜70年代からの現象かと思われる。最近はほとんどが句点つきである。キャッチコピーに続くサブコピーや説明にも句点が使用されていることが多いが、見出し的な語句の場合はつけられていないこともあって、広告による差も生じている。例2の雑誌広告では、「うすテク。」「先端技術を…14.8 mm。」には「。」があるが、それに続く箇条書き部分「①うすくても開けやすいワンプッシュオープンスタイル」以下にはない。「ソフトバンクから…始動。」には「。」がある。下段の非常に小さい字で記されている「※1国際ローミングのご利用にはお申し込みが必要です。」など「です」で終わる形をとる部分3箇所にも「。」が付されている。また、例1

のネット広告画面でも「文」と「非文」、「。」ありと「。」なしが入り混じっている。

　広告によっては「。」でなく「．（ピリオド）」を使用しているものもある。

研究角度③　文脈

　広告表現は、文脈について考えるのに格好の材料である。例にあげたネット広告では、この内部に、普通言われるような「文脈」は見出せるのだろうか。

　ネットでも雑誌・新聞でも、ひとつの広告の中の文字の部分は、上記でみたように、キャッチコピーや、説明、情報などの機能で分けられて、空間的に配置されている。

　市川(1978)は、「文章の文脈」のあり方について、まず文脈には「線状的文脈」と「非線状的文脈」という違いがあり、それぞれに「直接的文脈」と「間接的文脈」があると述べている。「非線状的文脈というのは、時間的に展開するのではなくて、空間的に配置されることによって構成される文脈のことである。これを、空間的文脈と言ってもよい」とあり、広告文の中にはこの非線状的文脈がみられるものがあると説明している。直接的文脈か間接的文脈か、については、広告は直接的文脈に入る、としている。

市川(1978)の述べるところを整理し図示すると
　　線条的文脈──┬──直接的文脈──文や連文が密接な内容上のつながりを保ちつつ時間的に展開する。特殊な例として領収証の文面がある。
　　　　　　　　└──間接的文脈──歌集・文集・オムニバス小説、などのように、それぞれの歌や作文、話などは独立的な文章であるが、全体として編纂意図・配列意図によって貫かれている文章の中に存在する。

```
非線条的文脈 ┬─ 直接的文脈 ─ 広告文などのようにいくつかの要素がたが
             │              いに空間的に依存しあって全体を成り立た
             │              せている。商店の看板や名刺の文面なども
             │              ひとつに統合された表現とみてここに入れ
             │              ることができる。
             └─ 間接的文脈 ─ ある表題のもとに編集された文集で、それ
                            ぞれの作文が任意に配列され、序列も不同
                            であるような場合。しかし全体を読むこと
                            で何らかのまとまった内容が汲み取れる。
                            1枚の紙に何人もの人が自由に記す寄せ書
                            きも入る。
```

　雑誌広告の例2でみると、やはり文や表示が連続的ではなく、空間的に離れた配置をされて、どこから読んでもよいという非線条的空間的文脈を形成しており、また、画像も含めて広告を構成する各要素が内容的に互いに依存し合う関係にあるところから、直接的文脈といえるだろう。

　ネット広告はどうだろうか。例1では、クリックしてさらに先に進むか、あるいは元に戻るか、というように文脈形成が見る側に任されている。またクリックして飛んだ画面でさらにスクロールして先を見る場合もある。つまり、いくつかの画面が内容によって依存し合って直接的文脈を形成し、さらにその画面の中の画像や文や表示などの要素が依存し合って直接的文脈を形成している、という重層的な文脈形成が見られる。画面同士の順序は、見る人のクリックに任されており、どこから読んでもよいという空間的非線条的文脈を形成している。画面の中も同様である。

研究角度④　キャッチコピーの表現形式と効果

　例1・2の「うすテク。」のように、その広告で一番目立ち、見る者をひきつける言語表現を「キャッチコピー」と言う。現在のキャッチコピーのようなものが見られるようになったのは、山口(2001)によるとおよそ明治20

年頃だと言う。
　ここ50年くらいで、人々の記憶に残る名コピーのいくつかをあげてみよう。

・ごほんといえば龍角散（1955　食品）
・カステラ一番、電話は二番、三時のおやつは文明堂（1956　食品）
・スカッとさわやか　コカコーラ（1967　飲料）
・クリープを入れないコーヒーなんて……（1969　食品）
・こんにちは　土曜日くん（1972　デパート）
・君のひとみは10000ボルト（1978　化粧品）
・振りむけば　君がいて（1981　鉄道）

　キャッチコピーは、注意をひき、興味を起こさせ、記憶に残る、という広告の目的の実現に大きく貢献しうる重要な存在である。それだけに短い語句の中にいろいろな機能を詰め込まねばならない。R・ヤコブソンの「言語の6機能」（1、表示機能　2、表出機能　3、刺激機能　4、接触機能　5、注釈機能　6、鑑賞機能）でいうと、「4、接触機能」で、まず読み手との間にコミュニケーションのチャンネルを開く。「1、表示機能」で、その製品や会社などのいろいろな特徴・長所を、表示する。また、説明することばがなかなか見つかりにくい対象であっても、感覚的に表現したり、連想されるイメージとして表現したりする。そして「3、刺激機能」すなわち興味を起こさせ、購買行動など何かの行動を起こすように働きかける。同時にキャッチコピーはことばそのものとして快く、文字や音自体を楽しめる「6、鑑賞機能」も持ち合わせていなければならない。まとめてみるとこのような働きをもったことばが、コピーライターという職業に属する人々によって、意識的に、あるいは直感的に選択される。
　ネット広告は特に若年層の関心を引く手法として実際に効果があるようだが、それにしても一度にたくさんの広告ウィンドウが現れるものや、広告ウィンドウを閉じるとまた別の広告ウィンドウが開かれるものなどもあり、

使用者とパソコン画面の距離が近いこともあってか広告の押し付けがましさ目に付くものである。そこで心理的な嫌悪感をやわらげるために、いっそう好印象を与える工夫が、ネット広告では、なされているものと思われる。

　広告表現における究極の本音を示す文型は"これを買え"という命令文であるとよく言われる。しかし、現代のこれだけ多彩な才気あふれるキャッチコピーをみていると、コピーライターたちは、もっと別の方向を向いて仕事をしているように思われる。"売る"ということよりも、コピーそのものが受け入れられることばかどうかを厳しく吟味しているかのようである。もちろん"余計な存在"である広告では押し付けがましさは反発をかうわけで、いろいろな言語表現の工夫でまずひきつけておいて、商品名や説明に誘い込み、目的を果たそうとしているのは確かなことではあるが。

　ここでは、広告キャッチコピーの表現形式にはどのようなものがあるのかを、実例とともにみていこう。

　相原(1983)ではキャッチコピーを、表現形式と消費者の心に訴える効果から、以下のように3種13類に分類している[1]。

Ⅰ. 販売する側から消費者に向けてことばが発せられた形になっているもの

1. 表示型(見出し型)

　商品の優秀さを、その商品の内容や特性を強調することによって示すもの。

　　(例)加速する進化、導く経営基盤(2006　雑誌　コンサルタント)

　例1・2の「うすテク。」もこれに入る。

2. 解説型

　商品の内容や特色を説明するもの。

　　(例)本場中国の厳選素材だから今までにない味が楽しめる。(2006　新聞　食品)

3. 説得型

　積極的に消費者を説得しようとする姿勢が文面にはっきりみられるもの。

　　(例)国語辞典にはのっていませんが、最重要単語です。「歯周病」。

（1988　新聞　歯磨）
4．問いかけ型
　問いかけによってその商品の必要性を消費者に自覚させようとしたり、商品の有利さを直接売り込もうとするもの。
　　（例）ICT社会へ。あなたの会社はこのチャンスをいかせるか。（2006
　　　　雑誌　通信）
5．呼びかけ型
　積極的に商品の利用を呼びかけるもの。
　　＊（例）ちょぼらから、はじめませんか。（2001　公共広告機構）
6．勧告型（忠告型）
　さりげなく消費者の弱みを突いて、それらの弱点を商品でカバーするように勧告するもの。
　　（例）日本人は食物繊維が足りない。（2006　雑誌　飲料）
7．命令型
　広告にはタブーなはずの命令文型を逆手にとって効果をあげるもの。
　直接消費者に命令する形のコピーは少ない。「晴れた眼で、読め」（年次不明　出版）というのが、過去にあったが、例外的なものだった。たとえば最近では
　　（例）極寒の大陸まで、ブロードバンドを開通せよ。（2006　雑誌　情報
　　　　機器）
があったが、この例も、命令形はとっているが、読み手（消費者）に命令するということではなく、そのような使命を、メーカーが自覚しているという表明にすぎない。
8．逆説型
　開き直ったり、常識に逆らったりした表現で、関心をひくもの。
　　（例）モノをつくることは、まずヒトを知ること。（2006　新聞　家電）

Ⅱ．消費者自身のことばを借りた形になっているもの
9．報告型
　消費者がその商品を利用した結果、あるいは利用の予定を報告する形で商品の有効性を訴えるもの。
　　(例)ギターを始めてから音楽つながりの友達がめちゃ増えました。
　　　(2006　雑誌　家電)
10．対話型
　消費者どうしの対話という形で作られていて、親しみやすくソフトな印象を与えるもの。
　　(例)「エコ、どこ？」「エコ、ここ」(2006　雑誌　酒造)
11．独白型
　消費者のモノローグの形をとり、押し付けがましさを軽減するもの。
　　(例)我が社は…広かった！(2006　雑誌　情報機器)

Ⅲ．商品や商品の特性などに一見無関係な内容を盛り込んだもの。
12．連想型
　読み手が連想を働かせて、商品に想到することを狙ったもの。
　　＊(例)地図に残る仕事(1991　建設)
13．雰囲気型
　一種の雰囲気を作って読者の目をひき、商品の方へ導こうとするもの。
　　(例)出会いと感動。(2006　雑誌　靴販売)

　以上であるが、この分類の順序は1から13に向かって、読み手(消費者)自身が、ことばの受け手として明確化されたり、ことばの発し手に擬されたり、その解釈に参加するなど、積極的に関与していると感じる度合いが高まっていくように並べられている。
　このように、いろいろな形式を使って、読み手、つまり消費者にたいする働きかけの効果を意図しているのがキャッチコピーの表現である。

研究角度⑤　キャッチコピーのレトリック

　次に、もう少し細かく、キャッチコピーに使用されるさまざまなレトリックをみてみよう。

〈表記〉

　例1・2の表記をみてみよう。

　「うすテク。」は、ひらがなのやわらかさと親しみやすさ、カタカナの鋭角的で先端的な形とが対比的で、視覚的にも強く訴えかける。「テクノロジー」を「テク」と略し、2字ずつで揃えたバランスもよい。また、雑誌の方(例2では)右下方のサブコピー「❶うすくても…」と❷❸ともに「薄く」はひらがな表記だが、その上の「先端技術を…」では「薄さ約 14.8 mm」と、漢字表記である。「切り出した」は「切りだした」というふうに後半をひらがな表記にしている。例1も同じである。

　そして「Panasonic　ideas for life」などのローマ字表記、「14.8 mm」などの数字、記号、など多彩な表記の組み合わせである。フォント、字体もさまざまである。

　漢字は視覚的に瞬時に意味が把握される効率性をもっている。また、専門用語などによく使用され、信頼性を高める。漢字とひらがなの交じり合いのなかでは、カタカナ表記は強調効果をもっているため、見やすい広告には、その効果を最大限に生かす配置と量的なバランス感覚がみられる。「ワンプッシュオープンスタイル」などのような外来語だけでなく、例1・2ではない他の広告だが、「ニオイ」「キレイ」「おサイフケータイ」「クルマ」などのようなカタカナ表記が見られた。このように、漢字と異なるカタカナの隙間の多さ、軽さ、ひらがなと異なる鋭角的な形、といった視覚面の効果を生かしたケースも多い。

　記号・符号もよく使われる。従来の広告にも受け手に働きかける「？」「！」や受け手に続きを補わせる「……」はよく利用される。「」も商品名としての区別のほか

・「おいしい」と思った。「本格」だった。(2006年　雑誌　アルコール飲料)
・一台で、「ビデオ」も「写真」も美しいのは、なぜ。(2006年　雑誌　カメラ)

などいろいろな意味をもたされている。

〈語彙〉
　例2の雑誌広告をみてみよう。まず、「ワンプッシュオープンスタイル」「ボディ」といった外来語が効果的に使用されている。「ローミング」「スロット」のような専門用語的なものも使われている。一般に広告に使用される外来語は英語ばかりでなく「アルバイト」「テーマ」のようなドイツ語起源のもの、「グルメ」「エチケット」などのようなフランス語起源のものの他和製外来語も多い。「ideas for life」のように外国語のつづりそのものもあって、多様である。商品名自体も外国語・外来語・和製外来語・カタカナ表記が多い。「テク」は略語である。外来語は音節がふえて長くなることが多いので、略語化されることが多いのである。右下の「着うたフル」も、"着信を知らせる歌が、前奏なども含めまるごと入っていて聞ける"ということの省略語で、漢語・和語・外来語の三種で合成した混種語でもある。
　一般的に広告における語彙では、商品の種類別に好まれる語彙があることに注目したい。例2にも「先端技術」「強い」「丈夫」「機能充実」などの語が見られるが、これらは通信機器の広告では好まれる語であろう。ふつう「厚さ」というところを「薄さ」と言いかえているのも、同様である。そのほかの広告、たとえば医薬品・化粧品・健康食品での「酵素」「紫外線」「体脂肪」などの専門用語、「化粧品」にかぎると「白い」「うるおい」、など。また種類を超えて「ニュー」「新しい」「やさしい」「うれしい」などの形容語や「あなた」「わたし」などの人称語、同音語類音語にひっかけた駄洒落的用法(「ひとりポチ」2006年　雑誌　モニター機器)や新造語も好まれる。「うすテク」はかなり強引な新造語といえるが、広告の中では語法・

文法を無視して新鮮さを演出することも多く、「みんなの楽しいが１つになる。」(2006 年　雑誌　自動車)というキャッチコピーなどよくある。「エコしてた」(2006 年　雑誌　通信)のように強引にサ変動詞化するのもよく見かける。

　指示語も臨場感をもたらすので、従来からよく使われていたが、ネット広告ではクリックさせるために「ここ」「こちら」などの使用がふえるのではないか。

〈そのほかのレトリック〉
　表記の工夫、語彙の選択のほかに、キャッチコピーのレトリック技法として、反復、比喩、擬人法、対句、倒置、体言止、省略、婉曲、パロディ、駄洒落、掛詞、語呂合わせ、頭韻、脚韻、音数律、数字使用、等々が駆使されている。

　たとえば例１・２の「先端技術を切りだした」は、画像で文字通り切り取られたばかりの様子が描かれているが、それが"先端技術＝携帯電話器"という換喩的な表現と、「先端技術」という形のないものを、石のように"切り出す"というカテゴリー転換が表現されて、二重のレトリックとなっている。

　また、例２で、「先端技術を切りだした、薄さ約 14.8 mm」とその下の❶〜❸までの部分はすべて「連体修飾部＋名詞」でそろっており、左下「166の国と地域で通話できる国際ローミング」も同様である。これらが一種のリズムをもたらしている。

　しかしながら、限定や付帯条件や注記、「約」などの語をひどく小さな字で記すのは、レトリックとも言えない単なるごまかしと紙一重になりかねない。

研究角度⑥　広告の文章の歴史
　日本での広告の文章の最初のものは、江戸時代の「引札」と言われる"チラシ"様の印刷物である。古くから、商品の絵などを入れた立て札や看板、

暖簾といった形でのアピールはあった。江戸時代になって出てきた「引札」も、はじめのうちは屋号と扱い商品などを記した簡単な刷り物で、余白に花や七福神などの絵が添えられている程度であった。洒落た口上を添えて配り物として大がかりに広く告げ知らしめたのは、越後屋呉服店の江戸出店時の開店披露の引札が有名である。「現金無掛値」「(反物単位でなく)切り売り」という文句が有名になり、それで売り上げが伸びたため、引札の宣伝効果が商人たちに認知されたようである。

その後、出版文化が隆盛を極め、本の巻末や見返しに、出版目録のようなものを載せ、そこに内容の紹介文そして宣伝文句を添えることが盛んになった。

また、「景物本」といって、店や品物の宣伝を面白い文章に仕立てた冊子を景品につけることも行われた。それが大掛かりになって、黄表紙や人情本の話の中にスポンサーの商品を登場させたりと、江戸時代には経済活動が活発になっただけに、商業広告においてもいろいろなアイデアが実行されたようである。

こうした広告の文章の書き手は、主として式亭三馬や山東京伝などの戯作者を中心とする一流の文人、流行作家たちであった。これらの中で有名なのは、平賀源内[2]が、えびすや兵助のために書いた歯磨き粉(嗽石香)売り出しのための引札である。「トウザイトウザイ」ではじまり、「クハチクハチ」で終わる"口上"仕立てになっている。「袋が落ちちり、楊子がよごれると申すようなへちまなことはこれなきように」[3]といった駄洒落もあるが、特徴的なのは、「きくかきかぬかのほど、私は夢中にて一向存じ申さず候えども、たかが歯をみがくが肝心にて、そのほかの功能はきかずとも害にもならず、また伝えられたその人も、まるで馬鹿でもなく候えば、よもや悪しくはあるまいと存じ、教えの通り薬種をえらみ、随分念入れ調合仕り、ありようは銭ほしさのまま、早々売り出し申し候」のような、皮肉や逆説、開き直りをきかせた、戯作者らしいユーモアである。

柳亭種彦[4]の記した海苔の引札は「二百年の昔々は」と昔の浅草から説き起こす蘊蓄を交え、「是ありてこそ白魚も椀中に再び活き、豆腐もさかな

の骨となり、磯菜飯の青々しきは小松鶯の声に増り」[5]という列挙の饒舌がずっと続いていく。国学者の本居宣長も、医者であったので、薬の広告文を自ら書いている。

幕末から明治にかけて活躍した戯作者、仮名垣魯文[6]の作った「船料理柳船」の引札は、次のように記されている（引用は『日本近代思想大系 16 文体』p.369 から。校訂・注は小森陽一氏および山本芳明氏による）。

口　条
加茂川（かもがは）の水雑炊（みづざうすい）は、七段目の幕切（まくぎれ）にて、東京川（えどがは）の船料理（ふなりやうり）は、川開（かはびら）きを初日とせり、一面（いちめん）の浪幕（なみまく）に高春船（たかせぶね）の大道具（おほだうぐ）、佃節（つくだぶし）の合方（あいかた）に吹よ川風（かはかぜ）あがれよ調理（ちやうり）の夏季（なつき）を旨（むね）と酒肴（しゆかう）の按排（あんばい）、今年（ことし）も安（やす）のお手軽専一（てがるせんいち）、彼蝙蝠（かのかうもり）の柳舟味（やなぎぶねあぢ）はひ与三と御評判（ごひやうばん）を、仮名垣魯文（かながきろぶんふし）伏てまうす[7]。

「口条」は、情報としては、「川開き」の日から「船料理」を始めることが盛り込まれてはいるが、あとはことばの面白さを鑑賞するのみである。値段や料理については「口条」部分の外側に、「御ぜん　御一人前に付き価銀七匁五分」で「吸いもの　口取　あらい　焼さかな　茶碗蒸」とあり、「銀拾匁」出せば「其外御好次第」であると、飾りも何もなく記されている。「口条」の方は、対句や縁語から構成されており、当時話題の歌舞伎や歌謡の共有知識が盛り込まれているようだ。引札には候文の文末がよくみられるがこれは"口上"ということで「申す」で終わっている。また、「川開き」という季節行事や船上での食事が連想させる、うきうきとした気分についても共通理解のあることが前提となっていよう。

このように商魂をむきだしにせず、流行や時代の気分を掬い上げ、鑑賞機能や接触機能に気を配った戯作者たちの姿勢は、現代のコピーライターにも通ずるところがある。

しかし、増田(1976)によるとこうした引札の文体に対して、福沢諭吉は「商人に告ぐる文」の中で「広告文は達意を主とす。余計なる長口上は甚だ無用なり」(p.109)と批判した。そうした考えが浸透したものか、明治 45 年

刊の『作文講話及文範　下巻』(芳賀矢一・杉谷代水著)には、「△△△醬油懸賞広告文一等當選」として「料理は醬油　醬油は△△△　あとは細君の腕前」のような、簡潔なコピーが手本として紹介されている(p.750)。歯磨き粉は「朝の気持は一日の気持、晨起直ちに〇〇〇〇歯磨を用ゐて、口中の清潔、気分の爽快を計れ。朝夕歯磨を用ひて怠らざれば歯牙の健全美白を得るは久しく世に實驗せられたる事實なり」(p.753)である。上で紹介した平賀源内のものと比較すると面白い。

[課題]

1. 最新のインターネット広告を取り出して、それらの特徴を調べてみよう。
2. 同じ商品について、テレビと雑誌、インターネットで広告がされているものをさがし、それらを比較してみよう。
3. テレビの動画広告とインターネットの動画広告を材料にして、言語形式や映像や音の相互関係について調べてみよう。
4. 受け手側を想定した広告表現の技法や工夫について考えてみよう。また特定のターゲットに絞った広告において、その人たちが好みそうな工夫についても調べてみよう。
5. ネット広告で、次々にウィンドウを開けていくように誘導する場合、それらの文脈の間の関係をどのように考えたらよいのか。いくつかの実例を材料に市川(1978)をもとにして考えてみよう。
6. 雑誌・新聞におけるそれぞれの記事同士の間のつながりは、どのようなものであると捉えたらよいだろうか。構成や文脈の観点からみてみよう。
7. 最近のいろいろな広告で、ローマ字表記やアルファベット表記はどんな商品にどれくらいの割合でなされ、どんな効果をもっているだろうか。
8. 参考文献から、広告の文章の歴史について調べてみよう。

注

1 分類項目とその説明は相原(1983)に示されているもの。挙例は高崎が最近のものからあてはまると思われるものを添えた。(　)内は、広告の採集年、媒体、商品の分野。また、＊印の例は『時代を映したキャッチフレーズ事典』からとったもの。媒体の区別は記述にないため不明。
2 1728〜1779　談義本・浄瑠璃作者、技術家、本草学者。『根南志具佐』『放屁論』など
3 引用はすべて、増田太次郎『引札　繪びら　錦繪』掲載の文章(p.30)から。
4 1783〜1842　合巻作者、考証家。『修紫田舎源氏』『邯鄲諸国物語』など
5 注3の文献 p.101
6 1829〜1894　滑稽本作者。『西洋道中膝栗毛』『安愚楽鍋』など
7 原版は、句読点でなく「〻」(いわゆる白ゴマ点)を使用。

[参考文献]

アーシー，イアン(1996)『政・官・財の国語塾』中央公論社
相原林司(1983)「広告コピイの表現の研究」『文芸言語研究　言語篇』6　筑波大学
天野祐吉(1986)『広告の本』筑摩書房
市川孝(1978)『国語教育のための文章論概説』教育出版
井上宏(1988)『SEKAISHISO SEMINAR 現代メディアとコミュニケーション』世界思想社
遠藤好英(1989)「広告文の文体」山口佳紀編『講座日本語と日本語教育5　日本語の文法・文体(下)』明治書院
奥野貴司(1997)『広告表現バイブル』TBSブリタニカ
織田久(1976)『広告百年史　明治』世界思想社
加藤周一・前田愛編(1989)『日本近代思想大系16　文体』岩波書店
具軟和(2004)「雑誌とテレビの広告文に関する一考察」『人間文化論叢』7　お茶の水女子大学大学院人間文化研究科
竹内郁郎・児島和人・橋元良明編著(1998)『メディア・コミュニケーション論』北樹出版
田中春美他(1978)『言語学のすすめ』大修館書店
土屋信一(1988)「広告の句点と読点」『日本語学』7(4)明治書院
中田節子(2003)「近世の広告宣伝に見るマス・コミュニケーションの兆し」『言語』32(9)大修館書店
芳賀矢一・杉谷代水(1912)『作文講話及文範』冨山房
橋内武(1999)『ディスコース　談話の織りなす世界』くろしお出版

稗島一郎(1994)『言葉の心理』北樹出版
飛田良文(1977)「明治時代の文章活動」林大・林四郎・森岡健二編『現代作文講座8 文章活動の歩み』明治書院
深川英雄・相沢秀一・伊藤徳三編著(2005)『時代を映したキャッチフレーズ事典』電通
増田太次郎(1976)『ブレーン別冊　引札　繪びら　錦繪廣告』誠文堂新光社
安本美典(1980)『広告の心理学』大日本図書
山口仲美(2001)「広告表現の変遷」『日本語学』20(2)明治書院
山本武利・津金澤聰廣(1992)『日本の広告　人・時代・表現』世界思想社
横山隆治(2003)「インターネット広告の仕組みと可能性」『言語』32(9)大修館書店

―雑誌特集号―
「特集　広告とことば」(1984)『言語生活』390 筑摩書房
「特集　広告のことば」(1988)『日本語学』7(4)明治書院
「特集　広告の日本語」(2001)『日本語学』20(2)明治書院
「特集　メディアの誕生・広告の歴史」(2003)『言語』32(9)大修館書店

3　日常会話の分析
小学校教員の談話データを材料に

[例1・朝]　A・小学校教員（女性　52歳）　B・小学校児童（男子　9歳）
C・小学校児童（男子　9歳）

> 場面の説明
> 　一時間目、担任のクラスで児童たちと学芸会の準備をしている。劇で演じるカエルの"おへそ"を発泡スチロールを使って作ったりしている。（朝）
>
> 　1B：先生、ハッポ(A：はい)スチロールもう1個ちょうだい。
> 　2A：うん、下に落ちてるの使って、適当に。〈間〉
> 　3B：小さくなってもいい↑
> 　4A：どのくらい↑
> 　5A：これとくらべて。
> 　6B：どのくらいーかな。
> 　7A：失敗したって、どうしたの、持ってきたの↑、★失敗したの。
> 　8B：→それでもいいの↑←
> 　9A：ああ、いいわよ。
> 10A：ずいぶん丸くやったわね。
> 11A：だ、どうやってやったんだ。
> 12B：ん↑
> 13B：おとうさんが、カッターでやったの。
> 14A：あーん、★カッター。
> 15C：→先生。←
> 16A：はい。
> 17C：あの、は、あの、なんかー、なんかー、あのー、ハッポスチロールまるっこくする、あのね、上の方がちゃんと、上から見るとねちゃんとー、ほら、丸んなってるんだけどー、あれだ、でもね、横から、反対側の、上から見るとー、ほらちゃんと丸んなってるように、丸に、丸ぐらいになってると思うんだけどー、あのね、横から★見るとねー。
> 18A：→持ってきたの。←
> 19C：ん、横から見るとねー、なんかねー、少しずれちゃってるから。★ちょっと失

敗しちゃったよー。
 20A：→ふーん、←ちょっと見せて、じゃあ。

[例2・会議]　A・小学校教員（女性　52歳）　D・小学校教員（男性　37歳）
E・小学校教員（女性　48歳）

場面の説明
学芸会でやる4年生の演奏会についての打ち合わせ。2クラスしかない（1クラス21人）ので、合同でやるという話題が出ているところ。このあと、練習が予定されている。

 1D：んー、これー、やるのー（ひと）クラスはーー（ひと）クラスでやるの。
 2A：ううん、違う、★いっ。
 3D：→合同↑←
 4A：ん↑
 5D：合同で、ですよね↑
 6A：うん、合同、合同。
 7D：＃＃＃＃＃
 8A：うん、1,2（いち、に）クラスいっしょ。
 9A：そうしないとほら、大太鼓は2組から出てるでしょ↑
10A：だから全部いっしょで、（D：うん）トライアングル、でー、バス木琴と。
11E：鉄琴があるでしょ。
12D：あ、これ一人、ひとつー〈言いさし〉。
13A：二人ずつ、二人ずつ。
14D：あ、じゃないのね↑、★なるほど。
15A：→うん、←4人だから二人ずつでー、★鉄琴が一人ずつ。
16D：→で、鉄琴は一人か。←
17E：＃＃＃ですね。
18A：カスタネットも一人ずつ。
19A：あと全部一人ずつでー、★これは、大太鼓とこれはー、2組出ててー、こちらは1組で出てるの。
20D：→なるほどね。←
21D：あ、そうですか。
22A：だから、全部出ないと、一つの曲ができないわけ。
23D：うん、意味がわかる。
24A：うーん。
25D：少ないからねー。
26A：うーん。
27D：これじゃー、一クラスじゃ・
28A：うーん。
29D：いや、これが二人ならね。

30A：そうそうそうそうそうそう〈間〉
31A：ほら、全体の人数がとにかく少ないからー。〈笑い〉
32A：ね、そんな感じになっちゃうんじゃないかなー。
33D：きょうはー、効果音いれて(A：ええ)それからー。
34A：はい。
35D：照明もー、ちょっと(A：はい)つけて。
36A：ええ。
37D：変えられるところはちょっと変えてみて、場面の転換。
38A：はい。

[例3・休憩]　A・小学校教員(女性　52歳)　Q・小学校教員(女性　45歳)

場面の説明
教育関係の研究会でAが発表することになっており、そのレジュメ作成をQに依頼。Aはあとから直したい箇所に気づき、Qに訂正箇所を記入したものを渡してワープロの打ち直しを頼もうとしている(Aはワープロが苦手)。「全体収録」は研究会のあとで出すレジュメ集のこと。19Qの「これ」は出来上がったレジュメ。20Qと22A、23Qの「これ」「こっち」はAが直してきた原稿を指す。

1A：あー、Qさんは来ないかなあー。〈間〉
2A：あっ、Qさんいた。〈間〉
3A：Qさーん。
4A：いいんですか、あ、電話する↑
5Q：もう、おわった、今。
6A：これもう、い、印刷しちゃう↑
7Q：印刷しちゃうってどう★ゆうこと↑
8A：→いや、←ここん★ところちょっとさ、うん、かえてもらえばわかりやすいかなーと思ったの。
9Q：→まずい↑←
10Q：もうみんなに、お、くばっちゃったよ。
11A：ううん、違う、また、あの、★全体収録のときに、★いいでしょ。
12Q：→ああー、←あ、あ、→いいよ直せる←、それはどんどん直せる。
13A：じゃあ、あの、くばったのはいいんだけど。
14A：まあ、たぶんね、全体収録出しても読まないと思うけど。
15Q：まあね。
16A：うん。
17Q：わかりました。
18Q：えーと、ちょっと待っててね。
19Q：じゃあ、これ持っていく↑
20Q：あっこれ、(A：うん)こっちか、(A：うん)見たほうがいいな。
21A：うん。

```
22A：これあげる、でー。〈言いさし〉
23Q：あ、そう、(A：うん、うん)じゃこれをもらって。
24A：はい。
```

上の例は小学校教員の職場での会話の録音文字起こしデータ[1]の一部である。元のデータには、「Ⅰ、朝」(→ここでは例1)「Ⅱ、会議」(→例2)「Ⅲ、休憩」(→例3)の3種類の場面があり、「Ⅰ、朝」は朝、出勤し職員室でのあいさつ・雑談、移動して担任のクラスで児童と会話している場面、「Ⅱ、会議」は、職員室で同僚教師と、学習発表会の手順・方法などについて打ち合わせ・確認している場面と、教育相談室での場面、「Ⅲ、休憩」は職員室での雑談の場面である。例は、それぞれの場面から一部を抜き出して示した。

本章のねらい

　ここでは、日常会話のデータを、談話分析のいろいろな角度から観察することで、日本語のやりとりの特徴をさぐってみる。

　上で示した文字起こしデータは、実際の会話場面から、文字化が可能な言語形式のみを記したデータである。しかし、実際の生活場面での会話は、文字化がむずかしい多くの音声情報や非言語行動に、円滑なコミュニケーション遂行を頼っている。このような文字データだけでは、声にこめられた感情、顔の向きや視線での指示など、抜け落ちてしまうコミュニケーション要素があることを前提としなければならない。

　また、文字化できた言語形式の範囲でも、情報を担う実質的な名詞や動詞など以上に、聞き逃しそうな短いあいづち、言いさしや重なりや、時には省略されてしまったことばといった、対人的要素・対場面的要素を主として担う言語形式が、質量ともに活躍している。

　すなわち、談話分析をしようとするときには、これらのことを補助情報として必要なときに活用できるように、自分で録音・文字起こし、あるいはビデオ撮影・データ化をしたものを使う方が望ましいということになろう。

　さて、上に示した小学校教員をインフォマント(informant 録音協力者のこと。「A」で示す)とした会話を材料にして、まず話しことばの一般的特徴と

思われるものを押さえておこう。［例1・朝］［例2・会議］［例3・休憩］のいずれにも、一般的に話しことばの特徴とされる以下のような言語形式がみられる。

　①倒置—例1の2A「下に落ちてるの使って、適当に。」
　②省略—例2の14D「あ、じゃないのね」
　③言いさし—例2の12D「あ、これ一人、ひとつ—」
　④フィラー(filler 空間補充)—例1の17C「あの、は、あの、なんかー、あの」
　⑤応答詞—例1の2A「うん」
　⑥指示語の現場指示的用法—例3の6A「これもう、い、印刷しちゃう」
　⑦反復—例2の13A「二人ずつ、二人ずつ」
　⑧音の縮約・融合—例3の8A「ここんところ」
　⑨終助詞・間投助詞使用—「ね」「の」「さ」など

また、ここの例には出てこないが、「おはようございます」「バイバイ」などのあいさつのことばも話しことば特有である。漢語が少なく、くだけたことば、あまり意味のない、一見無駄なことばが多いのも話しことばの特色とされる。

これらをふまえた上で、以下の8種類の観察角度についてみていこう。

研究角度一覧
①人称　②性差　③場面差　④重なり　⑤会話の構成　⑥話題語
⑦緩和表現・注意喚起表現など　⑧笑い

研究角度①　人称

例に掲げた［例1・朝］、［例2・会議］、［例3・休憩］、のいずれでも、「わたし」「ぼく」といった一人称が見られない。話しことばで使われる一人称代名詞は、〈あたし・わたし・わたくし・ぼく・おれ〉などが一般的なものであるが、この例の会話の中にはまったく使用されていない。

それでは、二人称はどうか。［例1］の最初1Bに「先生、」がまず出てき

ている。これは、代名詞ではなく「先生」という"役職・身分"でよびかけている二人称といえよう。相手を指す二人称を整理してみると、

1. 氏名
    ①姓＋さん　②姓＋ちゃん　③姓＋くん　④姓呼び捨て
    ⑤名前＋さん　⑥名前＋ちゃん　⑦名前＋くん　⑧名前呼び捨て
    ⑨あだ名　⑩苗字＋さま　など
2. 役職・身分
    ①役職・身分名(先生・係長・課長・・・先輩など)
    ②姓＋役職・身分名　③名前＋役職・身分名　など
3. 代名詞
    あなた・あんた・おまえ・きみ・おたく・そっち(そちら・そちらさま)

などがある。

このうち例に出てきているのは、[例1]の1B「先生、」15C「先生。」と[例3]の3A「Qさーん」の3例のみである。いずれも呼びかけで、集団の中で特定の相手の注意をひき、会話の場面を作るためのきっかけとなる機能をもっている。特に学校生活においては、児童は大勢のなかで「先生」とよびかけて、教師と1対1のコミュニケーションをもちたいという合図をする。

また、一般的に、一人称や二人称は、待遇表現にかかわりをもち、話し手・聞き手の性による使い分けがなされる場合もある。

上の例では一人称・二人称がほとんど出てこないことが観察されたが、これは特殊な事例ではない。日常会話においては、使わなくてもすむ場合はいちいち言わない、という傾向が観察される。

研究角度②　性差

日本語には使用に性差のある言語形式が存在するといわれている。それについて以下のようにランクを仮設して、例を観察してみよう。

i 女性専用形式

　女性のみが使用するとされる形式。すなわち男性がほとんど使わないとされる言語形式。感動詞「あら」や「～わね」「～わよ」などの発話末。

ii 女性多用形式

　女性が多く使用するとされる形式。すなわち男性が普通あまり使わないとされる言語形式。「～よね」「～なの」「～のね」などの発話末や丁寧な言い方、美化語。また断定の「～だ」を回避することが多い。

N 性に無関係に使用される形式

iii 男性多用形式

　男性が多く使用するとされる形式。すなわち女性が普通あまり使わないとされる言語形式。「～さ」「～な」などの発話末や俗語など。

iv 男性専用形式

　男性のみが使用するとされる形式。すなわち女性がほとんど使わないとされる言語形式。「～ぞ」「～ぜ」などの発話末や軽卑語「やつ」など。

　大部分の語は、性に無関係なN(Neutral)ランクに属する。またⅰとⅱ、ⅲとⅳの境は諸説の可能性を含む。

　さてこうしたことばの上での性差は、最近は接近しつつある、とよく言われるが、実態はどうであろうか。

　冒頭の例1はインフォマントの女性の教員Aが受け持ちのクラスの児童と話している場面だが、発話末に注目してみると、たとえば例1・9A「～わよ」と10A「～わね」は上記の「ⅰ　女性専用形式」に属するが、すぐ次の11Aでは「やったんだ。」と「だ」を使用している。例2・32Aでは"なっちゃうんじゃないかしら"ではなく、「なっちゃうんじゃないかなー」を使い、例3・4Aでは"電話するの↑"でなく「電話する↑」を使うなど、「ⅰ　女性専用形式」や「ⅱ　女性多用形式」の使用を回避している。例3では相手の女性の教員も、10Q「くばっちゃったよ」や12Q「いいよ」20Q「見たほうがいいな」など、「ⅲ　男性多用形式」に属すると思われる形式を採用している。

そうかと思うと、男性が、[例2]において、14D「じゃないのね」、とか5D「ですよね」、21D「そうですか」など、「です」や「のね」「よね」を採用していたりする。これらは「ⅱ　女性多用形式」使用と言ってよいだろう。

すなわち、話しことばの上での性差の縮小とは、男性・女性ともに、Nをはさんでⅱやⅲを互いに性に関係なく交換して使い合うことが多くなってきたということ、および働く場では、女性はⅰの使用を避け、男性はⅳの使用を避けること、そしてNのランクで話し合うのが仕事には便利であるということ、などを意味していると考えられる。

研究角度③　場面差

ここでいう場面差とは、フォーマル(formal)かインフォーマル(informal)か、という区別をさしている。上記のデータも、例では省いたが、元データの表のセルの中に「フォーマリティ」の欄があってその区別が記してある。予想では、フォーマル場面ではインフォーマル場面に比べて、敬語表現や整った形式的な表現が多く見られるのではないか、そして「会議」場面はフォーマル、「休憩」場面はインフォーマル、「朝」場面は、職種によってどちらかに偏る、あるいは両方が入り混じることもあるのではないか、というものであった。

しかし、この小学校教員のインフォマントのことば遣いは、3つの場面を通してそれほど顕著な差がみられない。それはなぜだろうか。
[例1・朝]の会話は、教室で教員が児童の相談に対する指示をしているという、教育の仕事の典型的な場面である。しかし工作の作業なので、算数や国語の授業でのような、授業形式にのっとったやりとりではない。[例2・会議]は、学習発表会についての3人の教員の打ち合わせで、職員室で行われており、これも教員の仕事の典型的な場面である。しかし職員会議のような大規模な会議とは異なり、形式的な議事進行手順などはない。「例3・休憩」は、雑談の流れの中に、仕事がらみの会話が入ってきている。場所も職員室であり相手も同僚教員で、休憩時間ではあっても、実際は仕事の時間

と截然とした区別がない。こうした、場面の特異性が影響しており、フォーマル度もインフォーマル度も低い、結果としてあまり差のない会話になってしまったのではないか、と考えられる。

また、もとの「女性のことば―職場編」「男性のことば―職場編」の会話データを、一定の基準から観察した結果、小学校教員は、場面によることば遣いの差が、会社員などと比較すると少ない方である、ということがわかった(高崎 2002)。すなわち、職種による特色でもあるといえる。

研究角度④　重なり

会話は話者交替によってやりとりが続いていくわけで、一度に一人しか話せない、というのが基本である。しかし、現実の会話では、複数の発言が同時になされて、音声が重なることも多い。重なりとは、「turn taking(＝話す順番取り)」がうまくいかなかったということであり、先行の話し手にとっては割り込みをされたことになる。

例の中で重なりは、「★」(重なられた部分)と「→　←」(重ねた部分)で示されている。重なりは、偶然同時になってしまった場合と、意図的に相手の発話を遮る場合とがある。「例1・朝」でみてみると、7A「持ってきたの↑、★失敗したの。」と8B「→それでもいいの↑←」は偶然で、児童が先生の発話がもう終わったと解釈し、「持ってきたの↑」と聞かれているのでそれにすぐに答えようとして、重ねたためのものである。一方、17C「あのね、横から★見るとねー。」と18A「→持ってきたの。←」は、意図的で、フィラー(filler)を盛んに発しながら話し続ける児童から必要な情報を得るために遮っている。この遮りは失敗し、児童は先生に遮られても、19C で遮られた部分を繰り返し、なおも順番をとり続け、先生は20A「→ふーん、←ちょっと見せて、じゃあ。」で再度遮っている。多くの児童を相手にしなければならない先生が、手短に児童の要求や疑問に答えようとするために、このような遮りの重なりが起こってくる。

また、偶然の重なりの場合、発話終了誤認で重ねる場合のほか、相手の言おうとすることを予測して先取りするような形になる場合もある。「例2・

会議」の 2A「★いっ。」と 3D「→合同↑←」、あるいは 15A「4 人だから二人ずつでー、★鉄琴が一人ずつ。」と 16B「→で、鉄琴は一人か。←」、がそうした先取りしたための重なりである。

　[例 3・休憩]には意図的な重なりがいくつか見られる。インフォマント A にとって 7Q「印刷しちゃうってどう★ゆうこと↑」の反応がきついものであったらしく、慌ててそれを遮るような形で 8A「→いやー←ここん★ところちょっとさ、」を重ねる。Q はそれをさらに遮って 9Q「まずい↑」を重ねるが、A は最後まで 8A「うん、かえてもらえばわかりやすいかなーと思ったの。」を言い切る。

　12Q「→ああー、←あ、あ、→いいよ直せる←、それはどんどん直せる。」では、Q が自分が誤解していたことに気づき、早くそれを訂正するために 11A「ううん、違う、また、あの、★全体収録のときに、★いいでしょ。」に 2 箇所も重ねる。このように、相手への気遣いから、早く相手に自分の意図を伝えてしまおうとすることがある。重ねられた方も、順番を譲らずに、自分の意図を相手に最後まで伝えようとして重なりが継続する。このように、かえって重ねることの方が配慮の表現となることがある。

　重なりは、話者間の親疎と関係しているとも言われており、単純な偶然の現象とは言えない、複雑なコミュニケーションの様相を呈している。

　また、重なりは、文字起こしの際、しばしば聞き取り不能箇所となって「＃＃＃」などで示されることがある。あるいは重なりではなくても、ほかの雑音が入ったり、レコーダーから遠ざかる、音声が小さいなどの原因で、自然談話の文字起こしには頻繁に「＃＃＃」が出てきてしまう。しかしながら、機械が拾えなかっただけで、現実には重なっても雑音が入っても会話はそれほど遅滞せずに進行している。ゆえに「＃＃＃」のあとに聞き手の言い直し要求や、話し手自身の言い直しが来ることは、実際のデータの中にそれほどなかった。とかく文字起こしの邪魔者のように扱われる「＃＃＃」や重なりだが、その意味にも注意して観察したい。

　なお、狂言では二つの台詞を重ねて両方ともよく聞こえるように語る演技があり（「柿山伏」の山伏と柿の木の持ち主）、重ねることが滑稽味を増して

研究角度⑤　会話の構成

　このデータのような日常会話の自然談話では、構造のようなきちっとしたものを見出すのは難しい。たしかに、インフォマントが移動したりすれば場所や会話参加者が入れ替わって、そこで自動的に区切りがつけられる、ということはある。しかし、ひとつの話題がきれいに終わって、次の別の話題に切り替わる、というようなことは少ない。依頼―応諾、質問―応答、謝罪―許しなどのような隣接ペアがきれいに連続することもあまり望めない。これが日常会話の現実であり、それを受け入れて分析しなければならないだろう[2]。

　しかし、注意深く観察してみると、ところどころに、会話全体のゆるやかな構成の断片となる部分が見つかるものである。あたかも会話参加者が見えない協力をし合って、会話の途中で、一致した目的やゴールを作り上げることにより、あるまとまりが生ずるかのようである。混沌とした流れの中からそうしたものを見つけるのは大変に興味深いことである。

　［例 1・朝］の中にそのようなまとまりがないだろうか。たとえば、

　　3B：小さくなってもいい↑

という投げかけ発話が、いくつかの発話をへて、

　　9A：ああ、いいわよ

で受け止められ、反応を返されている。用心深くなかなか情報を与えない児童と事態をはっきりさせたい先生の間のかけひきが、質問形式を多用しながら展開されている部分である。

　［例 2・会議］ではどうだろうか。ここでは、

　　1D：んー、これー、やるのー(ひと)クラスはー―(ひと)クラスでやるの。

という確認の投げかけに対して

　　8A：うん、1，2(いち、に)クラスいっしょ。

と応答するところまで、3Dの遮りや、「合同」という語の聞き返しなどで、

噛み合わない部分である。その噛み合わなさで生じたコミュニケーション・ギャップを埋めるために、さらに9Aが「そうしないとほら、」10A「だから全部いっしょで」と、"どうして？"と聞かれているわけでもないのに、情報の精緻化、詳悉化を進める。それが

　　　22A：だから、全部出ないと、一つの曲ができないわけ。

まで続き、23Dの「うん、意味がわかる。」25D「少ないからねー。」27D「これじゃー、一クラスじゃ。」という了解の表示まできて、やっと最初の投げかけとほぼ完全に呼応する。

　すなわち大きくは、投げかけ—受け止め—了解というまとまりができている。

　［例3・休憩］においても8Aの"かえてもらいたい"という、相手に対する行為の要求の投げかけが、やはりいくつかの発話をへて、

　　　17Q：わかりました。

という受け止めまでのまとまりができている。

　以上みてきた［例1］・［例2］・［例3］の中のまとまりのように、前後がすぐに別のまとまりで切り替わるのではなく、少しずつ次のまとまりに移行するような、境界がはっきりしない場合も多い。"まとまり"といっても、会話の流れの中の濃淡の凝集なのである。

　また、まったく異なる質のまとまりも存在する。たとえば「ものがたり」というまとまりが考えられる。［例1］の17C「あの、は、あの、なんかー、なんかー、あのー、ハッポスチロールまるっこくする、あのねー、（以下省略）」と19C「ん、横から見るとねー、なんかねー、少しずれちゃってるから。★ちょっと失敗しちゃったよー。」はとりとめない言い訳が"失敗のものがたり"としてだんだんまとまってくる。そして13B「おとうさんが、カッターでやったの。」もきわめて短いが、"どうやってやったか"という方法を、問う先生の発話に、Bが出来事を語って応答している。いずれの発話も先生には"ものがたり"として受容されず、先生は、前者に対しては失敗を慰める、という対応でなく20A「ちょっと見せてー」と指示、後者に対しては"お父さんがやってくれたほほえましさ"でなく、14A「カッター（で

やった)」と必要な情報の部分を反復して受容している。

　会話の主導権という観点からみると、［例2・会議］では、23D「うん、意味がわかる」より前は、どちらかと言えばAが「だから」を繰り返しながら一方的に説明し、Dはあいづち的な表現をはさんでいる。23D以後は逆に、どちらかと言えばDの側が実質的な中味をもつ発話で、Aはあいづちをうつことが多い。そのような二つのまとまりを見ることもできる。

　しかしいずれの"まとまり"とみえるものも、しっかりしたものでなく、その前や後も会話の流れの中に溶かし合わされていて、境（あるいは目的やゴール）がだんだんはっきりしてきたり、逆にだんだんぼやけたりしている。これが自然談話の様相である。

　もともと、談話分析は、原子論的・構造的な、何かの単位を積み上げていくという方法となじまないところがあり、自然談話で"構造"や"単位"をみるとすると、話題が一貫していたり、きれいに話者交替や隣接ペアが実践されていたりという、ある程度"不自然な"箇所を選ばなければならない、という矛盾がある。

　日常会話の構造については、文章における段落のように切れ目のはっきりしたものを探すよりも、つながりや流れのようなものとしてとらえた方が考えやすいかもしれない。

研究角度⑥　話題語

　話題の中心となっている語句は、会話の中に頻繁に出てきそうであるが、［例1］［例2］［例3］の三つの場面とも、話題が語句の形で現れて反復されるということは観察されない。

　［例1］では工作物についての話題だが、そのものズバリの語句は登場しない。現場に存在するものなので、手にしていたり、視線をあてたりして、十分指せる、ということもある。ここでは指示語も現場指示は5A「これ」1語のみであって、話題になっているものを指す語句はほとんど顕在していないことがわかる。

　［例2］では、実はこの例でとった部分のだいぶ前にAの「劇のー、あれ

はどうなってる↑」という発言があってこの部分につながるが、この「あれ」が指すものは前後には語句としては登場しない。

［例3］では、印刷物が話題になっているわけであるが、6A「これ」、8A「ここんところ」が現場指示として、その印刷物を指している。19Qから23QまでQが5回コ系「これ」「こっち」で指しているものも、印刷物関連の現場指示であるわけだが、いずれにしてもそのものを直接指す語句は登場してこない。

書きことばでは、話題になっている語句は、文章の中で反復されることも多いのだが、話しことばでは、必ずしもそうではないことがわかった。しかし、話しことばではまた、別の反復の様相が観察される。たとえば、［例1］の13Bの「カッター」という語が次の14Aで繰り返されている。これは相手の発話に含まれる情報を受け止め、納得したという表明になっている。［例2］では、5Dの「合同」という語を次の6Aが「合同、合同」と、それ自身も2度繰り返しとなっているのは、Dの言っている内容が正しい、という、より強い肯定表現になっている。［例3］で、6Aの「印刷しちゃう↑」を7Q「印刷しちゃうって」と繰り返しているのは、引用としての反復である。

このように会話における反復、とりわけ、相手の先行発話中の語句の反復は、同調や受容の表明など、書きことばにおける語句反復とは異なる機能をもつ場合がある。

研究角度⑦　緩和表現・注意喚起表現など

ここでは、緩和表現や注意喚起表現など、注意すべき表現をいくつかみていく。

相手が快く思わないと予想されることを言わなければならないとき、話し手はいろいろな言語形式を用いて、和らげる努力をする。それを緩和表現と呼ぶことにする。

この例の中では、［例3］のやりとりがそれにあたる。依頼をするインフォマントAは同僚Qが作った印刷物の一部を、次に"全体収録"するときに

直してほしい、という依頼をするのに、いくつかの緩和表現を用いている。

　依頼に移る前に今話しかけていいかどうかを 4A「いいんですか。」と許可を求め、「あ、電話する↑」と拒否される可能性を先取りして聞いている。これもダイレクトに用件に入る場合に比べて、緩和された会話の始まり方といえよう。

　次に 6A「これもう、い、印刷しちゃう↑」と相手の予定を聞いており、まだ、依頼は切り出さない。しかし「もう〜ちゃう」というアスペクトは、ある行為が未完了でありながら、もう取り返しがつかないほど確定的な段階にあることの認識を表現し、かつイントネーションを上げることによって、微妙に話し手がまだ介在できるか否かを問うている。すなわち高度に緩和された依頼表現といえる。

　そしてやっと 8A で依頼内容に入るが、「いやー」という否定、「ちょっと」という事態を小さく見せる副詞、「てもらえれば」という恩恵表現の仮定、「かなー」という自問的な終助詞の一拍延ばし、「と思った」という引用形式の過去形、などを組み合わせることにより、依頼の直接性を緩和している。

　そのほかの表現として［例2］の例の中で注意しておきたいものに、D が 12D、14D、21D で発話の最初に発する「あ、」の存在がある。これは、きわめて短いため、使用者も自覚的ではなく、文字起こしでもしばしば落とされるが、非常に重要な働きを担っている。単に驚きや気づきの表明にとどまらない。特に電話での始めのあいさつや名乗りの段階で使用が目立つという指摘もある。ここの例では、順番取りのための注意喚起として、まとまった語句を言い出す前触れとしての機能が観察される。29D「いや」、31A「ほら」、32A「ね」も同様の働きをしている。これらは、「フィラー」とはいえず、「あいづち」ともいえない。「応答詞」というわけでもないだろう。注意喚起表現とでもいうべきかと思われる。

　また、［例1］の 17C は、「あの」「なんか」をはさみながら、文節の最後の拍を延ばしつつ、言い直しや繰り返しも多い、など、子供の話し方に多い特徴が現れている。教室の中で子供がまとまった発言をするときの、伝統的

な"型"の継承のようなものが存在する。小・中・高・大学、それぞれの段階での異なり方もありそうだ。

以上のように、文字化してじっくり観察すると、いろいろな表現の存在に気づく。

観察角度⑧　笑い

　早川(1999)では、談話中の笑いを、話者の使用意図で、A. バランスをとるための笑い　B. 仲間作りのための笑い　C. ごまかしのための笑いの3種にわけて考察し、笑いには談話を協調的に展開する機能がある、としている[3]。思わず笑ってしまっている、というような情動反応としての生理的な笑いというのは、このA・B・Cの分類中には入っていないようである。

　今回の材料では、声に出している笑いだけが対象で、表情のみの笑いはとっていない。ゆえに、「〈笑い〉」は［例2・会議］の31Aの発話に伴うものしか見出せないが、これは上の分類でいうと「B. 仲間作りのための笑い」のなかで、下位分類がなされているうちの「4. 共通理解を確認するための笑い」(注3参照)にあたるであろうか。

　ともかく、日常会話においては、声に出す出さないを問わず、それぞれの笑いが機能をもって、意図的に使用されていることが多いと思われる。たとえば茂呂(1997)では、小学校の社会科授業という談話場面で、ある男子の発話に対して起こったほかの子供たちの笑いが、男子の発話をその場にふさわしくないものだと評価している側面のあることを指摘している。その笑いは決して嘲りというようなものではなく、「むしろ『あえて場面にふさわしくない発話を発した仲間に対する共感的な笑い』とでもいえそうなもの」(p.49)であるという。このように「笑い」が会話の中で果たす機能には複雑なものがあり、"声"を伴わない、表情としての「笑い」まで含めると、まだ解明されていない部分が多い。

　また、漫才やコントなどの話芸においては、観客の笑い自体が、区切りやきっかけなどの機能をもち、やはり進行に欠かせない、重要な役割を担っている。

ところで、自然談話の文字起こしでは、笑いは「〈笑い〉」のように表記し、小説の中の会話文、たとえば

　「早川光です。僕のこと憶えているかな」「ふふふ、もちろん」百合子は低く笑った。　　　　　　　　　　　　　　（林真理子「夢の中」）

のように擬音語的に語として表記したり、「低く」などと説明的に記述したりすることはまずない。自然談話において、その「〈笑い〉」がどんな音を発している笑いなのかは、言語随伴動作として重要であるし、ある発話を笑いながら言うこともあるのだが、文字起こしとしてそれを反映させるのは、今のところ困難が伴う。

［課題］

1. ［例 2・会議］の 24A「うーん」や［例 3・休憩］の 16A「うん」はあいづちだろうか、応答だろうか。会話の流れの中でこれらの役割を観察してみよう。
2. ［例 3・休憩］の 20Q「あっこれ」の「あっ」はどのような意図と機能をもっているだろうか。またほかのところにも出てくる「あ」や「あー」等々とどのように違うだろうか。
3. 例の中にはないが、驚きの表明ではない「え(っ)」もよく使用される。これについても身近な会話の中での現れ方を観察して報告してみよう。
4. 上記の 1〜3 の観察をふまえて、話しことばの大きな特徴である"言い直し"、"言い誤り"、"冗長語(「フィラー」ともいう)"など、一見無駄な部分について注目し、その聞き手に対する効果について考えてみよう。
5. 【研究角度②性差】で示した、性による言語形式の分類について検討してみよう。たとえば、日本語において「ⅰ　女性専用形式」「ⅱ　女性多用形式」は、"男性がほとんど用いない形式"あるいは"男性があまり用いない形式"と言ってもよいかどうか、同様に「ⅲ　男性多用形式」「ⅳ　男性専用形式」は"女性があまり用いない形式""女性がほと

んど用いない形式"と言ってよいかどうか、考えてみよう。
6. 上の「5」をふまえて、いわゆる「女性語」と"ジェンダー"の関係について、調べてみよう。"ジェンダー"とは、生まれつきの性差でなく、社会的文化的に形成された役割としての性差を指す。
7. 「言語随伴行動」にはどのようなものがあるのだろうか。テレビドラマなどで観察してみよう。
8. 家族や友人との日常会話を録音文字起こしして、上にあげた角度からいくつか選んで観察してみよう。また、参考文献などからも、いろいろな角度をみつけて、試してみよう。
9. 最近流行しているような話し方、たとえば、発話途中でイントネーションをあげる話し方や、「です・ます」を「(っ)す」と発音する、あるいは「〜とか」「ていうか」や「〜みたいな」の誤用とも言えない拡張的用法などについて、テレビ番組や身近な日常会話を材料に、観察してみよう。
10. ひところ飲食店などで聞かれた店員の「いらっしゃいませ、こんにちは」というあいさつをどう解釈するのか、話し合ってみよう。

注
1 『男性のことば―職場編』(現代日本語研究会編　ひつじ書房　2002 年)付録の CD-ROM から、協力者 08(小学教員)のデータを利用。1993 年 10 月、東京都内の小学校で録音。左側の数字はこの抽出例につけた発話の通し番号であり、元データの通し番号とは異なっている。発話者のイニシャルも元データとは異なっている。「↑」は上昇イントネーション、「★」は重ねられた部分の始まり、「←　→」の間は重ねた部分、「＃＃」は聞き取り不能、「〈間〉」は発話連続が途切れたと判断されたときを示す。詳しくは同書を参照。なお、ここで採用している文字起こしの方法は、次章「相談談話の分析」で紹介している方式とは異なるので注意されたい。
2 発話の機能によってラベリングをする方法もある。先行のよく引用されるラベルとしては、ザトラウスキー(1993)があり、〔注目要求、注目表示、情報要求、情報提供、共

同行為要求、意志表示、言い直し要求、言い直し、同意表示、あいさつ〕となっている。また、国立国語研究所(1960)の分類も基本的なものとして参考になる。
3　早川(1999)では、「笑い」を次のように分類している。
　A.　バランスをとるための笑い
　1.　自分の領域に属する内容に付加された笑い──　1.1 照れによる笑い　1.2 恥による笑い
　2.　相手領域に踏み込むことに付加された笑い──　2.1 相手に要求していることのあつかましさを和らげるための笑い　2.2 擬似の親しみを表現する笑い
　B.　仲間作りのための笑い──　1 楽しさへの同意を期待する笑い　2 同意を表わす笑い　3 誘いこみ　4 共通理解を確認するための笑い
　C.　ごまかしのための笑い──　1 言いたくないことをごまかすための笑い　2 とりあえずの会話ターンを維持するための笑い

[参考文献]

大石初太郎(1971)『話しことば論』秀英出版
大浜るい子(2001)「『えっ』の談話機能」『広島大学大学院教育学研究科紀要』第 2 部 50 号　広島大学大学院教育学研究科
尾崎喜光(2002)「新しい丁寧語『(っ)す』」現代日本語研究会編『男性のことば─職場編』ひつじ書房
甲斐睦朗(1997)「授業の談話分析の方法」『日本語学』16(3)明治書院
筧寿雄(2005)「話し言葉にみられる言語の創造性」『言語』34(1)大修館書店
金沢裕之・橋本直幸(2005)「漫才の言語特徴」『言語』34(1)大修館書店
熊谷智子(2000)「言語行動分析の観点─「行動の仕方」を形づくる諸要素について」『日本語科学』7　国立国語研究所
国立国語研究所(1960)『話しことばの文型(1)─対話資料による研究』国立国語研究所
国立国語研究所(1963)『話しことばの文型(2)─独話資料による研究』国立国語研究所
小林美恵子(2002)「職場で使われる『呼称』現代日本語研究会編『男性のことば─職場編』ひつじ書房
ザトラウスキー，ポリー(2000)「共同発話における参加者の立場と言語・非言語行動の関連について」『日本語科学』7　国立国語研究所
ザトラウスキー，ポリー(1993)『日本語の談話の構造分析─勧誘のストラテジーの考察』くろしお出版
杉本明子(2002)「職場における相互理解の談話構造」現代日本語研究会編『男性のことば

―職場編』ひつじ書房
杉藤美代子(1993)「効果的な談話とあいづちの特徴およびそのタイミング」『日本語学』
　　　12(4)明治書院
高崎みどり(2002)「男性の働き方とことばの多様性」現代日本語研究会編『男性のことば
　　　―職場編』ひつじ書房
田中章夫(1978)「第8章　語彙の様相」『国語語彙論』明治書院
田中章夫(1999)『日本語の位相と位相差』明治書院
伝康晴(2003)「談話コーパスとその分析」『国文学解釈と教材の研究』48(12)學燈社
中田智子(1991)「発話分析の観点―多角的な特徴記述のために―」『国立国語研究所研究
　　　報告 103　研究報告集』12　国立国語研究所
中田智子(1991)「会話にあらわれるくり返しの発話」『日本語学』10(10)明治書院
西阪仰(1995)「物語を語ること」『言語』24(8)大修館書店
西原鈴子(1991)「会話のturn takingにおける日常的推論」『日本語学』10(10)明治書院
早川治子(1999)「笑いの意図と談話展開機能」現代日本語研究会編『女性のことば―職場
　　　編』ひつじ書房
早川治子(2002)「自然言語データの相互的視点による『笑い』の分析」現代日本語研究会
　　　編『男性のことば―職場編』ひつじ書房
堀口純子(1991)「あいづち研究の現段階と課題」『日本語学』10(10)明治書院
堀口純子(1997)『日本語教育と会話分析』くろしお出版
本田明子(2002)「発話の『重なり』にみられる日本語談話進行の特徴」現代日本語研究会
　　　編『男性のことば―職場編』ひつじ書房
前田直子(2004)「文末表現『みたいな。』の機能」『言語』33(10)大修館書店
水谷信子(1993)「『共話』から『対話』へ」『日本語学』12(4)明治書院
メイナード・K・泉子(2000)『情意の言語学』くろしお出版
村上仁一(1992)「ARTデータベースの内容分析」『日本語学』11(9)明治書院
茂呂雄二(1991)「教室談話の構造」『日本語学』10(10)明治書院
茂呂雄二編(1997)『対話と知　談話の認知科学入門』新曜社
茂呂雄二(2001)「談話の構造」佐藤武義・飛田良文編『現代日本語講座2　表現』明治書
　　　院
山根智恵(2002)『日本語の談話におけるフィラー』くろしお出版
李麗燕(りりえん)(2000)『日本語母語話者の雑談における「物語」の研究』くろしお出版

―雑誌特集号―
「特集"笑い"」(1994)『言語』23(12)大修館書店

「特集　授業の談話分析」(1997)『日本語学』16(3)明治書院
「『意図』とは何か」(2001)『早稲田大学日本語研究教育センター紀要』14

3章のデータ処理法

　第3章　日常会話の分析に使用した小学校教員[1]の談話データは、注1に示したように『男性のことば―職場編』(現代日本語研究会　ひつじ書房　2002年)付録の CD-ROM を用いたものである。
　その CD-ROM の加工方法について以下で説明する。

[Excel への取り込み方]
(1) CD-ROM を開くと次のようなウィンドウが開く。この CD-ROM には、女性談話と男性談話の両方がテキスト形式で収められている。

(2) ここでは、「女性のことば・男性のことば」という名前のフォルダをデスクトップ上に作り、CD-ROM に収められている全データ(「解説.TXT」「女性談話.TXT」「男性談話.TXT」)を保存した。

(3) 次に新規の Excel ファイルを新規で開いてみよう。次の図のように、上のツールバーから［ファイル→開く］を指定する。

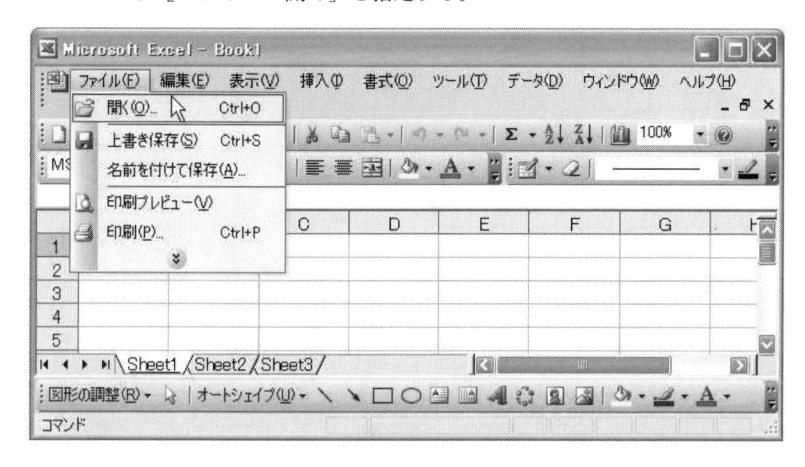

(4) 次に、テキストデータが保存してあるフォルダ（ここではデスクトップに保存した「女性のことば・男性のことば」というフォルダ）を指定する(①)。その際、ウィンドウの下部に表示される「ファイルの種類」が、「すべてのファイル(*.*)」になっていることを確認する(②)。続いて「女性談話.TXT」というファイルを指定する(③)。

(5) ファイル名の中に「女性談話.TXT」と自動で入ったことを確認して「開く」をクリックする。すると、次のようなウィンドウが開く。この「女性談話.TXT」というテキストデータはカンマ区切りになっているため、「カンマやタブなどの区切り文字によってフィールドごとに区切られたデータ(D)」を選択する(①)。そして「次へ」をクリックする(②)。

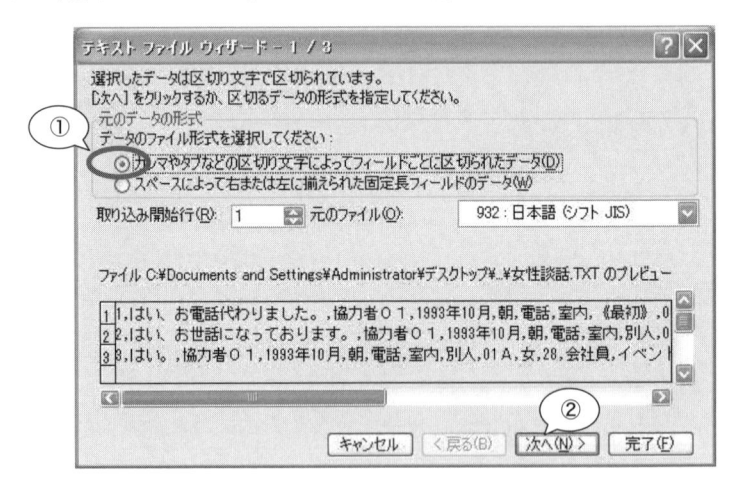

(6) 「テキスト ファイル ウィザード –2／3」に移る。ここでは「区切り文字」の中の「カンマ」にチェックを入れる(①)。

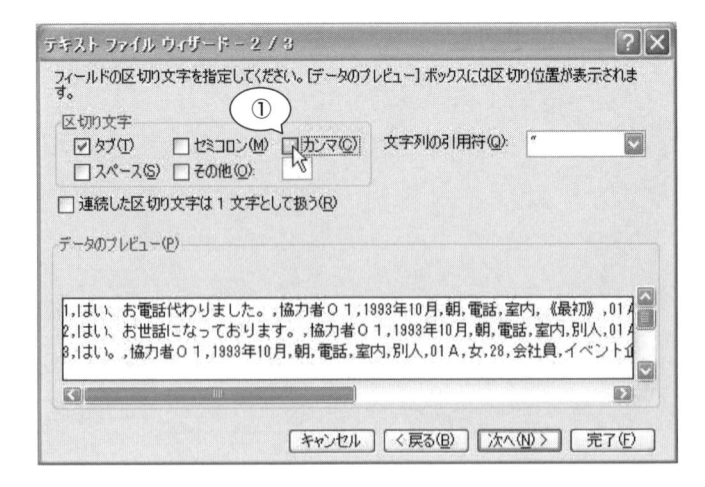

3 日常会話の分析 89

(7) カンマにチェックを入れると(①)、次のように「データのプレビュー」が変わる。データが正しく区切られたことを確認し、「次へ」をクリックする(②)。

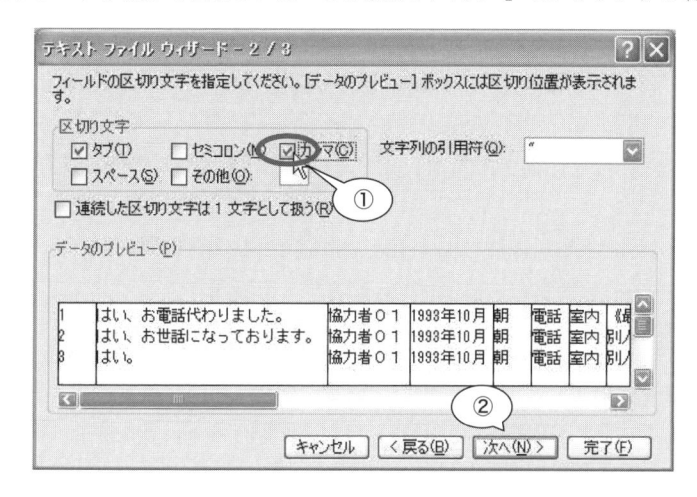

(8)「テキスト ファイル ウィザード –3／3」の画面に移る。ウィンドウ下部にある「データのプレビュー」において1列ずつ指定を行い(①)、画面上部の「列のデータ形式」で「文字列」を選択する(②)。全ての列の指定が終わったら、「完了」を押す(③)。

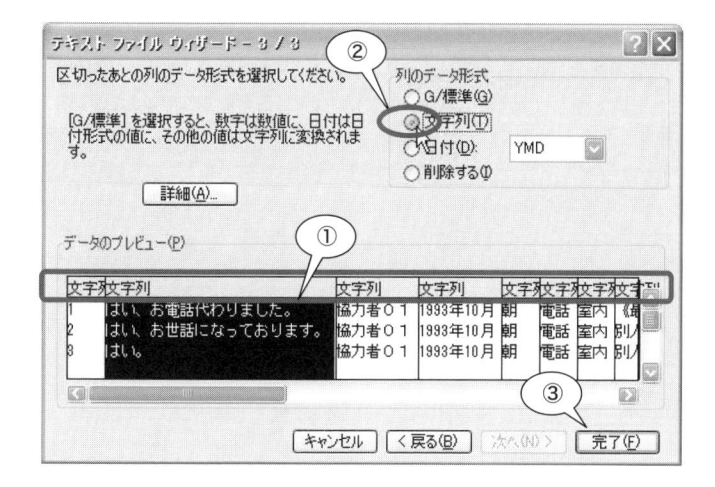

(9) 以上の操作で CD-ROM のデータを Excel ファイルに取り込むことができた。

(10) テキストデータを Excel で開いた場合、保存の際には注意を要する。Excel ファイルとして保存したい場合には、必ず保存形式のところで「Excel」を指定して保存する必要がある。このときに拡張子を変えずに保存してしまうと、テキストファイルに戻ってしまう。既に Excel で体裁を整えたり、言語処理していた場合は(その場合がほとんどだが)その作業がすべて失われてしまうため、必ず「Excel」形式で保存しよう。

(11) 保存の仕方は次の通りである。まず、[ファイル→名前をつけて保存] をクリックする。

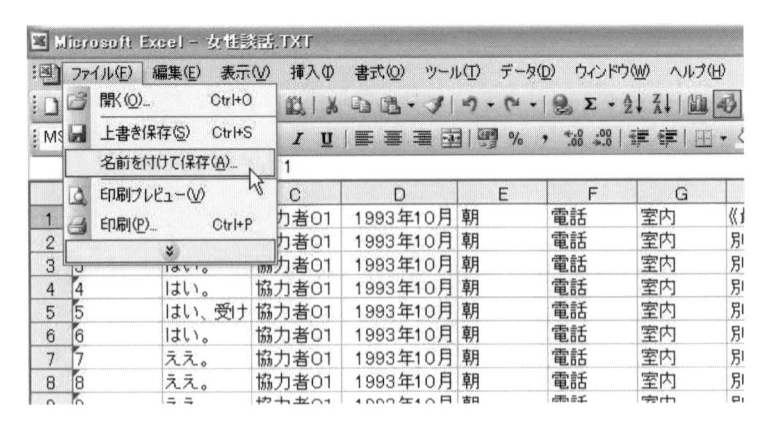

3 日常会話の分析 91

(12) この段階では、「ファイルの種類」は「テキスト(タブ区切り)(*.txt)」となっている。このまま保存してしまうと、テキストデータに戻ってしまう。

(13) そこで、必ず、次のように Excel 形式(拡張子は.xls)を選び(①)、「保存」をクリックする(②)。

(14) 以上の操作で、テキストデータを Excel 形式に加工することができた。

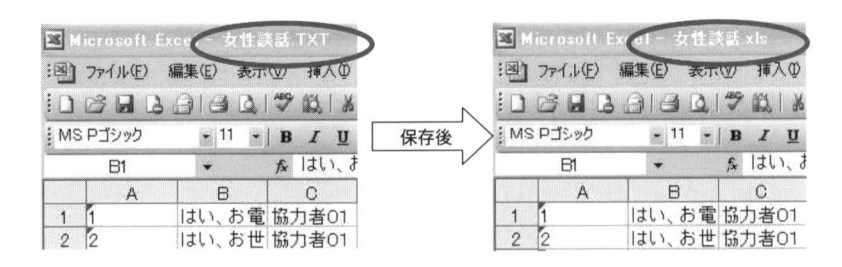

(15)「男性のことば・女性のことば」フォルダにも「女性談話.xls」が新しく入った。

[Excel における体裁の調整]
　それでは、Excel ファイルとして保存したところで、Excel ファイルによる編集を行うことにしよう。

(1) 体裁を整えるために、まず列や行の自動調整をしてみよう。左上(縦軸の 1 と横軸の A の間)をクリックすると全体のセルが反転する。これで、すべてのセルが選択されたことになる。

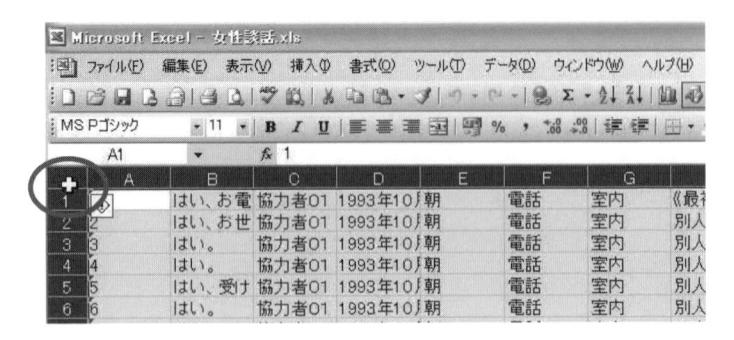

3　日常会話の分析　93

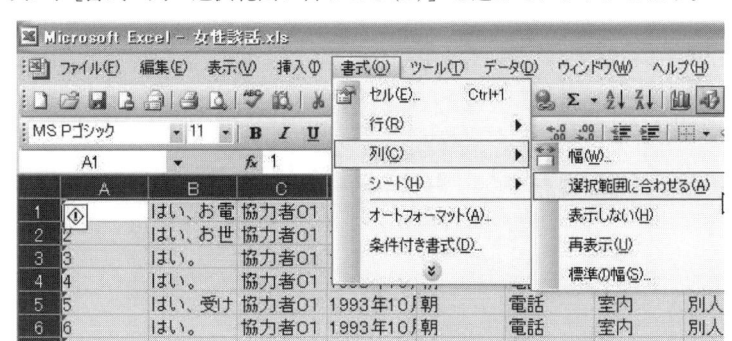

(2) 次に、［書式→列→選択範囲に合わせる(A)］を選んでクリックしよう。

なお、(2)の作業を行うと、テキスト本文のB列が非常に長くなり、場合によっては画面上にはB列しか表示されないことがある。見易さや印刷する場合のことを考慮して、今の段階で適当な長さに縮めておくことにする。

(3) まず、調節したい列(ここではB列)の一番上をクリックしてその列を反転させ、上のセルの境界線にカーソルを合わせる。すると、次のように幅を変える矢印が出るので、左クリックを押しながら幅を調節する。調節したものが以下である。
　この作業により画面上にB列以降のセルが画面に表示されることになったが、14行目の発話のように途中で発話が切れているものがある。そこで、次の手順によりセルの調節を行う。

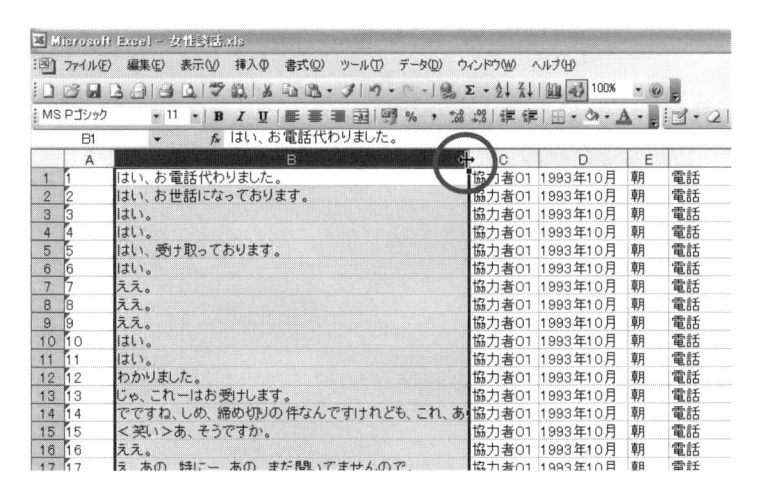

(4) B 列を反転させた状態で、ツールバーの「書式」から、「セル」を選択し、「配置」タブをクリックすると以下のようなウィンドウが現れる。画面中央にある「文字の制御」の「折り返して全体を表示する」にチェックし、「OK」をクリックする

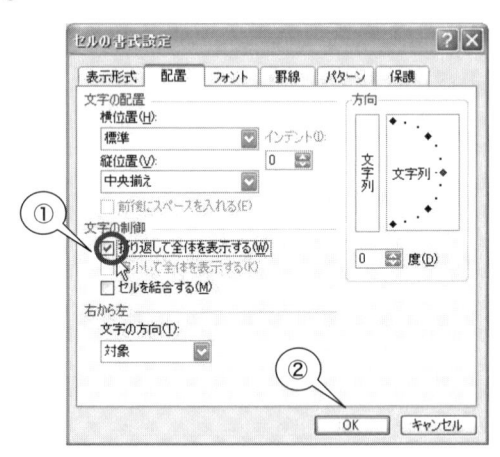

(5) Excel の画面に戻り、ツールバーの「書式」から「行」を選択し、「自動調節」を選べば、折り返されたセルの行の幅が自動調節される。
以上のように列や行の調整を行った結果、先ほど発話の全てが表示されていなかった 14 行目の発話も最後まで表示され、見やすく処理しやすくなった。

3 日常会話の分析

[Excel による並べ替え]

続いて、Excel によるデータの並べ替えを紹介する。

(1) 「男性のことば・職場編」CD-ROM には、各発話に様々な情報が付記されているが、たとえば、本章で用いた「協力者 08」のデータの F 列(場面情報)には、挨拶、休憩時雑談、相談といった場面が順不同に並んでいる。

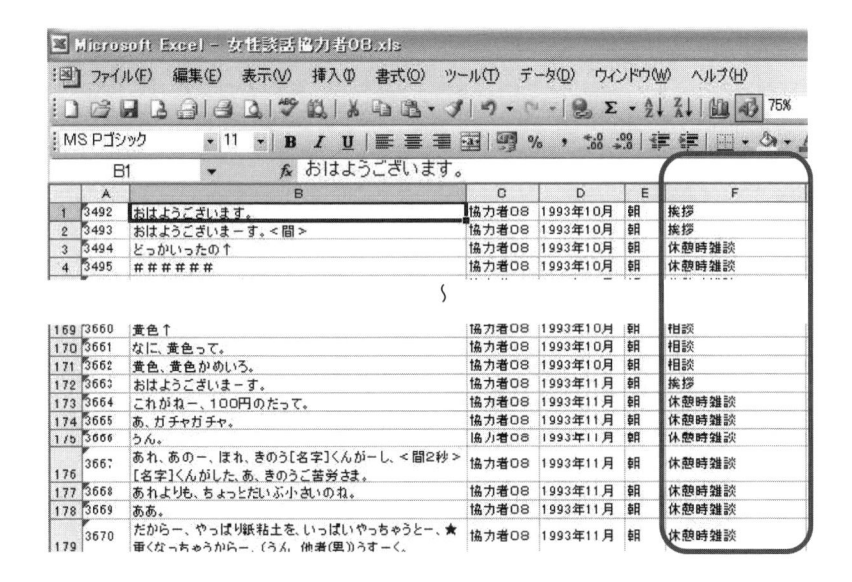

それでは、以下より場面毎に発話データをまとめてみよう[2]。

(2) まず、先ほどと同じように全体のセルを選択して反転させ、「データ→並べ替え」を選ぶ。

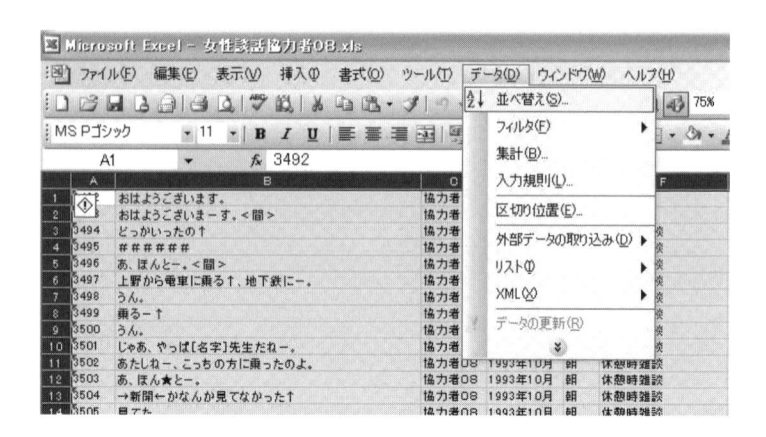

(2) 続いて次のような画面が現れるので、「最優先されるキー」で場面情報を示す列 F を選び、OK をクリックする。

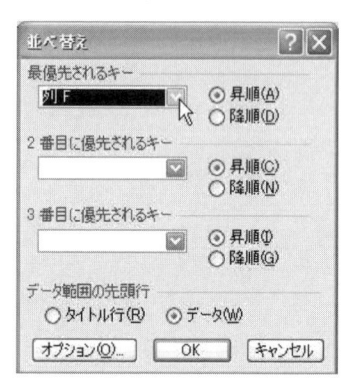

(3) すると、以下のように F 列が項目毎にまとめられ、他の列についても並べ替えが行われた。

3　日常会話の分析　97

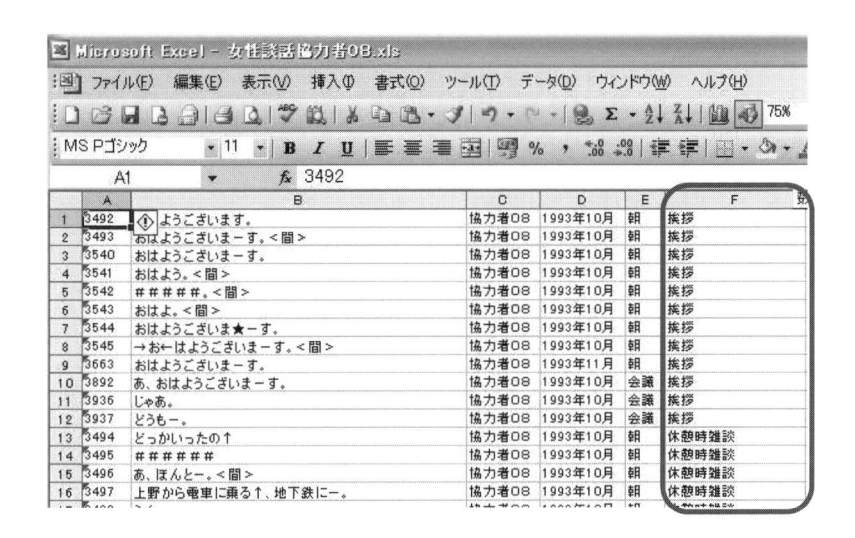

(5) なお、並べ替える際には、必ず全体を選択する必要がある。一部だけ選択して並べ替えを行ってしまうと、選択された部分だけが並べ替わってしまう。そうなると選択した部分とほかの列との内容がずれてしまうので注意を要する。

注
1　CD-ROM では「協力者 08」に該当する。
2　以下からは「協力者 08」の発話のみを抜き出し、1 ファイルにまとめた「女性談話協力者 08.xls」を用いて説明する。

4 目的をもった会話の分析
相談談話をモデルとして

　現在、様々な相談番組がテレビ、ラジオで放送されている。ここでは、相談者、司会者、助言者で構成される相談番組を架空設定し[1]、現在放送されている種々の相談番組にみられる特徴的なやりとりや表現形式を以下の相談データに盛りこんだ。

　なお、本データはラジオの相談番組を想定し、相談者、司会者、助言者は共に女性とした。相談のテーマは「娘の進路について」である。

No.	話者	発話
1	司会者	はい　○×お悩み電話相談室です．
2	相談者	あ：　よろしくお願いします．
3	司会者	は：：い．
4	相談者	はい．
5	司会者	今日はどういうご相談ですか？
6	相談者	え：：とですね：，
7	司会者	はい
8	相談者	あの　今年大学受験をする：娘の件で相談したいんですけど：：．
9	司会者	はい．娘さんの件ですね．
10	相談者	はい．
11	司会者	では　まずね　ご家族についてお教え下さい．
12	相談者	はい．
13	司会者	え：：と　あなたはおいくつですか？
14	相談者	わたし　今42です．
15	司会者	42歳．
16	相談者	はい．
17	司会者	ご家族は？

18	相談者	え：：　夫と娘が2人です．
19	司会者	ご主人と娘さんお二人の4人家族ですね．
20	相談者	はい．
21	司会者	で：え：：　今　娘さんのご相談っておっしゃいましたけど：：，
22	相談者	ええ．
23	司会者	その娘さんは　大学受験ということですから高校3年生　18でしょうか？
24	相談者	はい　そうです．
25	司会者	わかりました．ではどういうご相談ですか？
26	相談者	え：：と　娘は今　都内の私立高校に通っているんですが：
27	司会者	ええ
28	相談者	まあ　周りの同級生は　大学進学を目指しているんですけど：：　うちの娘は　なんか歌手になりたいとかで：：，
29	司会者	ええ
30	相談者	高校卒業後はボーカルレッスンやダンスレッスンに通うからって言うんですね．
31	司会者	ええ
32	相談者	でもね　わたしとしては　大学は出てもらいたいな：：って思っていて：：　hhh．
33	司会者	あ：：　つまり　お母様のお気持ちとしては　やはり大学に行ってもらいたいわけですね？
34	相談者	ええ　やっぱり：：　あの　周りの同級生も行きますし：：　う：：ん．
35	司会者	あの　その　お母様の気持ちを娘さんに伝えたことはありますか？
36	相談者	直接　大学に行きなさいとか　大学に行って欲しいとかは言ったことはないんですけど：
37	司会者	ええ
38	相談者	まあ　本人なりにいろいろ考えているんでしょうし：：
39	司会者	ええ
40	相談者	夢を否定するのもかわいそうだと思うんですね：．
41	司会者	ああ　そうですか：．　では　ご主人と：あなたが娘さんの進路について何かお話になるなり　それから　こう　うちの子の進路はこれでいいのかしらね：とかなんとかっていう　そういう娘さんについての話し合いをされたことはありますか？
42	相談者	そうですね：：　歌手ってそんなに簡単になれるものではないのにあの子はわかっているのかしら：というようなことは：
43	司会者	ええ
44	相談者	話したことはありますが：：
45	司会者	ええ
46	相談者	じゃあ　具体的に　こう説得した方がいいよ　とか　こう考えさせたら　とか：
47	司会者	ええ

48	相談者	そういう話し合いはないですね：：
49	司会者	ああ そうですか：
50	相談者	それで： 娘の進路をこう考えたらいいんじゃない なんていうご助言があればぜひ教えていただきたいと思って．
51	司会者	ああ なるほどわかりました．ということは ご両親ともに娘さんの大学進学を希望していて 歌手になりたい娘さんへの対応に悩んでいるということですね？
52	相談者	そうですね：
53	司会者	じゃあ 親子の考え方の違いをどう解消するかについて 今日は作家で二児の母でもあるＡ先生にお聞きしましょう．
54	相談者	はい お願いします．
55	司会者	それでは Ａ先生お願いします．
56	助言者	こんにちは．
57	相談者	あっ こんにちは．
58	助言者	Ａです．
59	相談者	よろしくお願いします．
60	助言者	はい よろしくお願いします．あの 実はわたしもね 今年大学に行った娘がいましてね，
61	相談者	ええ
62	助言者	ご心配になるお気持ち とてもよくわかります．我が家も 娘の進学の際にもめましたもの：：
63	相談者	ああ
64	助言者	子ども達はいろいろ考えたつもりなんでしょうけど：：，
65	相談者	ええ
66	助言者	やっぱり：： わたしたちのような親世代から見ると 現実的じゃないなあっていう気が まあ しないでもないですよね．
67	相談者	ええ ええ
68	助言者	で 我が家の場合 どうしたか ということですけど：：
69	相談者	ええ
70	助言者	やっぱりね：じっくりお互いが納得するまで 話し合うことから始めました．
71	相談者	は：：
72	助言者	わたしは親の言い分を 娘は娘の言い分を それぞれ主張しましたよ．
73	相談者	ええ
74	助言者	で 考えが甘いのよ とかわたしが言うとね
75	相談者	ええ
76	助言者	それに娘は反論するもんだから けんかになってしまう日も[あったけど：：]
77	相談者	[ええ　　ええ　]

78	助言者	今となれば　最終的にはお互い　納得できたかなあ　と思いますね：：.
79	相談者	あ：：
80	助言者	お嬢さんとは　そうした話し合いは：：
81	相談者	あまりしたことがなくて：：
82	助言者	ああ　そうですか：：　でもね　親子ですから：：
83	相談者	ええ
84	助言者	多少気持ちがぶつかってもね,
85	相談者	ええ
86	助言者	いいんじゃないかな：：って思いますよ：.
87	相談者	そうですね：
88	助言者	むしろね　真剣にね　それこそ　我が家でもそうだったように　言い争いになるかもしれないけど：：
89	相談者	ええ
90	助言者	あれですよ　雨降って地固まる［じゃないですが：：］
91	相談者	［ええ　ええ　ええ　］
92	助言者	それをきっかけに　娘さんがね　進路を考えてくれたらお母さんも嬉しいですよね.
93	相談者	ええ.
94	助言者	周りの同級生が大学に行くっていうのに　歌手になるという決意が固いんですから,
95	相談者	ええ
96	助言者	本人なりに考えているんですよ.
97	相談者	はあ.
98	助言者	だから　話せばきっと娘さんなりの考えを聞かせてくれると思いますよ.
99	相談者	ええ
100	助言者	優秀な娘さんですもの　大丈夫です.
101	相談者	ん：：
102	助言者	一度家族でね　このお嬢さんの夢について話し合ってみてくださいよ.
103	相談者	ええ.
104	助言者	話し合うことで　親子の絆も深まりますから.
105	相談者	はい　そうですね：　じゃあ　娘の気持ちを大事にして：［それで：：－］
106	助言者	［え：とね　］ 娘さんの気持ちも大事ですけど　まずはお母さん　あなたの気持ちを正直に伝えることから始めたらいかがでしょうか. ぶつかったって　構わないじゃないですか：：.
107	相談者	は：：い　わかりました：：.

108	助言者	うん やっぱり 一度本音で話し合うことが大事かなって思いますけどね：：．
109	相談者	はい．
110	助言者	ええ．
111	司会者	よろしいですか？
112	相談者	ええ．
113	司会者	あの：： ん：と： お母様はお仕事をお持ちですか？
114	相談者	いえ．
115	司会者	それは お子さん達が小さかった時から？
116	相談者	はい．
117	司会者	じゃあ 子育てには一生懸命 教育熱心だったところがありますか？
118	相談者	(2)え：：と まあ あの hh(1)そうですね：：．
119	司会者	そうですか： あのですね 先ほど お母様のお話の中に 周りの同級生も進学するっていうお話がありましたけど：：，
120	相談者	ええ
121	司会者	隣は隣 家は家でね，
122	相談者	ええ
123	司会者	隣の芝生は青く見える ［かもしれないけど：－］
124	相談者	［ええええ わかります　］ そう思うようにしています．
125	司会者	じゃあ大丈夫ですね．
126	相談者	ええ．
127	司会者	ご家族で とことん話し合って娘さんの将来を決めて下さい．
128	相談者	ええ．
129	司会者	やはり A先生がおっしゃるように こう 本音の話し合いが大事ですよね．
130	相談者	はい．
131	司会者	子どもに遠慮してちゃいけないんですよ：．
132	相談者	ええ．
133	司会者	そしてね 進むべき道がどちらになっても 家族は応援する．
134	相談者	もちろんです．
135	司会者	それが お母様の望む道じゃなくてもね．
136	相談者	ええ ええ
137	司会者	じゃあ 卒業まで1年ないわけですから，
138	相談者	ええ．
139	司会者	できるだけ早く話し合いの場を持つことですね．
140	相談者	はい わかりました．
141	司会者	は：：い．
142	相談者	はい どうもありがとうございました．

| 143 | 司会者 | はい ［どうも：.］ |
| 144 | 助言者 | ［はい］ 失礼します. |

本章のねらい

　現在、話しことばを素材とする談話分析は、収録技術の発達や隣接する研究分野の成果を受け、学際的で多角的な研究が進められている。また分析対象となるデータも多種多様であり、その目的や研究観点に応じて幅広いジャンルから選択されている。ここでは相談番組をモデルにしたデータを扱うが、どのような研究においても、研究目的に適したデータを選ぶことこそが、その目的を達成するための第一歩となる。以下、具体的な分析に入る前に、実際に分析を行う際にどのようなデータが使用できるかを、複数の観点から考えてみよう。

　現在話しことば研究に用いられているデータを、いくつかの観点で区分すると、まずは、分析データの入手法により三つに区分することができ、さらに、データの性格や収録状況を考慮することでより細かく区分することができる。

　たとえば、テレビ・ラジオをはじめとする"マスメディア"から入手した談話に関しては、台本の有無、つまり発話に自由度が高いか低いかを、また"分析者が新規に収録"することによって入手した談話に関しては、独話・対話の別、自然形式と実験形式の対立、調査されているという意識（被調査者意識）の有無を下位項目として設けることができるだろう。これらの観点を考慮し話しことば研究の対象となるデータの性格をまとめると、表1のようになる。

　ここであげたものは代表的な談話データであり、分析の際は、自身の研究目的や分析内容に応じて、使用データの有効性や妥当性を確認することが必要となる。たとえば、会話参加者のとっさの言語行動を分析する際に、シナリオのあるドラマや、ある程度の振る舞いが設定されているロールプレイをデータとするのはあまり向いているとはいえない。また、特定場面での言語

表1　話しことば研究の対象となるデータの分類

データ入手法	データの具体例
マスメディアの談話	発話の自由度：高　トークショー・対談番組・相談番組・討論番組 ニュース番組（コメント・批評部分に発話の自由度が認められる） 発話の自由度：低　CM・ドラマ・映画
分析者が新規に収録	自然談話　独話…講演・講義・モノローグ発話 　　　　　対話…自由会話（＝"おしゃべり"） 　　　　　　　　教室会話・職場の会話 　　　　　場面（勧誘、謝罪、依頼　等） 　　　　　話題（旅行の行き先を決める　等） 　　　　　会話参加者（同性・異性・初対面　等） 　　　　　等の要因を統制した会話 実験形式　ロールプレイ・インタビュー会話 （被調査者意識：弱→強／収集スタイル：対面会話・電話会話・音声チャット）
既存のコーパス[2]から	例：日本語話し言葉コーパス・日本語電話対話コーパス：CALLHOME『女性のことば―職場編』『男性のことば―職場編』[3]

行動を分析する際に、完全な自由会話をデータとするのは、理想的ではあるものの現実的な方法とはいえないだろう。このように、談話データ各々の性格を熟考し、自身の研究目的に沿うような談話データを選択することが、談話研究の第一歩となる。

　では、本章で扱う相談談話はどのような性格をもった談話といえるだろうか。まず、発言の自由度が高いメディアの談話であるということがあげられる。そして、相談者・司会者・助言者といった固定化された役割意識をもった会話参加者[4]が登場し、相談者の問題解決という目的に対して会話がなされる。また、会話の展開にある程度の流れ、すなわち"型"があり、相談談話ならではの構造を持つ。

　本章では、こうした性格をもつ相談談話をデータにし、相談談話というものがどのような構造を持ち、どのような言語形式で成っているかをみることにする。

```
┌─────────────────────────────────────────────┐
│ 研究角度一覧                                 │
│ ①談話構造　②話者交替　③あいづち　④フィラー │
│ ⑤ディスコースマーカー　⑥指示語　⑦比喩　⑧引用　⑨助言の間接性 │
│ ⑩ポライトネス                               │
└─────────────────────────────────────────────┘
```

なお、章末には話しことばの分析には欠かせない文字化の方法についても紹介する。既存のコーパスを使用しない場合、文字化の作業は、談話の種類にかかわらず分析の大前提となる大切な作業である。

研究角度①　談話構造

本章でモデルとした相談談話は、相談者と司会者と助言者から成る相談談話である。一方が一方に助言を与えるという相談活動において、その進行を司る司会者は必須の人物ではないものの、マスメディアで相談が放送される場合は司会者が加わることが多い。時間的配分に気を配り、助言者と相談者との相談がうまくいくように相談の場を整えるのが司会者の役目である。

以下の表2は、相談者、司会者、助言者の相談場面への参与状況を、相談の流れとからめて提示したものである。

表2のように、番組としての相談は、その媒体を問わず大きく五つの区分[5](①〜⑤)を設定することができ、②の「相談内容の把握」に関しては、

表2　談話構造と会話参加者の参与状況

相談の流れ	参与状況 相談者	参与状況 司会者	参与状況 助言者	該当発話
① 最初のあいさつ	↓	↓		1〜4
② 相談内容の把握 　②−1 相談内容の聞き出し 　②−2 相談内容の明確化	↓	↓	↓	5〜55
③ 行動指示	↓		↓	56〜110
④ 総括	↓	↓	↓	111〜141
⑤ 終わりのあいさつ	↓	↓		142〜144

（①〜⑤は相談談話特有のやりとり）

その内容より②–1「相談内容の聞き出し」と②–2「相談内容の明確化」を下位の区分として設定することができる。なお、電話によって相談が行われるラジオ相談の場合、基本的にはどの区分においても二者間の会話によって展開される。

　以下より、相談談話を構成する五つの区分の中で、相談談話特有のやりとりと認められる②～④の区分について、そのやりとりの特徴ならびに形式的特徴をみてみよう。

〈相談内容の把握〉
　②「相談内容の把握」の前半部にあたる②–1「相談内容の聞き出し」においては、一問一答形式が採られることが多い(研究角度②　話者交替を参照)。また質問パターンを定型化させる理由としては、ひとつひとつの情報を確実に把握するためと、聴取者に相談内容を着実に理解してもらうための二つの理由を想定することができるだろう。

　続く②–2「相談内容の明確化」は、相談者より断片的に引き出した情報を司会者が要領よくまとめ、相談者に改めて提示する部分である。その際、「あ：：　つまり　お母様のお気持ちとしては　やはり大学に行ってもらいたいわけですね？」(33)や、「ああ　なるほどわかりました．ということは　ご両親ともに娘さんの大学進学を希望していて　歌手になりたい娘さんへの対応に悩んでいるということですね？」(51)といった発話のように、接続表現「つまり」や、前発話との関連を示す「ということは」といった形式が伴うことが多い。また、発話末には、解釈の妥当性等「わけですね」や「ということですね」のように相手発話からの引用や要約であることを明示する形式が表れやすい。さらには上昇イントネーションを伴い、相手に確認を求める発話であることを明示する傾向にある。

〈行動指示〉
　まず、この部分における発話で、相談者が取るべき行動を最も端的に指示している発話は「一度家族でね　このお嬢さんの夢について話し合ってみて

くださいよ.」(102)である。また、直後の助言者の発話である「話し合うことで　親子の絆も深まりますから.」(104)は、行動指示を受け入れた際の利点を表しており、行動指示として述べた内容の妥当性を高め、行動受け入れを促進する。「それをきっかけに　娘さんがね　進路を考えてくれたらお母さんも嬉しいですよね.」(92)といった発話においても、「言い争いになるかもしれない」(88)話し合いが、娘に「進路を考え」る機会を与え、最終的には相談者である母が「嬉しい」心境に至るといった利点が述べられている。

　その他、行動指示には「あなたの気持ちを正直に伝えることから始めたらいかがでしょうか.」(106)のように、その判断を相談者に委ねるようなものや「多少気持ちがぶつかってもね，いいんじゃないかな：：って思いますよ：.」(84–86)のように、望ましい行動を助言者の一意見として提示するものまで、行動指示には様々なバリエーションがある[6]。

〈総括〉
　時機を見計らい再び発話場に参入した司会者によって、③「行動指示」でのやりとりをまとめる④「総括」が始まる。④「総括」は、③「行動指示」におけるやりとりをふまえた上でなされるので、助言者発話と類似した発話「ご家族で　とことん話し合って娘さんの将来を決めて下さい.」(127)や、助言者によってなされた行動指示を改めて評価する発話「やはりA先生がおっしゃるように　こう　本音の話し合いが大事ですよね.」(129)などがみられる。

　以上の三つの区分が、相談談話としての性格を決定づけるものである。
　そして、会話参加者が各区分において個々の役割を遂行し、番組展開への関わり方を固定のものとすることで、番組としての"聴かせる"相談に一種の安定感が生まれることになる。また、番組に定型があることで、相談者は話す手順を想定しながら番組に参加することができ、さらに聴取者も番組の展開を予測しながら番組に耳を傾けることになるだろう。

研究角度②　話者交替

二者間もしくは多人数で会話を行う際、必然として起こるのが話者交替（turn-taking[7]）である。話者交替には、第一話者（先行話者）の発話終了を受けて第二話者（後続話者）が発話を開始する場合と、先行話者の発話終了を待たず後続話者が発話を開始する場合がある。

以下にあげる例は、話者交替のタイミングが司会者・相談者間においてずれがなく一致しているものである。

5	司会者	今日はどういうご相談ですか？
6	相談者	え：：とですね：，
7	司会者	はい
8	相談者	あの　今年大学受験をする：娘の件で相談したいんですけど：：．
9	司会者	はい．娘さんの件ですね．
10	相談者	はい．
11	司会者	では　まずね　ご家族についてお教え下さい．
12	相談者	はい．
13	司会者	え：：と　あなたはおいくつですか？
14	相談者	わたし　今42です．
15	司会者	42歳．
16	相談者	はい．
17	司会者	ご家族は？
18	相談者	え：：　夫と娘が2人です．
19	司会者	ご主人と娘さんお二人の4人家族ですね．
20	相談者	はい．

司会者の「今日はどういうご相談ですか？」(5)という質問を受け、相談者は「え：：とですね：，」(6)と発話を切り出しその質問に回答する(8)。また、「え：：と　あなたはおいくつですか？」(13)という質問に対しては、「わたし　今42です．」(14)と年齢を答えている。

つまり、ここでは会話の重なりや割り込みもなく、一問一答形式を保ちながら話者交替が行われていることが理解される。このように、第一話者・第二話者で築き上げる一対の連続した発話は、"隣接ペア[8]"と呼ばれ、特に相談開始部においては、「質問―回答」ペアがしばしば見受けられる。

また、「質問―回答」のやりとりの直後に、司会者が相談者の発話を一部引用したり、繰り返したりすることで、その情報の確認を行うことがある。たとえば、司会者は発話 15 において情報として提供された年齢を繰り返し、相談者は発話 16 においてその情報把握の正しさを認めている。こうした「質問―回答」+「確認要求―承認」のやりとりは、相談者から提供された情報の確実な把握のためになされており、聴取者に対しては一度得た情報を確認する機会を与える。ちなみに 17 から 20 のやりとりにも同様のものがみられる。

　続いて、先行話者の発話終了を待たずに、後続話者が発話を開始する例をあげる。

　まず、助言者が相談者の発話終了を待たずに、発話を開始した例である。

102	助言者	一度家族でね　このお嬢さんの夢について話し合ってみてくださいよ.
103	相談者	ええ.
104	助言者	話し合うことで　親子の絆も深まりますから.
105	相談者	はい　そうですね：　じゃあ　娘の気持ちを大事にして：［それで：：－］
106	助言者	［え：とね　］ 娘さんの気持ちも大事ですけど　まずはお母さん　あなたの気持ちを正直に伝えることから始めたらいかがでしょうか．ぶつかったって　構わないじゃないですか：：．

　本例は、娘の気持ちを大事にしたうえで話し合いに臨む姿勢をみせる相談者（105）に対して、助言者が一部認識の修正を促しているものである。この際、先行の相談者発話は後続の助言者発話（106）に重ねられ、結果として 105 の発話は完遂することなく中途終了してしまった[9]。なお、本例においては重なり部分を［　］で示している。こうした重なりは、日常的にもしばしば起こりうるが、ここでは、助言者が先行発話である 105 についての修正を急いだために重なりが生じたと考えられる。

　次に、相談者が司会者の発話終了を待たずに発話を開始する例をあげる。本例は、司会者の発話終了を待たずに司会者の真意を先取りした相談者が、自身の発話 124 を 123 に重ねた例である。この重なりによって、相談者が司会者の発話終了を待たずとも司会者の発話意図を理解したことが表され

121	司会者	隣は隣　家は家でね,
122	相談者	ええ
123	司会者	隣の芝生は青く見える［かもしれないけど：-］
124	相談者	［ええええ わかります　］そう思うようにしています.

る。ここでの重なりは、123の司会者発話に対する共感を示している。

　以上のように、話者交替に重なりがみられる場合は、何らかの理由があり、話者の心的態度と多分に関連することが多い[10]。

研究角度③　あいづち

　聞き手が話し手に送る適度なあいづちは、会話を円滑にかつ友好的に展開させる手段の一つとして考えられる。とくに電話会話の場合、会話相手が見えない分、適度なあいづちを送り「聞いている」という態度を示すことが、対面会話よりも重要となる[11]。また、あいづちは「聞いている」ことの表明に加え、話し手の心的態度を伝達する機能ももつ。[12]

　以下の例にみられるあいづちは、全て「ええ」系に属すものであるが、あいづちの機能はそれぞれ異なっている。

121	司会者	隣は隣　家は家でね,
122	相談者	ええ
123	司会者	隣の芝生は青く見える［かもしれないけど：-］
124	相談者	［ええええ わかります　］そう思うようにしています.
125	司会者	じゃあ大丈夫ですね.
126	相談者	ええ.

　まず、122の「ええ」は、発話権の存続を認め促すものである。一般的にあいづちは、相手の発話末や、間投助詞の「ね」や接続助詞の直後など、一発話中において何らかの切れ目が感じられるところに挿入される傾向がある。122のあいづちも121の「ね」の直後、すなわち、司会者が発話を続けるにあたって妨げとならないような位置に挿入されている。

　また、126のあいづちは、125の発話終了を受け発せられたものであり、125で提示された内容を肯定するあいづち、同意のあいづちとして機能す

る。

　続いて【研究角度②　話者交替】のところでも取りあげた 124 のあいづち「ええ　ええ」であるが、124 は先行発話 123 に重ねられて発せられており、相手発話を妨げない 122、126 のあいづちとはその生起の傾向が異なる。このようなあいづちは、先行発話への強い関心を表すことが多く、ここでは強い共感を表している。「ええ　ええ」のように同形式を重ねて発することも、話し手の心的態度の表明を強化する効果がある。

　他にもあいづちには、意外な情報を得た時に送るもの(例えば助言者の打ち明け話を聞いた時の相談者の「ああ」(63))や、先行発話の内容を否定する際に送るもの(例えば助言者から悩みの種である娘を褒められた時の相談者の「ん：：」(101))がある。

研究角度④　フィラー

　自然会話においては、その発話の端々に、命題内容を持たないことばである「あー」「あのー」「うー」「えー」「えーと」といった語句をよく耳にする。これらはとくに「言いよどみ」や「フィラー」(沈黙を埋めるという意味)と呼ばれている。

　また、これらフィラーの音声的な特徴としては、平板イントネーションで発せられることや母音の引き延ばしをあげることができる。機能的な特徴としては、注意喚起、発話の調子の整え、思い起こし、ことば探し、ためらいの気持ちの表明、発話権の保持、等が考えられるだろう[13]。

　ここでは、フィラーにかかわる例として、111 からのやりとりをみてみよう。

　まず、111 で助言者と相談者のやりとりに割って入った司会者は、話を切り出す際に「あの：：」というフィラーを用いている(113)。このように話を切り出す際に、フィラーを用いることはしばしばみられる。また、「ん：と：」は、個人的なことを問うことについてのためらいの表明とも考えられるかもしれない。

　続いて、相談者の発話である 118 と先行発話である 117 に注目してみよ

111	司会者	よろしいですか？
112	助言者	ええ．
113	司会者	あの：： ん：と： お母様はお仕事をお持ちですか？
114	相談者	いえ．
115	司会者	それは お子さん達が小さかった時から？
116	相談者	はい．
117	司会者	じゃあ 子育てには一生懸命で 教育熱心だったところがありますか？
118	相談者	(2)え：：と まあ あの hh(1)そうですね：：．
119	司会者	そうですか： あのですね 先ほど お母様のお話の中に 周りの同級生も進学するっていうお話がありましたけど：：，
120	相談者	ええ
121	司会者	隣は隣 家は家でね，

う。相談者にとって117の内容を認めることは相談の展開から考えるとやや不都合になることが予想される。「教育熱心」であることを認めることは、そもそも自身が娘の進路を大学進学に限定していると判断されるおそれがあり、同時に「教育熱心」を認めることによって、司会者が次にどのような話を持ち出してくるのかも大方予想できる。

　このように、認めにくいことを認めざるをえない時は、沈黙が生じたり、フィラーが他の発話よりも相対的に多くなったりする傾向にある。この場合は、娘の夢を応援したいと思う一方で、やはり大学に行ってもらいたいという、相談者の複雑な心的態度を、沈黙と併せてうまく伝達しているといえる。

　また、フィラーと同様に、笑いも相談者の複雑な心的態度を表すことがあり、「え：：と　まあ　あの」(118)の後に挿入された軽い笑いも、ここでは照れ笑いのような印象を与えている。

　このように、フィラーは、時に発話者の心情を代弁することになり、単に無意味な空白補充として扱えない重要なものである。

研究角度⑤　ディスコースマーカー

　談話標識、いわゆるディスコースマーカーは、会話において、その論旨の

流れや転換を示したり、会話参加者間のやりとりを円滑にしたりする効果を持つ[14]。また接続詞、感動詞、副詞などがディスコースマーカーとして用いられる傾向にある。ここでは、相談番組特有のディスコースマーカーとディスコースマーカーの使われ方を相談の流れを司る司会者の発話をデータに考えてみよう。

51	司会者	ああ　なるほどわかりました．ということは　ご両親ともに娘さんの大学進学を希望していて　歌手になりたい娘さんへの対応に悩んでいるということですね？
52	相談者	そうですね：
53	司会者	じゃあ　親子の考え方の違いをどう解消するかについて　今日は作家で二児の母でもあるA先生にお聞きしましょう．
54	相談者	はい　お願いします．
55	司会者	それでは　A先生お願いします．

先の【研究角度①　談話構造】においても本例をあげたが、この「ということは」は、聴取者も含め聞き手に対して、相談内容の整理・明確化が始まることを示唆する。53の「じゃあ」、55の「それでは」も、次段階への移行、ここでは実質的な行動指示段階へやりとりが移行することを予告する。このように、相談場面におけるディスコースマーカーは、今述べられている発話が、先行発話や後続発話とどのような関係にあるのかを示し、相談の展開をわかりやすくする装置として機能する。

続いて、相談終了への移行を示すものとして、「は：：い」(141)を取り上げる。

139	司会者	できるだけ早く話し合いの場を持つことですね．
140	相談者	はい　わかりました．
141	司会者	は：：い．
142	相談者	はい　どうもありがとうございました．
143	司会者	はい　［どうも：．］
144	助言者	［はい］　失礼します．

こうした場面における「は：：い」は、実際の相談でも相談終了のマーカーとしてしばしば聞かれる[15]。その場合、この「は：：い」は、平板にかつ相対的に低めに発音されるという音調的な特徴を伴って、相談終了のシグ

ナルとして機能する。すなわち、「は::い」は、相談者の先行発話「はいわかりました.」に対する応答詞としてではなく、相談談話の流れに関与し、話の終了を暗示させるディスコースマーカーの一つとして機能しているのである。

このようにディスコースマーカーは、話が次段階へと推移することを予告し、相談の展開や談話の構造をわかりやすくすることに貢献する。相談の進行を司る司会者が多用するのも納得されるだろう。

研究角度⑥ 指示語

指示語については、主に書きことばをデータとし現在までに多くの研究がなされている。書きことばにおける研究の概観と書きことばにおける使用については、8章の「随筆の分析」を参照されたい。

ここでは、話しことばに特徴的な指示語について取り上げる。

〈コ系の指示語〉

まず、コ系の発話をみてみよう。

41	司会者	ああ そうですか:. では ご主人と:あなたが娘さんの進路について何かお話になるなり それから こう うちの子の進路はこれでいいのかしらね:とかなんとかっていう そういう娘さんについての話し合いをされたことはありますか?
42	相談者	そうですね:: 歌ってそんなに簡単になれるものではないのにあの子はわかっているのかしら:というようなことは:
43	司会者	ええ
44	相談者	話したことはありますが::
45	司会者	ええ
46	相談者	じゃあ 具体的に こう説得した方がいいよ とか こう考えさせたら とか:
47	司会者	ええ
48	相談者	そういう話し合いはないですね::
49	司会者	ああ そうですか:
50	相談者	それで: 娘の進路をこう考えたらいいんじゃない なんていうご助言があればぜひ教えていただきたいと思って.

本例では、司会者の発話(41)に「こう」が現れているが、ここでの「こ

う」は一種のフィラーのような役割を持っており、後続の「うちの子の進路はこれでいいのかしらね::」といった具体的な例を提示するまでの"ことば探し"の「こう」であると考えることができる。確かに、この「こう」は、命題内容理解には関与しておらず、「こう」がなくとも発話の理解は可能である。

また、相談終了部「やはりA先生がおっしゃるように　こう　本音の話し合いが大事ですよね。」(129)の「こう」も、具体的に指す内容が文脈上に顕現しているわけではないが、司会者の心内に何らかのイメージがあることを、「こう」の使用から推測することができるだろう。

次に、相談者の発話(46)に表れた「じゃあ　具体的に　こう説得した方がいいよ　とか　こう考えさせたら　とか:」といった表現を考えてみよう。これは、実際にはなかった場面、架空の場面を設定した上での発言であり、架空の話である以上、「こう」が指す具体的な指示対象はありえない。しかし、娘の進路について父母がなにやら話し合っている場面を私たちは想定することができる。なお、こうした使用における「こう」は省略することはできない。

続いて、相談者の発話(50)に表れた「こう考えたらいいんじゃない」は、どのように解釈することができるだろうか。

一般に、コ系は、話し手の領域にあるものを指示する際に用いられるとされてるが、「こう考えたらいいんじゃない」(50)という発話は、助言を聞く前の相談者が、助言者側の発話を想定して発したものである。つまり、相談者の発話の中に、架空とはいえ助言者の発話が埋め込まれていると解釈することができる。もちろん、具体的な助言がなされていないこの段階において、「こう」が指す具体的な内容を想定することはできないが、助言をする側である助言者の領域にあるものとして、「こう」の使用をとらえることができる。

〈ソ系の指示語〉

一般に、ソ系の指示語は聞き手側に属する対象を指示すると言われてい

る。たとえば、司会者にとって、話題の人物である相談者の娘はソ系で指示すべき対象となる(23)。

21	司会者	で：え：： 今 娘さんのご相談っておっしゃいましたけど：：,
22	相談者	ええ.
23	司会者	その娘さんは 大学受験ということですから高校3年生 18でしょうか？

　ところが、情報の共有が行われ、具体的な相談が行われている場面では「一度家族でね　このお嬢さんの夢について話し合ってみてくださいよ．」(102)とコ系の指示語が使われている。相談冒頭部分において情報を共有したことで、司会者や助言者側にとって「お嬢さん」はある程度の理解を得た対象として意識されることになるのである。

　また、各々の指示語が係る語に注目すると、「娘」は、その語句自体が、相談者側に属することをイメージさせるが、「お嬢さん」は「娘」に比べるとそのような印象が薄い。従って、「この」に後置させる語としては、「娘さん」より「お嬢さん」の方が、助言者としては選びやすい。以上のように、同一対象を修飾する指示語がソ系であるかコ系であるかは、指し示す対象についての認識の多寡と密接に関連するのである。

〈ア系の指示語〉

　最後にア系の指示語を取りあげる。ア系の指示語は、話し手と聞き手の間に共通理解が成立する際に用いられる。たとえば、相談者の発話「そうですね：：　歌手ってそんなに簡単になれるものではないのにあの子はわかっているのかしら：というようなことは：」(42)の「あの子」の「あの」は、夫妻の間に娘について十分な共通理解が成立しているからこそ違和感なく使用することができる。

　また、話しことばならではのア系の指示語としては、「あれですよ　雨降って地固まる［じゃないですが：：］」(90)の「あれ」がある。ここでの「あれですよ」は、話し手である助言者と聞き手である相談者の両方に、「雨降って地固まる」のことわざとその意味についての共通理解が存在していることを前提とし、それを引き出すまでの言いよどみ、一種のフィラーとして

用いられている。

　以上、ここで取り上げた指示語には、書きことばの研究で指摘された性格の上に、話しことばならではの使用をみて取ることができる。

　フィラーとしての使用は、まさに即時的なやりとりが求められ、不整であることも多い話しことばならではのものであろう。たとえば、フィラー的用法である「こう」(41、129)は、「話し手の領域にあるものと指示する」というコ系の基本的性格を保持しており、自身の心内を検索しているような印象を与える。同じくフィラー的用法の「あれですよ」(90)も、ア系の指示語が持つ性格を受け継ぎ、後続する内容が話し手と聞き手との間に容易に了解されることを前提として用いられている。

　また、話しことばという点で、現場指示的な指示語の出現も予測されるが、相談番組においては、電話会話であること、さらに時空間的に離れた事態(相談者の過去や未来等)を言及するという二重の制約より現場指示の用法はあまり用いられない傾向にある。

研究角度⑦　比喩

　比喩というと、文学的かつ技巧的な表現手段であるという印象が強いが、実は説明の手段としても有効で、何かに喩えることで聞き手に対して内容理解を促すことは、日常生活においてもしばしばみられることである。事実、本データにおいても比喩の効果的な使用が認められる。

　たとえば、133、135にみられる「進むべき道」や「望む道」は、もちろん「進路」や「人生」を喩えるもので「通行する場所」を指すわけではない。日常気づかないで使用している比喩の一つといえよう。

　また、「雨降って地固まる」(90)や、「隣の芝生は青く見える」(123)などは、誰もが知っている格言であり、それを引き合いに出すだけで、相談者は次に助言者や司会者が続けるであろう内容を推測することができる。実際の相談場面においても、こうした格言や比喩は多く用いられており、格言や比喩の使用は、助言内容に権威を与え助言内容の理解を促進させる一装置として働いている。

また、効果的に比喩を用いることで、話に面白さを加えることができるため、相談番組をエンタテイメントの一つとして捉えると、比喩の使用は、単に相談者の内容理解に寄与するだけではなく、番組の面白さにもつながっているといえるだろう。

研究角度⑧　引用

　引用とは、簡単に言えば、現発話とは異なる時間や空間で成立した発話を、今現在の発話に取り入れる言語行為である。また、引用部分は「と」や「って」でマークされることが多く、本相談場面も多くの引用表現によって成立していることが理解される。ここでは、分析例の一つとして、引用された発話の元々の話者が誰であるかを分類基準とし、以下「相手発話の引用」、「自己発話の引用」、「第三者発話の引用」の3パターンについて考えてみたい。

〈相手発話の引用〉

　ここでは、司会者の質問を受け「あの　今年大学受験をする：娘の件で相談したいんですけど：：.」(8)と述べた相談者の発話を、司会者が何回かの話者交替の後、「で：え：：　今　娘さんのご相談っておっしゃいましたけど：：,」(21)と、再び取り上げていることに注目する。

　相談者から提供された情報をもとに助言がなされる相談場面では、司会者ならびに助言者の発話の中に相談者の発話はしばしば引用される。とくに相談者から断片的に提示された情報の整理、確認の際にみられることが多い。ちなみに、本例では、司会者が相談者発話の引用の際に、「娘さん」と敬称を用いており、引用行動の際、相談者への配慮が伴っていることがうかがわれる。

〈自己発話の引用〉

　続いて、「自己発話の引用」ということで、助言者が自身の発話・思考を引用している発話を取り上げる。

実際にあった過去の発話の引用と考えられるものとしては「で　考えが甘いのよ　とかわたしが言うとね」(74)がある。また、発話時点における話し手の心内を引用形式を伴い表現することもあり、たとえば「やっぱり：：わたしたちのような親世代から見ると　現実的じゃないなあっていう気がまあ　しないでもないですよね．」(66)の場合、引用部分があたかも発話されたかのような印象を伴って、現発話に組み込まれている。このように、実際成立した発話のみならず、自身の内的な思いを描写する時も引用表現は効果的に使用され、相談者の発話においても「でもね　わたしとしては　大学は出てもらいたいな：：って思っていて：：　hhh.」(32)と、心内発話の引用が認められる。

　また、実際の相談場面にしばしばみられるものとして、自身が述べた発話を再度繰り返し、改めて相談者の理解を確認するものがある。たとえば、助言者自身の先行発話を引き、「～というアドバイスは、ご理解下さいますか？」と改めて助言内容を取り上げることで、相談者に理解を促し、助言内容の印象の強化を行っているものがあった。

〈第三者発話の引用〉
　また、「第三者発話の引用」とは、当該発話に参与していない第三者の発話を引用したものである。本例においては、相談者が娘の発話を引用したもの「高校卒業後はボーカルレッスンやダンスレッスンに通うからって言うんですね．」(30)が該当する。

　また、相談者の発話「そうですね：：　歌手ってそんなに簡単になれるものではないのにあの子はわかっているのかしら：というようなことは：」(42)は、夫婦間で交わされた会話の一部を再現していると考えることができ、当該発話場面と時空間的に異なる場面で成立した発話として、第三者発話の性格を認めることができる。

研究角度⑨　助言の間接性
　実際の相談場面を観察すると、直接的な行動指示や評価は伴わないもの

の、実は助言と解釈される言語行動がみられることがある。

　直接的行動指示には、【研究角度①　談話構造】のところであげた「一度家族でね　このお嬢さんの夢について話し合ってみてくださいよ．」(102)や「［え：とね　］娘さんの気持ちも大事ですけど　まずはお母さん　あなたの気持ちを正直に伝えることから始めたらいかがでしょうか．」(106)のように、相談者がとるべき理想の行動が、明示的に表れているものを指す。総括の段階で司会者が述べた発話「そしてね　進むべき道がどちらになっても家族は応援する．」(133)にみられる動詞の終止形による軽い命令も、具体的な行動を促している発話として考えられる。そして、「子どもに遠慮してちゃいけないんですよ：．」(131)のように、避けるべき具体的な行動を言及することで、直接的行動指示を行う場合もある。

　一方、間接的行動指示は、その解釈を相談者の推論に委ねた行動指示表現であり、本例では「で　我が家の場合　どうしたか　ということですけど：：」(68)から始まる助言者の経験談がそれに該当する。また形式面に着目すると、一連の発話には行動の実行を促す明示的な表現はみられないが、有益な情報を提供すると期待されている助言者の発話であり、本例では、「今となれば　最終的にはお互い　納得できたかなあ　と思いますね：：．」(78)とその経験を良きものとして振り返っていることから、相談者はそれを望ましいものとしてとらえることができる。

　このように、相談の場において具体的な行動を指示するわけではなく、たとえば助言者自身の体験を語ることで、相談者への助言と代えることはしばしばある。こうした助言のスタイルは、助言者が相談者の発話理解能力を信頼し、そして、具体的な行動を指示せずとも最終的な決断は自ら行える人物であろうと認めるからこそ成立するものである。

　その他の間接的行動指示表現としては、真理や法的解釈・医学的解釈を単に紹介するだけのもの、また、自己中心的になりがちな相談者に対して、別の立場や別の解釈を紹介し、自ら妥当な解決策に気付かせるものがある。これらには、働きかけの表現はみられないが、相談者は推論を介すことで、助言者の真意を理解することができる。

たとえば、ここでの助言者が「子どもの権利条約[16]」を引き合いに出し、「子どもの権利条約の第12条によれば　子どもは　自分に関係のあることについて自由に自分の意見を表す権利をもっていることになります．」とさえ言えば、それは行動指示の一つとして理解されることになるだろう。なお、発話末の「ことになる」は、必然の論理的帰結を意味し、提示の客観性を高める効果をもっている。

また、助言者が相談者に対して「あなたが娘さんの立場だったら……」といったニュアンスの発言をしたとしたら、それは、単に自分と対置する側の立場を考える機会を与えるだけでなく、娘の気持ちに寄り添った発想に転換することを促すことになろう。

このような助言の方法は、実際の相談でも散見されるのだが、助言者の言わんとするところは、相談者はもちろんのこと、その相談を聴取している聴取者も容易に理解することができる。

研究角度⑩　ポライトネス

コミュニケーション研究の一端を担う研究として、近年とくに注目を集めているのがポライトネス研究[17]である。ポライトネス研究は、円滑なコミュニケーションの仕組みについて研究する研究分野であり、日本語においては、敬語研究や待遇表現研究の枠組みを超える新しいコミュニケーション研究として発展している。従来の敬語研究や待遇表現研究が主として表現形式の丁寧度に着目するのに対し、ポライトネス研究では、ある発話が、実際の使用場面においてどのような印象をもって伝達されるか、ということに注目する。

それでは、相談場面におけるポライトネスにはどのようなものがあるのだろうか。

まずは、方向性の異なる2種類のポライトネスのうち、ネガティブ・ポライトネスについて考えてみよう。Brown & Levinson(1987)では、相手に邪魔をされたくないという欲求、すなわちネガティブ・フェイスを満足させる発話形式として、疑問形や緩和表現を用いることをあげている。ここでは

106	助言者	［え：とね　　　］ 娘さんの気持ちも大事ですけど　まずはお母さん　あなたの気持ちを正直に伝えることから始めたらいかがでしょうか．ぶつかったって　構わないじゃないですか：：．
107	相談者	は：：い　わかりました：：．
108	助言者	うん　やっぱり　一度本音で話し合うことが大事かなって思いますけどね：：．

相談終了間近の助言者発話(106)にその使用がみられる。これらの表現は、提示内容の評価を相談者に委ねる印象があり、押しつけがましいという印象を感じさせない。

さらに、108の「けどね：：．」に関しては、疑問の形式を取らない分、独り言のような印象さえ与える。このように、一般的に相談者より優位な立場に立つとみられる助言者も、発話末を調整することで、命令形が持つような強制力を避けた助言を適宜行っていることがうかがえる。また、「間接的に言う」こともネガティブ・ポライトネス・ストラテジーの一種であるとされ、【研究角度⑨　助言の間接性】でとりあげた発話もネガティブ・ポライトネスの効果をもつ例として考えられる。

一方、ポジティブ・ポライトネス・ストラテジーとしては、話し手と聞き手が仲間であることを前提としたり、相手を褒めたり、相手の発話に積極的な関心・同意を示したりと、相手との心理的距離感の縮小を図るストラテジーが該当する。

60	助言者	はい　よろしくお願いします．あの　実はわたしもね　今年大学に行った娘がいましてね，
61	相談者	ええ
62	助言者	ご心配になるお気持ち　とてもよくわかります．我が家も　娘の進学の際にもめましたもの：：
63	相談者	ああ
64	助言者	子ども達はいろいろ考えたつもりなんでしょうけど：：，
65	相談者	ええ
66	助言者	やっぱり：：　わたしたちのような親世代から見ると　現実的じゃないなあっていう気が　まあ　しないでもないですよね．
67	相談者	ええ　ええ．

たとえば、相談者との類似点をあげる 60 や、相談者と自身を同一のグループに属する者としてとらえる 66 の発話は、心理的距離を縮める発話として考えることができる。100 の「優秀な娘さんですもの　大丈夫です.」と相談者の娘を評価する発話も、相談者に向けた広い意味での「ほめ」であり、同じくポジティブ・ポライトネスの効果をもつ発話としてとらえられるだろう。

　また、【研究角度②　話者交替】で取りあげた「［え：とね　］娘さんの気持ちも大事ですけど　まずはお母さん　あなたの気持ちを正直に伝えることから始めたらいかがでしょうか.」(106)には、前半部分に相談者発話を認めるような前置き表現がおかれている。後半で相談者の考えを部分的に修正するとはいえ、こうして相談者の考えを一部でも認めることも相談者のポジティブ・フェイス、つまり認められたいと欲求を満たすことにつながる。

　さらに【研究角度③　あいづち】で取りあげたあいづちの中では、相手への同意や賛同を表すものをポジティブ・ポライトネスの効果をもつものとして考えることができる(79、87)。助言者への同意や賛同を積極的に行うことが、助言者のポジティブ・フェイス、すなわち"助言者として認められたいという欲求"を十分満たすことになるのである。

　以上、相談場面におけるポライトネスについて考えてきたが、人と人との相互作用がある限り、家族・友人の間で交わすような日常的な会話においても、ポライトネスの表れを見いだすことができ、ポライトネス研究はまさに日常のコミュニケーションのあり方に迫る研究領域であるといえる。

[文字化の方法]
　最後に、話しことばを研究する際に必要不可欠となる作業、文字化のルールについて取り上げよう。また、ラジオ番組やドラマ等を利用せず、自らデータを収集する際の留意点もここで扱う。
　まず、新たに分析者自身でデータを収録する際の留意点についてだが、収録の前[18]に、会話を提供してくれる協力者に対してデータ使用の許可を得

ることが必要となる。またデータ使用の際には協力者のプライバシーに配慮することを常に念頭におき、個人が特定されないようにデータの加工を行う必要がある。ちなみに、プライバシーに配慮する項目としては、個人名はもちろんのこと、学校名や地名等も該当し、とくにデータを公開する場合は、十分な注意が求められる。

　続いて、データ収録を行うための機器について考慮すべき点をいくつかあげてみよう。現在、一般的に使用できる収録機器としては、音声および動画を記録するビデオカメラと、音声のみを収録するテープレコーダー・ICレコーダーがある。以下、それぞれの収録機器の長所・短所を提示する。

表3　収録機器の長所・短所

		長所	短所
テープレコーダー	音声	・扱いが極めて容易 ・汎用性が高い ・レコーダーも、消耗品であるテープも安価である ・トランスクライバー[19]を用いることで容易に文字化を行うことができる	・音声データで不明な箇所を動画等で補うことができない ・長時間の保存に適さない（テープの劣化） ・大量のデータを録音・保存する時、テープの保存場所・整理に困る ・通常のテープレコーダーを使用した文字化は効率が悪い
ICレコーダー[20]	音声	・一つのICレコーダーで長時間の録音が可能 ・CD-RやPCにデータをコピーすることにより、長時間の保存が可能 ・データの共有が容易（メール送信・音声ファイルの交換等） ・PC上での編集が可能[21]	・音声データで不明な箇所を動画等で補うことができない ・機器の誤作動や誤消去によるデータの消去が考えられる ・テープレコーダーよりやや高価
ビデオカメラ	動画＋音声	・非言語行動の分析が可能となる ・音声データで不明な部分も、動画を見ることで不明部分を補完することができる ・ハードディスクに記録可能なビデオカメラが普及し、PCへの取り込み、DVD化が容易となった	・収録準備に時間を要する ・ビデオカメラの存在が、協力者に被調査者意識を与える ・本体・バッテリー等が高価である

　以上が収録機器の長所ならびに短所であり、研究の際には研究目的に応じ

てそれぞれの機器を使い分けることが必要である。また、いずれの機器で撮影する場合でも、事前に、機器の状態ならびに収録状況の確認(雑音の有無・ビデオ収録であれば、電源位置やバッテリーの残量、撮影アングルなど)を行うことが必須である。さらに、テープや電池等の消耗品も余分に用意し、突然の事態を想定した撮影準備を行うことが"使える"データの収録の第一歩となる。

　また、いよいよ収録・撮影という段階で留意する点は、協力者が持っている被調査者意識を多少なりとも軽減させるために、"ならし撮影"ともいうべき時間を設けることである。もっとも、初対面場面における自己紹介等、両者が顔を合わせた瞬間からその分析が始める研究の場合は別であるが、テーマトークや雑談等の分析の場合は、収録・撮影の冒頭数分間は、収録・撮影をされるという非日常的な状況に慣れるための時間に充てることを勧める。そして、データの収録後は、それぞれのデータについて、複製データを作成することを推奨したい。データの誤消去やテープの劣化に備えるためである。なお、どのようなメディアに複製するかは分析者の都合にもよるだろうが、可能であればデジタル化し、CD もしくは DVD に保存することが望ましい。

　続いて、これらのデータを文字化するにあたって、どのような手法があるかを紹介する。文字化の基準については、研究目的に応じて個々人の工夫が必要かと思われるが、ここでは本例でも用いた G. Jefferson によって開発された文字化の基準を表4に取り上げる。

　表4は、現在多くの会話資料で文字化基準として用いられている基本的な転記方法であるが、これは、発話やその環境を可能な限り忠実に起こす会話分析から興った転記方法である。したがって、転記の対象となる現象も多く、転記に用いる記号の種類も多岐に及んでいる。また、この文字化の基準の特徴は、会話の重なりや音調・パラ言語的な現象について視覚的に把握できることにある。

　なお、会話分析の文字化については、サーサス(1998)、海保・原田編(1993)、西阪(1997)、茂呂(1997)、串田・定延・伝(2005)、などに詳しい。

表4 文字化の基準[22]

記号		解説	
発話の音声的特徴	. ピリオド	直前の部分の発話が下降調の抑揚であることを示す	◆
	, コンマ	直前の部分の発話が継続を示す抑揚であることを示す	◆
	? 疑問符	直前の部分の発話が上昇調の抑揚であることを示す	◆
	: コロン	直前の音が引き延ばされていることを示す（：数は引き延ばしの相対的な長さを示す）	◆
	- ダッシュ	直前の語や発話が中断されていることを示す	◆
	↑↓ 上下の矢印	直後の部分において音調の極端な上がり下がりがあることを示す	
	文字 下線	下線部分が強調されていることを示す（音声が大きい・声が高い）	
	॰ ॰ 上付き白点	白点で囲まれた部分が弱められていることを示す（音声が小さい・声が低い）	
	hhh h	呼気音を示す（h数は呼気音の相対的な長さを示す） 例 笑い	◆
	(h) ( )内h	呼気音がことばに重ねられていることを示す 例 笑いながら話す	
	.hhh ドット＋h	吸気音を示す（h数は吸気音の相対的な長さを示す） 例 息継ぎ	
発話間の時間的関係	[左角括弧	複数の参加者の発する音声の重なりが始まったことを示す	◆
	] 右角括弧	複数の参加者の発する音声の重なりが終わったことを示す	◆
	＝ 等号	2つの発話もしくは発話文が途切れなく続いていることを示す	
	(数字) ( )内数字	その位置にその秒数の間隔があることを示す	◆
	(.) ( )内ドット	その位置に0.2秒以下のごくわずかな間隔があることを示す	
不鮮明発話	(文字) ( )内文字	聞き取りに確信が持てないが、おそらくそうであろうと思われる部分を示す	
	(・・・) ( )内点線	全く聞き取れない発話の相対的な長さを点線の長さで示す	
注記	(( )) (()) 内注記	発話状況を理解するにあたっての注記（例：非言語行動・収録状況）	

◆　本データで使用した記号

　続いて、宇佐美(2003)の「改訂版：基本的な文字化の原則」を取り上げる。この原則は、日本語をデータとする研究に資することを目的とし考案された。特徴的な点は、書きことばの「一文」相当とみなせる発話を「一発話文」と捉え、コーディングを発話文単位で行った点にある。したがって、会

話全体の発話文数や、会話参加者個々の発話文数を容易に算出することができる。

また、改行の基準や各発話やライン(行)に与える番号、一発話の完結をマークする記号等、あらゆる基準が設定されており、多角的な分析に対応する文字化手法となっている。先にあげた会話分析が定性的な分析に適したものであるのに対し、「基本的な文字化の原則」は、定量的な分析に効果的な文字化であるといえよう。

ここでは、紙幅の都合上具体的な記号を例示することはできないが、宇佐美(2003)には、文字化の原則についての詳細かつ具体的な説明と、原則の応用について言及がなされている。ぜひ参照されたい。

以上、話しことばを文字化する際の手法として、二つの方法を紹介したが、どちらの手法を取り入れるにしても、自身の研究目的に合わせて使用する基準を選択し、発話のコーディングを行うことが大切である。

[課題]
1. 身近な音声データを録音し、それを文字化してみよう。
2. 友人同士での会話と、ここで扱ったデータのように初めて会話を交わす人たちの会話との違いを考えてみよう。
3. 誰かに助言をしたり何らかの行動を指示する際に、相手によって使用する表現が変わるのかを考えてみよう。(後輩に何かを頼む or 先輩に何かを頼む or 先生に何かを頼む)
4. 誰か「に」相談する会話と誰か「と」相談する会話にはどのような違いがあるかを考えてみよう。目的達成のために用いられる言語形式やその展開パターンに違いがみられるだろうか。
5. 電話会話と対面会話にはどのような違いがあるかを考えてみよう。
6. 新聞に連載されている相談コラムを用いて、その文章の構造を調べてみよう。会話で行う相談との類似点・相違点は何であろうか。

注

1 放送番組掲載に際しての許諾の関係で、今回は実際の相談番組の文字化を例にした分析は見送った。
2 日本音声学会(2000)『音声研究 特集「音声研究関連データベースの動向」』に、日本語の音声コーパスについての現状が紹介されている。
3 既存のコーパスの一つである『女性のことば―職場編』『男性のことば―職場編』を用いた分析は、「第3章 日常会話の分析―小学校教員の談話データを材料に―」を参照されたい。
4 柏崎・足立・福岡(1997)では、対等の立場にある会話参加者が相互に意見を交わす相談を「『と』相談」(A と B が相談する)、相談者・助言者という固定化された役割意識のもとに、話し合いがなされる相談を「『に』相談」(A が B に相談する)としている。
5 ここでは、司会者と助言者間でなされる発話権の移行を、談話構造を捉える上での指標とした。
6 一般に聞き手に何らかの行動を求める言語形式には、命令・禁止・指示・勧めなどがある。命令は「〜しろ」「〜しなさい」といった言語形式で伝達されるが、相談者より上位となる助言者の発話においても、その使用は多くない。高圧的・権威的な印象を与えるからであろう。その代わりに、もともとは依頼を表す形式である「〜てください」が助言者・司会者の行動指示表現において選ばれることが多い。禁止を表す際も「〜するな」が用いられることはなく、「〜しないでください」のように当該行動を実行しないことを求めたり、「〜してはいけない」のように、当該行動に否定的な評価を与えることで禁止の意を伝達する。その他、「〜たらどうか」「〜といい」「〜ほうがいい」といった形式が用いられることが多い。そしてこれらの表現をベースに、発話末の調整や終助詞の付加を行うことで、相談者に配慮した助言伝達を行っている。
7 turn とは、「ある会話において、一人の話し手が話し始めてから話し終えるまでの発話」のことを指し、turn-taking とは、「会話において話者が変わること」すなわち話者交替を意味する。
8 隣接ペアには、「質問―回答」の他に、「挨拶―挨拶」「勧誘―受諾(拒絶)」「祝辞―謝辞」「謝罪―許容」等のペアがある。
9 [それで：：-]には、音調的な引き延ばしがみられるが、こうした語末の引き延ばしは、次のことばを探している場合に多くみられる。また、発話の中途にみられる語末の引き延ばしは、発話権を保持していることの表明ともなりうる。
10 親しい間柄における割り込みや重なりは、気楽さや親近感、遠慮のなさを表すこともあり、重なりの生起理由は会話参加者の人間関係や場面によって異なってくる。
11 小宮(1986)は、テレビの対談では 9.6 秒に 1 回あいづちが打たれ、ラジオの教育相談

においては 6.1 秒に 1 回の割合であいづちが打たれるという結果をあげる。また、宮崎(2002)は、対面会話実験と電話会話実験のそれぞれに参加した 3 グループを対象にし、あいづちの使用が、電話の方が対面会話よりも約 3 割から 6 割多くなることを述べた。

12 堀口(1997)では、あいづちの機能について、「聞いているという信号」「理解しているという信号」「同意の信号」「否定の信号」「感情の表出」の五つの機能をあげる。あいづちについてはメイナード(1993)でも詳細な言及がなされ、ザトラウスキー(1993)では、あいづちを「注目表示」として扱い、細かい機能分類を提示している。

13 フィラーについては、山根(2002)に詳しい。

14 ディスコースマーカーについても、先にあげたフィラーと同様、ディスコースマーカーに含める品詞や語句の範囲、さらには定義・術語については諸説ある。

15 教室発話においても教員が先行発話を受けない「はい」を発することがある。(たとえば「はい 今日の授業を終わりです」など)この「はい」は語調を整えると共に、区切りを明示するディスコースマーカーとして機能する。

16 「児童の権利に関する条約(子どもの権利条約)」は、基本的人権が子どもにも保障されるべきことを国際的に定めた条約で、1989 年 11 月 20 日に国連総会において採択された。条約は前文と本文 54 条からなり、子どもの生存、発達、保護、参加という包括的な権利を子どもに保障したものとなっている。

17 ポライトネスとは、人間関係と場面に配慮することで円滑なコミュニケーションを図ろうとする社会的な言語行動のことであり、ポライトネス理論は Brown & Levinson (1987)によって提唱された。また、B&L(1987：62)では、"face"(以下フェイスと表記する)という用語が中心概念となっている。フェイスはその欲求の方向に応じてネガティブ・フェイスとポジティブ・フェイスの二つに区分される。ネガティブ・フェイスは、"the want of every 'competent adult member' that his actions be unimpeded by others"であり、相手に邪魔されたくないという欲求、ポジティブ・フェイスは、"the want of every member that his wants be desirable to at least some others"であり、誰かに認められたいという欲求のことを指す。そして、それぞれのフェイスに働きかけるストラテジーをポライトネス・ストラテジーとし、ネガティブ・フェイスに対してはネガティブ・ポライトネス・ストラテジーが、ポジティブ・フェイスに対してはポジティブ・ポライトネス・ストラテジーがそれぞれ対応する。

18 研究目的によっては、データ協力者の自然な発話、つまり、"収録されている"という意識がない状態での発話収集が望まれるが、倫理的な観点から実現は難しい。

19 テープ起こし専用の機械である。フットコントロールユニットを使用することで、再生、巻き戻し、早送り、一時停止などが手を使わず足で容易にできる。60,000 円前後

で販売されている。
20 再録用 MD レコーダーも IC レコーダーと同様の性格を持ち、データを音声ファイルとして PC に保存、PC 上で再生・加工することができる。
21 PC に取り込んだ音声ファイルを文字化する際には、Windows の標準サウンド形式である WAVE ファイルを録音・再生するために開発された「sndplay」または「Okoshiyasu2」の使用を推奨する(いずれもフリーソフト)。これらは、音声ファイルをキーボード操作により「再生・停止・巻き戻し・早送り」するためのソフトである。また、「Keyplayer」(フリーソフト)は対応ファイルが幅広く、動画を見ながら文字起こしをすることが可能である。
22 本表を作成するにあたっては、串田・定延・伝(2005)を参考にした。同書には、「録音・録画データの共通転記記号」として、文字化に関するより詳細な説明とその転記法を用いた具体例が掲載されている。

[参考文献]
宇佐美まゆみ(2001)「談話のポライトネス―ポライトネスの談話理論構想―」『第7回国立国語研究所国際シンポジウム 第4専門部会 談話のポライトネス』凡人社
宇佐美まゆみ(2002.1～2002.12)「連載 ポライトネス理論の展開」『月刊言語』大修館書店
宇佐美まゆみ(2003)『多文化共生社会における異文化コミュニケーション教育のための基礎的研究』(科学研究費補助金基盤研究(C)2：研究代表者 宇佐美まゆみ)
岡田安代・矢野雅子(1998)「『助言』のポライトネス・ストラテジー―大学バドミントン部におけるアドバイスの分析―」『愛知教育大学研究報告』47(教育科学編)愛知教育大学
海保博之・原田悦子編(1993)『プロトコル分析入門』新曜社
鹿嶋恵(2000)「『助言』における表現選択と意図の伝達―相互作用過程とコンテクストからみた談話分析―」『三重大学日本語学文学』11 三重大学日本語学文学会
柏崎雅世・安足さゆり・福岡理恵子(1997)「インフォーマルな「と」相談における提案の分析」『日本語教育』92 日本語教育学会
加藤陽子(1998)「話し言葉における引用の「ト」の機能」『世界の日本語教育』8 国際交流基金
串田秀也・定延利之・伝康晴(2005)『活動としての文と発話』ひつじ書房
熊取谷哲夫・村上恵(1992)「表現類型に見る日本語の『助言』の伝達方略」『表現研究』

55　表現学会

小宮千鶴子(1986)「相づち使用の実態　―出現傾向とその周辺―」『語学教育研究論集』3　大東文化大学

サーサス，ジョージ著，北澤裕・小松栄一訳(1998)『会話分析の手法』マルジュ社

迫田恵子・黒木晶子(2001)「人に助言を与える文章の構造」『広島文教女子大学紀要』36　広島文教女子大学

ザトラウスキー，ポリー(1993)『日本語の談話の構造分析―勧誘のストラテジーの考察』くろしお出版

島弘子(1993)「助言の表現「〜どうですか」「〜すれば」を巡って―ポライトネスの観点から―」『金沢大学留学生教育センター紀要』2　金沢大学留学生教育センター

杉本明子(2002)「職場における相互理解の談話構造」現代日本語研究会編『男性のことば―職場編』ひつじ書房

鈴木香子(2002)「ラジオの医療相談の談話の構造分析」『早稲田大学日本語教育研究』1　早稲田大学大学院日本語教育研究科

鈴木香子(2003)「ラジオの心理相談の談話の構造分析」『早稲田大学日本語教育研究』2　早稲田大学大学院日本語教育研究科

伝康晴・田中ゆかり(2006)『講座社会言語学　第6巻　方法』ひつじ書房

西阪仰(1997)『相互行為分析という視点』金子書房

日本音声学会(2000)特集「音声研究関連データベースの動向」『音声研究』4(2)日本音声学会

能田陽子(1996)「テレビの相談番組の談話構造」『國文目白』35　日本女子大学国語国文学会

堀口純子(1997)『会話分析と日本語教育』くろしお出版

水谷信子(1983)「あいづちと応答」『講座　日本語の表現3　話しことばの表現』筑摩書房

宮崎幸江(2002)「日本語の電話と対面会話におけるあいづち」『小出記念　日本語教育研究会論文集』10　小出記念日本語教育研究会

メイナード，K・泉子(1993)『会話分析』くろしお出版

茂呂雄二(1997)『対話と知　談話の認知科学入門』新曜社

山根智恵(2002)『日本語の談話におけるフィラー』くろしお出版

Brown, P. and Levinson, S. (1987) *Politeness: Some Universals in language usage*. Cambridge University Press.

4　目的をもった会話の分析　133

[付録　文字起こしをする際に便利なソフトの紹介]

　ここでは、簡便なサウンドプレイヤーである「SndPlay」(フリーソフト)を取り上げ、PC 上での操作画面を紹介する。実際文字化を行っている際に、ウインドウ上に現れている操作画面は次の通りである。

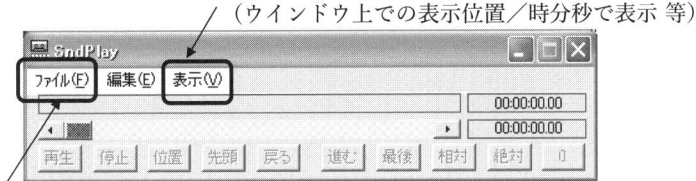

操作画面の表示形態について設定
（ウインドウ上での表示位置／時分秒で表示　等）

再生する音声ファイルを選択できる
起動時の設定も［ファイル(F)］から行う

　［再生］ボタンを押すと再生が開始される。［編集(E)］→［再生(Y)］でも同様。［停止］の方法についても、［再生］の方法に準ずる。また、ショートカットキーを設定することで、キーボードから手を離してマウスを操作することなく、エディタを聞いたまま再生や停止が可能となり、操作性がより向上する。

　下が「SndPlay」に同梱されている"キー割当変更ソフト"の「KeyMap」である。任意のキーの組合せで、コマンド欄に設定されている機能を操作することができる。

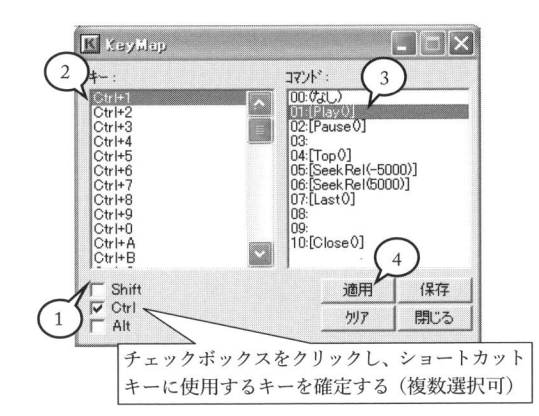

　　　　　　　　　　　　　　　　　　　たとえば、初期設定では、「Ctrl + 1」が、コマンドの［Play()］と対応しているが、タイピングの便宜を考え、任意のキー設定することを推奨する。

　その場合、Shift、Ctrl、Alt から、自身が使いやすいキーを 1 つ以上選択し(①)、使用するキーを反転表示させ(②)、それに対応させる操作を、コマンド欄で選択、同様に反転表示させる(③)。その後、「適用」ボタンを押す(④)。

　詳しくは、「SndPlay」に同梱されている「Readme」を参照されたい。

チェックボックスをクリックし、ショートカットキーに使用するキーを確定する（複数選択可）

5　小説の文体分析
色々な作品を材料に

[例1・A]（「私」と高石は入社してから4年目の同期で、"恋愛未満の関係"と見られている。女性の「私」つまり野口の方は、微妙な恋愛感情を持っているが、片思いかと思っている。以下の引用場面は、服装について、会社の他の男たちはブランド物を着たりする者もあるが、高石は違うのだ、ということを述べかけている。）

> しかし高石は〈青山〉の替えズボン付きというヤツで、
> 　（服に金かける気ぃせえへん）
> 　といっている。そこもいい。
> 　——と、こう、〈わりに好ましい〉
> 「タ・カ・イ・シ」
> 　なのであるが、私が期待したほうへなだれこまずに、「高石ィ」「野口ィ」というスポーツ友情もの、飲み友達もの、になってしまった。その原因はどこにあるのか私にはわからない。悲しい。私が、つまんない会社だ、と思いながら辞めずにきたのは、高石とのことが心のこりだったせいもあるかもしれない。
> 　それはともかく、彼が私をチエ袋だと思い、相談相手にしてる、それがいけないのだ。
> 　頼ってる。
> 　おばはん、頼りにしてまっせ、と、それだけで世の中済んだら苦労はないわいっ。私はいつそれをいってやろうかと思うが、いつも機会はむなしく流れ、あと送りになってしまう。「リバーサイド」でちょっと飲もか、もちろん、ぼくが奢るよって、と高石はいい、二人で難波橋(なにわばし)を北へ渡った。風が死んで、思ったほど寒くなく、橋のまん中で、高石は、
> 「そや」
> と思いついたように立ちどまり、
> 「日曜に、いかへんか、次の、次のくらいどや、……」
> 「どこへ。新開店の居酒屋のサービス券でももろた、いうのんか。それとも丸ビルの梅マハ（梅田マハラジャ）、日曜はレディースサンデーで女、タダやからいこか、いう

んか、せこいわっ」
「オマエ、野口、ようそんだけ、先くぐりして、口、まわりさらす、の」
　高石は阪神間の坊ちゃん大学の出だが、ファッション的にガラわるい"花の応援団"ふう大阪弁を採用している。
　　　　　　　　　　　　　（田辺聖子「週末の鬱金香(チューリップ)」角川文庫『ほどらいの恋』　1997年　原文縦書き）

[例１・B1]　（病気治療のために療養所に行こうとする直子から、「僕」が受け取った手紙の一部分）

　いろんなことを気にしないで下さい。たとえ何が起っていたとしても、たとえ何が起っていなかったとしても、結局はこうなっていたんだろうと思います。あるいはこういう言い方はあなたを傷つけることになるのかもしれません。もしそうだとしたら謝ります。私の言いたいのは私のことであなたに自分自身を責めたりしないでほしいということなのです。これは本当に私が自分できちんと全部引き受けるべきことなのです。この一年あまり私はそれをのばしのばしにしてきて、そのせいであなたにもずいぶん迷惑をかけてしまったように思います。そしてたぶんこれが限界です。
　　　　　　　　　　　　（村上春樹『ノルウェイの森』講談社文庫　1991年　原文縦書き）

[例１・B2]　（療養所に直子を訪問した「僕」と、直子、直子と同室の「レイコさん」と３人で話している場面）

　僕は肯いた。
「でも私たちがあなたを利用したなんて思わないでね。キズキ君は本当にあなたのことが好きだったし、たまたま私たちにとってはあなたとの関りが最初の他者との関りだったのよ。そしてそれは今でもつづいているのよ。キズキ君は死んでもういなくなっちゃったけれど、あなたは私と外の世界を結びつける唯一のリンクなのよ、今でも。そしてキズキ君があなたのことを好きだったように、私もあなたのことが好きなのよ。そしてそんなつもりはまったくなかったんだけれど、結果的には私たちあなたの心を傷つけてしまったのかもしれないわね。そんなことになるかもしれないなんて思いつきもしなかったのよ」
　直子はまた下を向いて黙った。
「どう、ココアでも飲まない？」とレイコさんが言った。
　　　　　　　　　　　　（村上春樹『ノルウェイの森』講談社文庫　1991年　原文縦書き）

5 小説の文体分析

[例2]

　或朝の事、自分は一疋の蜂が玄關の屋根で死んで居るのを見つけた。足を腹の下にぴつたりとつけ、觸角はだらしなく顏へたれ下がつてゐた。他の蜂は一向に冷淡だつた。巣の出入りに忙しくその傍を這ひまはるが全く拘泥する樣子はなかつた。忙しく立働いてゐる蜂は如何にも生きてゐる物といふ感じを與へた。その傍に一疋、朝も晝も夕も、見る度に一つ所に全く動かずに俯向きに轉つてゐるのを見ると、それが又如何にも死んだものといふ感じを與へるのだ。それは三日程その儘になつてゐた。それは見てゐて、如何にも靜かな感じを與へた。淋しかつた。他の蜂が皆巣へ入つて仕舞つた日暮、冷たい瓦の上に一つ殘つた死骸を見る事は淋しかつた。然し、それは如何にも靜かだつた。

　　　　　　　　（志賀直哉「城の崎にて」『志賀直哉全集』岩波書店[1]）

[例3]

　二　簡潔な調子
　これは總べての點に於いて、「一」と正反對の特色を持つものであります。此の調子の文章を書く人は、一語々々の印象が鮮明に浮かび上ることを欲します。從つてセンテンスの切れ目切れ目も、力强く一步々々を踏みしめて行くやうに、はつきり際立たせて書きます。ですからなだらかな感じはありませんが、流れが一定の拍子を以て反復されるところに一種剛健なリズムがある。「一」が源氏物語派であり、和文調であるとすれば、これは非源氏物語派であり、漢文調であります。さうしてそのリズムの美しさも、漢文のそれと相通ずるものがあります。
　幸ひにして、この調子の文章には志賀直哉氏の作品と云ふ見事なお手本がありますから、それらを繰り返し玩味されるのが近道でありますが、氏の文章に於ける最も異常な點を申しますと、それを刷つてある活字面が實に鮮かに見えることであります。と云つても、勿論志賀氏のものに限り特別な活字がある譯はない。單行本でも雜誌に載るのでも普通の活字で刷つてあるのに違ひありませんが、それでゐて、何か非常にキレイに見えます。そこの部分だけ、活字が大きく、地紙が白く、冴え冴えと眼に這入ります。これは不思議でありますが、なぜさう云ふ感じを起させるかと云ふと、作者の言葉の選び方、文字の嵌め込み方に愼重な注意が拂はれてゐて、一字も疎かに措かれてゐない結果であります。そのために心なき活字までが自然にその氣魄を傳へて、恰も書家が楷書の文字を、濃い墨で、太い筆で、一點一劃苟くもせずに、力を籠めて書いたかのやうに、グツと讀者に迫るのであります。
　文章も、かう云ふ域に達するのは容易でありません。大概人の書いたものは、印刷物にしてみても活字が宙にふはついてゐて、直に動きさうに見えますが、志賀氏の使ふ文字は、活字になつても根を据ゑたやうにシツカリと、深く見えます。さればと云つて、特に人目を驚かすやうな變つた文字や熟語が使つてあるのではありません。志賀氏は多くの作者の中でも派手な言葉やむづかしい漢字を使ふことを好まず、用語は地味で質實であります。たゞその文章の要領は、敍述を出來るだけ引き締め、字數を出來るだけ減らし、普通の人が十行二十行を費す内容を五行六行に壓縮する、さうし

て形容詞なども、最も平凡で、最も分り易くて、最もその場に當て嵌まるもの一つだけを選ぶ、ことであります。かうすると、一字々々へ非常な重みが加はつて來、同じ一箇の活字でありながら、その中に二箇三箇の値(あたひ)を含み、全く違つた活字のやうに浮かび上つて來るのであります。

が、申すまでもなく、これは口で云ふやうに譯なく出來る仕事ではないのであります。先づ練習の方法としては、只今述べた方針に從つて能ふ限り壓縮した文章を作つてみる。しかし最初は、少しの無駄もないやうなものが一度で書ける筈はないので、讀んでみると無駄が眼につく。で、その無駄を削つては讀み返し、削つては讀み返しいて、削れるだけ削る。そのためにはセンテンスの構造や言葉の順序を取り變へたり、全然用語を改めたりする必要も起る。此の書の第九十七頁に引用してある「城の崎にて」の一節を以て説明しますと、あれの終りの方に、

　他の蜂が皆巣に入つて仕舞つた日暮、冷たい瓦の上に一つ殘つた死骸を見る事は淋しかつた。

とありますが、初心の者にはなかなかかうは引き締められない。

　日が暮れると、他の蜂は皆巣に入つて仕舞つて、その死骸だけが冷たい瓦の上に一つ殘つて居たが、それを見ると淋しかつた。

と云ふ風になりたがる。それを、もう此れ以上壓縮出來ないと云ふ所まで引き締めて、漸く前のやうなセンテンスになるのであります。

それから、此の「城の崎にて」を御覽になつても分る通り、簡潔な調子の文章は、齒切をよくし、センテンスとセンテンスの境界を明確にしなければなりませんから、なるべく「た」止めを用ひるのでありますが、時には引き締まつた感じを出すために、現在止めを用ひるのもよい。が、「のである」「のであつた」、――殊に「のである」は間伸びがしますから、これは避けるやうにします。尚又、

　それは三日程その儘になつてゐた。それは見てゐて如何にも靜かな感じを與へた。淋しかつた。……然しそれは如何にも靜かだつた。

の如く、「それは」と云ふやうな言葉を設けて、センテンスの初めを強める手段を取ります。

讀者は或は、此の場合の「それは」が英文法の主格と同じ働きをしてゐるために、かう云ふ文章を英文臭いと感じられるかも知れませんが、作者が文法に縛られて無用な文字を置くやうな人でないことは、「淋しかつた。」の一句を以て一文を成してゐるのでも明か(第九十八頁參照)でありまして、此の「それは」はそんなことよりも、私が第百十四頁に於いて解説した如く、專ら調子を張る目的で用ひられた繰り返し、即ち「た」止めの「た」と同じ役目をしてゐるものと見るべきでありませう。一體、簡潔な美しさと云ふものは、その反面に含蓄がなければなりません。單に短かい文章を積み重ねるだけでなく、それらのセンテンスの孰れを取つても、それが十倍にも二十倍にも伸び得る程、中味がぎつしり詰まつてゐなければなりません。もしさうでなく、間伸びのした内容を唯ポキリポキリ短かく切つて、「た」止めのセンテンスにして綴つたとしますと、なるほど拍子の感じだけは出るでありませうが、さう云ふ場合にはそれが却つて輕薄に聞えて來ます。どつしりとした、力強い足音でなく、ピヨイピヨイ跳ねてゐる足音になります。ですから、この調子の文章に於いては、東洋的な寡言と簡潔とが「一」の文體よりも更に大いに要求される譯でありまして、旁々孰れの場合にも西洋流のおしやべりは禁物であります。志賀氏の作品に徵しましても、その物

> を見る感覺には近代人の繊細さがあり、西洋思想の影響があることは否めませんが、その書き方は東洋的でありまして、漢文の持つ堅さと、厚みと、充實味とを、口語體に移したと云つてもよいのであります。
> (谷崎潤一郎「文章讀本」中の「三、文章の要素」の「〇調子について」より
> 『谷崎潤一郎全集』中央公論社[2]）

本章のねらい

　ここでは小説を代表とする文学の文体についての研究の方法を学ぶ。「文体」についての説明として、中村(2007)は

　　文体とは、表現主体によって開かれた文章が、受容主体の参加によって展開する過程で、異質性としての印象・効果をはたすときに、その動力となった作品形成上の言語的な性格の統合である。

とし、続けて「読者のスタイルがつかみとった言語面での作者のスタイルであり、その背後に感じとった人間の考え方、ひいては生き方である、と言うことができよう。」と述べている。

　すなわち、読み手として文体の存在に気づくことが、まず始めに求められ（＝文体印象）、次にそれが具体的にどのような言語特徴からきているのか、「統合」された言語的な性格を、一つ一つときほぐしていく作業（＝文体分析）が必要となる。

　また、文体とは、あるものごとを表現するときに、可能性として存在するいくつかの言語形式の中から何を選んだか、という結果において生ずるものである。助詞の「は」と「が」についていうと、「は」を選んでは文法的に誤りであるとき「が」を選ぶのは、必然的で選択の余地がない。しかしどちらでもよいときに、片方を選ぶのは文体の問題である。したがって文体というものは、選択の幅がある程度豊かに存在する場合にこそあり得るものだといえよう。

　斎藤(1994)は、イギリスにおける文体論の成立の理念が、「文学を神秘的なものに見せていた『作者』や『伝統』のベールを剥ぎ、素直な目で作品を読ませることによって学生の文学的感受性を高めるという教育的配慮に基づ

いていたことは案外知られていない」と述べる。このように、文体論では、作品成立の背景、文学史的位置づけなどは置いておき、まずそこにある言葉を見つめること、文法論や語彙論の理論を飛び出した日本語の生きた姿として見つめることで、文学と直に接する面白さを味わえる。

　文学作品の文体研究は、文体論の中心的存在といえるので、ここでは文学作品を材料として、文体を研究するときに押さえておくべきポイントを以下のようにいくつか提示する。

研究角度一覧
①位相と文体　②文体の比較－漱石と鷗外
③「文章讀本」から見る作家の文体意識　④語り手の設定
⑤統計的文体論　⑥文体形成に関わる言語形式の諸項目

研究角度①　位相と文体

　作品の作者や語り手がどのような位相に属するのかによって言語形式は異なる様相を見せ、それらが表現の個性につながることとなる。ここでは、〈話しことば・方言と共通語・性差〉について考える。

〈話しことば〉

　例1のAとB1・B2は、いずれも男女の間の人間関係について女性が語る部分である。Aは、会話文と地の文がはっきりと分かれる構成ではなく、入り混じるように連続的な話しことば文体で構成されている。「そや」など「　」で示される会話文以外の地の文の中でも、「『リバーサイド』でちょっと飲もか、もちろん、ぼくが奢るよって、と高石はいい」のように、会話的表現なのに追い込みで示されている部分がある。

　それに比べて、B2は直子という女性の会話のことばだが、「のよ」や「ね」などの終助詞はあるものの、接続詞を使用する整然とした運び方や「他者」「唯一」「結果的」などやや堅いことばで、"書きことば寄り"ともいえる。また、地の文とは入り混じらず、カギ括弧によって境がはっきりして

いる。B1は直子の書いた手紙文の一部だが、ですます体の手紙文らしさはあるものの、接続詞的な副詞の多用や、「なのです」や文脈指示語を組み合わせた論理的であろうとする運び方に、B2と共通するような"書きことば寄り"の特徴が見出せる。

〈方言と共通語〉

　話しことばには話し手・聞き手・場面などの要素が反映し、その結果さまざまなバリエーションが生まれる。それを「位相」と呼ぶが、Aの話しことば文体には、大阪弁という方言の位相が観察される、ということになる。

　ではなぜ大阪弁を中心にした文体つくりがなされているのか。単にユーモアの効果だけの問題であろうか？ここでは、作者の大阪弁に対する考え方と、大阪弁そのものがもつ特色の二つの面から考えていかねばならないだろう。

　田辺聖子自身は、エッセイ中で「発想自体、大阪弁で発想しているものだから、いまになって標準語や東京風のアクセントで小説を考えられない」(「猫なで日記」)、「私は究極のところ、恋愛小説を書いている。大阪を舞台にするのも大阪弁を登場させるのも。その恋愛の味つけだ。」(「楽天少女通ります」)などと明かしている。

　次に方言研究の側からみると、大阪弁[3]というのはどのような存在として位置づけられているのだろうか。

　まず、共通語としての東京のことばとの対比で捉える見方がある。久木田(1990)は東京方言が、客観的状況に感情を込めた主観的な文を交えて進める「主観直情型」の談話展開を特徴とするのに対し、関西方言[4]は、ひたすら状況を詳しく説明し、「客観的累加型」の「聞かせる」展開を特徴とする、としている。

　大阪人自身も、共通語より大阪弁の方を好ましく感じていることも重要だろう。三宅(2003)は、大阪人は大阪弁に対して、その独特のテンポ・リズムや笑い、やわらかみを好ましく感じているという。逆に東京のことばに対しては、ええかっこしい、きつい、冷たい、えらそう、堅い、等々のマイナ

ス評価を有しているという。そして、失敗談を披露するなどして自分を貶めて笑いをとったりする価値観が、大阪的コミュニケーションスタイルを特徴づけている、とする[5]。

　そういえば、最近は大阪弁は元気がいい、などといわれることがある。大阪弁の魅力が認識されて関西以外でも露出が増えているのであろう。陣内（2003）では、ネガティブ・ポライトネスからポジティブ・ポライトネスへという日本人のコミュニケーション意識の変容が先にあって、そこにポジティブ・ポライトネスを特徴とする関西的コミュニケーションが利用されている、と指摘している[6]。

　一方、B1・B2 は共通語ベースで書かれているわけであるが、ここで描かれている恋愛は共通語でしか描写できないもののように考えられる。「共通語」というのは、「東京方言」が基盤となっていると考えるのが一般的である。しかし、この「ノルウェイの森」の作品全体で用いられている会話や地の文は、先にもみたようにもともと"書きことば寄り"であって、話しことばについていう「方言」とは異質の文体を有している。

　なお、「東京方言」の歴史的成立を考えるとき、いわゆる「下町ことば」や「山の手ことば」を広く含んで考えるが、『国語学研究事典』によると、二葉亭四迷『浮雲』や夏目漱石『坊ちゃん』など東京生まれの作家の作品のことばには多くの「下町ことば」がみられるという。特に『坊ちゃん』は歯切れのいい「べらんめい調」で知られるが、『国語学研究法』（北原保雄他編　武蔵野書院）では、夏目漱石『坊ちゃん』の冒頭部分を 8 種類の方言に訳すという興味深い試みをしている。そのうち奈良県桜井市のことばで西宮一民氏が訳されたものは次のようなもので、後掲の元の文章とは全く異なる文体印象のものとなる。

　　親譲りの無鉄砲（きかんきー）で小供の時から損ばっかししとる。小学校（しょーがっこ）に居（お）る時分、学校（がっこ）の二階から飛っびょりて一週間程腰抜（なんで）かした事がある。何故そんな無茶したかと聞（しと）く人あるかも知らん。別に深い訳でもあらひん。新築の二階から首出（しとり）しとったら、同級生の一人が冗談に、なんぼ威張ったて、そっか

ら飛っびょりる事は出来ひんやろ。弱虫やれー、と囃したよってんや。小使に負ぶてもろて帰って来た時、親父さんが大きー眼して二階位から飛っびょりて腰抜かす奴があるかー言たさかいに、此の次は抜かさんと飛んで見せるわ言ーた。

(西宮一民訳)

※　夏目漱石『坊ちゃん』原文の冒頭
　親譲りの無鉄砲で小供の時から損ばかりして居る。小学校に居る時分学校の二階から飛び降りて一週間程腰を抜かした事がある。なぜそんな無闇をしたと聞く人があるかも知れぬ。別段深い理由でもない。新築の二階から首を出して居たら、同級生の一人が冗談に、いくら威張つても、そこから飛び降りる事は出来まい。弱虫やーい。と囃したからである。小使に負ぶさつて帰つて来た時、おやぢが大きな眼をして二階位から飛び降りて腰を抜かす奴があるかと云つたから、此次は抜かさずに飛んで見せますと答へた。

　この漱石の原文は、語り体ではあるが、小説として書かれたものなので東京方言特有の発音や語彙が明確に認められないのは当然である。しかしながら、短い文で現在形の単純な文末を連ねた、畳みかけるようなはっきりとした言い切りの連続は「べらんめい調」独特の歯切れの良さと相通ずるものがある。また、後の方の会話文や地の文では、東京方言特有の言いまわしが出てくる。

〈性差〉
　次に、作家が女性か男性かということが文体に関係するかどうかについて考えてみよう。Aは女性作家で女性の語り手が設定され、B1・B2は男性作家で語り手も男性である。語り手の一人称の「私」という語自体は、男性も使用し男女両用であるが、「僕」は男性専用である。しかしこれはたまたまであって、もちろん女性作家が男性の語り手を設定して「僕」とすることも

少なくない。

　ここで、小説作品の文体と作家の性差について考えるにあたっては、それは読み手の側が、先入観・ジェンダーバイアスのために殊更に掬い上げようとする"性差"であり、実際は作品の内容や設定の差の方が、文体差としては大きく出ると考えておきたい。高崎(1994)では、いくつかの先行研究をもとに、作者が女性であると知るだけで、読み手側に喚起される先入観としての"女らしい表現"というものが、具体的にどのようなことばの特徴を指しているのかを13項目にまとめている。すなわち、

1. 綿々とかきくどくような長い文章
2. 切れるかと思えばまたつづき、余韻嫋々としてあとをひく文
3. いやに細かい描写
4. 色その他感覚的なものについてのゆきとどいた言及
5. 擬声・擬態語の豊富な使いこなし
6. 形容詞や形容動詞のうち、情意的主観的な語の多さ
7. 非論理的な展開
8. 誇張表現、強調表現の多さ
9. 発想や題材・素材が日常的・身辺的・具体的
10. 会話性に富む傾向
11. 丁寧度の高い表現をする傾向
12. 断定表現や漢語など、強くきつく響く表現や語を避ける傾向
13. 女性の登場人物を内面から描く傾向

　ということになる。これらは実際に女性の作家の文体特色としてあるものではなく、"女性らしい文体"という形容をされてはいるが、その実、個々の作品の文体特色であるにすぎないものである。

　もちろん、作家のストラテジーとして、女性作家が女性性を表面に押し出すようなケースもあり、男性作家が"女装"して、誇張された女性性を採用するケースもある。

研究角度②　文体の比較─漱石と鷗外

　上記の研究角度①で、例1のAとB1・B2を比較して考えたわけであるが、ある作家や作品の文体を研究するときに、他の作家と比較する、あるいは、同じ作家で違う制作時期やジャンルの作品を比較するなど、何かと比較して共通点や相違点を手がかりにするという方法がとられることはよくある。

　たとえば、二大文豪といわれる夏目漱石と森鷗外を比較すると、両者とも漢文漢学の素養に欧文の語法の新鮮さを加えて、近代の文章のスタンダードとなった点が共通している。

　漱石の文体について小林（1976）は3期に分けて

1．初期
　俳諧的・遊戯的要素を持った文体。尻取り文、たたみかけ、奇警な比喩などが見られる。「吾輩は猫である」「倫敦塔」など。
2．中期
　俳諧的・遊戯的要素と即物的要素の混在。「三四郎」「それから」など。
3．後期
　純即物的文体。初期にあった饒舌が姿を消している。「彼岸過迄」「行人」など。

としている。また、中村真一郎はその『文章読本』の中で、漱石がたどりついた後期の文体について、

　　こうした、自由に客観と主観とを往復し得る、そして時には平凡に感じられるくらいに平易な、と同時に正確で癖のない、漱石の完成した口語文は、その後、大きな影響を日本の各界の人々に与えました。教養ある現代日本人は、殆ど誰でもこの文体で、文章を綴っているのではないでしょうか。これは鷗外の硬質の文体の影響が文学者の一部に限られているのと、極端な対照をなしている現象です。

と指摘している。一方、鷗外の文体について、蒲生（1977）は4期に分け、

その各々につき、

1. 初期の「舞姫」等の青春3部作
   理知の力によって自己の所有するあらゆる語彙と修辞とを統御した、抒情的美文
2. 「追儺」「ヰタ・セクスアリス」等
   "思考のリズムの文学的形象化"の文体
3. 歴史小説
   極度に圧縮された叙事的文体の中におのずからにじみ出る詩心。
4. 史伝文学
   冷厳無比な考証における最も硬質の文体の中の詩心。

と評する。時期やジャンルによって姿は変わるものの、鷗外は該博な自己の学識に、全知視点的な判断を加えて文体を形成した。三島由紀夫もその『文章読本』や『作家論』の中で鷗外の文体に触れ、「状況の全体性と完全性の知覚を意味する何か」（ハーバート・リードのことば）が鷗外の文体の秘密であると述べている。

　岡村（1963）では、鷗外と漱石の文体の共通点が「体言型」で、直喩や擬声語・擬態語、色彩語などの修飾が少ないところにあり、相違点として鷗外が文章型で一元的、漱石は会話型で連鎖的であることをあげている。「文章型で一元的」とは、「1、戯曲的要素が少ない」「2、文の長さがほぼ一定」「3、作者側からの、素材へのかかわりや判断をはっきり交える」「4、回顧法で構成する」「5、歴史的現在を多く用いる」ということであるという。また、漱石が「会話型で連鎖的」であるというのは「1、会話要素が多い」「2、連鎖的説得調」ということであると説明されている。

　実際の作品で考えてみると、「むなぐるまは古言である。これを聞けば昔の絵巻にあるやうな物見車が思ひ浮かべられる。」で始まる鷗外「空車」（大正5年）と「山路を登りながら、かう考へた。智に働けば角が立つ。情に棹させば流される。意地を通せば窮屈だ。」で始まる漱石「草枕」（明治39年）

の文章などが典型的かと思う。"空虚であるが故に人をして一層その大きさを覚えしむる"存在、というものの証明として構造が整えられている「空車」の文章と、論理よりも連想や気持ちの動きによって展開される「草枕」の文章とは、好対照といえる。勿論、「空車」はエッセイで「草枕」は小説、というジャンルの違いがあるので、単純に両者に固有の文体差とはいえない。しかし「草枕」の冒頭に近い部分は、そのまま漱石が東洋的なものを賞揚し、外発的開化にかかわる西欧的なものを批判的にみるという記述につながっていくので、きわめてエッセイ的な性格をもった文章といってもよいであろう。小説として、女性主人公の「那美さん」についてのストーリーが展開していくのは、この後になる。

研究角度③　「文章讀本」からみる作家の文体意識

　例3の文章は谷崎の『文章讀本』の「調子について」という節の中の「二　簡潔な調子」の全文である。この前の「一　流麗な調子」という節では、谷崎自身の文体の特色ともいえる源氏物語派流麗調を「日本文の特長を発揮した文体」としている。そしてそれと正反対の調子の「二　簡潔な調子」の「見事なお手本」に志賀直哉の「城の崎にて」(例2参照)をあげているということになる。つまり谷崎自身も、志賀の文体を自らの文体と対照的なものとして意識していたことがわかる。この「二、簡潔な調子」で指摘されている志賀の文体の特色を整理してみると、

1．それを刷ってある活字面が鮮やかに見える。それは言葉の選択や文字の嵌めこみ方に注意が払われており、派手な言葉やむづかしい漢字を使うことを好まないからである。
2．叙述を出来るだけ引き締め、圧縮し、削る。形容詞なども、最も平凡で、最も分り易くて、最もその場にあてはまるもの一つだけを選ぶ。
3．歯切れをよくし、センテンスとセンテンスの境界を明確にするために、「た」止めを用いる。「のである」などは間延びがするので用いない。
4．簡潔な中に含蓄がある。漢文の持つ堅さと、厚みと、充実味とを口語

体に移したと云ってもよい。

となる。これは谷崎が把握した志賀の文体的特色である。

　同じ作家として、その鋭い文体意識から、志賀の文体の特徴を余さず捉えているのである。このように作家の著した「文章読本」や「文章作法」の類、あるいは表現や言語についてのエッセイなどを参照することで、文体についての意識やその実作への投影などを探ることができる。志賀直哉にも自作や他の作家の作品についての短いメモ様のものやエッセイがある。

　なお、志賀の文体の特徴としては、いくつかの先行研究からこれに加えると、短文で単純な文型が多いこと、体言型の叙事的文体で修飾が少ないこと、生理的・心理的な快不快の直接的な表現が多いこと、見たものを見た通りに言葉にする視覚型の文章であること、などがあげられる。

　一方、谷崎の文体は志賀とは対照的であり、同様に先行研究からまとめると、長文で、会話文や修飾節を含む用言型の物語的文章であること、見たものを自己の中で再構成して表出するため、言語量が多く、比喩など表現の種類も豊かであること、また複合語が多く見られ、新奇な文字遣い、言葉遣いも目立つ。しかし中期から晩年になるにしたがって、漢語的表現や修飾的要素も減り、変化してくる、と言われている。

研究角度④　語り手の設定

　例にあげた1のA「週末の鬱金香（チューリップ）」・B「ノルウェイの森」、および例2「城の崎にて」は、みな一人称の語り手を設定しているということで共通している。しかし、あげられた例文の範囲だけに限定して細かに観察すると、心理・心情などの内面をどう語るか、という点で、語り手の設定の仕方にも個性があることが見えてくる。

　例1のAは、「私」という一人称で語られている。「私」はこの小説中で、主要な登場人物である。そしてここでは自らの言動や内面を地の文で語っている。また「私」が見た「高石」などのほかの登場人物の言動を報告する役割もしているが、「高石」の内面はここでは語られていないので、推論する

しかない、ということになる。

一方、B1 は手紙文で、一人称「私」は、主要な登場人物の一人「直子」である。ここでは「直子」の内面が語られている。そしてその手紙は、この小説が始まってからずっと語り手をつとめてきた「僕」が、"いま"読んでいるものとして報告され、またその後で"何百回も読み返した"ものであるとも記されている。

B2 は一人称「僕」が語り手であり、かつ主要登場人物として会話に加わって、その会話を直接話法として報告している。この会話中で直子は一人称「私」として内面を語っており直子はこの発話の中でだけの"語り手"になっている。

すなわち、B1・B2 の例では、一貫した語り手の「僕」が、手紙や会話での「私(直子)」の語りを引用している形になっている。一貫した語り手と、部分部分での手紙や会話で「私」として内面を語る語り手が存在する、という、A よりやや複雑な語りの構成だといえよう。

例 2「城の崎にて」からの例はどうか。これは一人称「自分」が語り手であり、この「自分」というのは、「僕」や「私」とは全く異なる一人称の選択であるといえる。登場人物として、死んだ蜂、生きている蜂の観察を伝えたあと、7 行目で「淋しかった。」と「自分」の内面が唐突に投げ出される。その次の文でその感情を引き起こしたことがらが、分析的に叙述されて、再度「淋しかった。」が繰り返されている。加えて、この引用部分前後の記述から、この出来事が作家自身の体験であるように受け取ることができるため、登場人物としての「自分」＝語り手＝作家という設定になっていることも、A・B に比較して異なっている。

このように、登場人物が語り手であるという設定だけを見ても、内面の語り方には様々なケースがあり、また一つの作品の中でもいろいろな方法が試みられていることがわかる。他に、登場人物ではない語り手、すなわち小説世界の外に語り手を設定する場合にも、様々なケースがあるが、それらもまた身近な小説作品の中で観察することができる。一つだけあげると、「城の崎にて」と同じ大正期に発表された「山椒魚」(井伏鱒二　1923 年)は、「山

椒魚は悲しんだ。」という、三人称の内面が示される冒頭文が有名である。この作品は「諸君は、発狂した山椒魚を見たことはないであろうが、この山椒魚にいくらかその傾向がなかったとは誰がいえよう。」などというように、語り手が頻繁に解説や評価をして現れ、それがユーモアとなっている。他の小説作品の中には、これとは逆に、語り手が透明で存在感がなく、読み手にできごとにじかに向き合うような感じをもたせる設定もある。

以上のように、登場人物と語り手の関係設定や、登場人物の内面描写の方法は、視点や話法の問題とも関係づけられ、小説世界の語り方に関わる重要な研究角度である。

研究角度⑤　統計的文体論

文体論には、大量の文章をいくつかの言語形式について計量して統計的に処理した研究もある。樺島・壽岳(1965)では、100編の小説から抽出した各々80前後の文を対象に、名詞などの品詞や指示詞、字音語(漢語)色彩語等の割合や平均などの18項目について調査し、そのデータ一覧表を掲げている。それらをもとに「5段階尺度」という、文章の文体についての"スケール"を提示している。これを用いると、作家や作品同士の文体パターンの類似や相異が客観的に明らかになる。

安本(1977)では、国文学者・武田宗俊氏の『源氏物語』各巻の執筆順序についての説(『源氏物語の研究』岩波書店　1954年)の妥当性を、因子分析法[7]によって証明しようと試みている。まず、和歌の使用度や直喩・声喩の使用率等12項目を調査し、因子分析によって「比喩多用型―比喩節用型」「歌物語型―作り物語型」「体言型―用言型」の3因子を取り出す。そのうち2因子を縦横にとった図1のような軸を作り、『源氏物語』54帖を布置する。するとだいたいではあるが、"紫上系"巻は横軸の下方周辺、"玉鬘系"巻は上方周辺に位置し、宇治十帖は縦軸の右側周辺に位置していることが見て取れる。

その結果、"紫上系"17帖(桐壺・若紫・紅葉の賀…藤裏葉)だけが先に独立して執筆され、"玉鬘系"16帖(帚木・空蟬・夕顔…真木柱)は後に書か

れ、挿入されたとし、また、宇治十帖は、これらと文体がやや異なる、と考察する。

```
        比喩多用型
           ↑
           │
歌物語型 ←──┼──→ 作り物語型
           │
           ↓
        比喩節用型
```

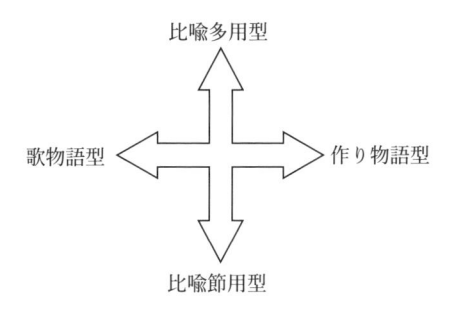

図1　因子分析法による文体分析の一例

　村上(1994)では、日蓮遺文[8]の計量分析による真贋判定を試みる。日蓮と日蓮以外の人物の著作の文章を比較して、日蓮の文章の特徴を探し出し、真贋不明の文献がそのような文章の特徴を有しているかどうかを統計分析で判定する、という方法をとっている。その結果、従来疑問が残されたままとなっていた5点のうち、「三大秘法稟承事」「日女御前御返事」は日蓮の著作である可能性が高く、「聖愚問答抄」「生死一大事血脈鈔」「諸方實相鈔」は贋作の可能性が高い、という考察が示されている。

研究角度⑥　文体形成にかかわる言語形式の諸項目

　以上のいくつかの研究角度で触れてきた、文体形成に与る諸要素は、文体分析に使用する言語形式の諸項目のごく一部である。中村(1979)などの先行研究において、小説文体の分析項目として取り上げられている言語形式を見ると、用字のみならず、ダッシュ・リーダー・句読点等表記記号の取捨選択や質、直喩・暗喩・オノマトペ・擬人法・アナロジーなど比喩表現関連、そして文長や文末や改行・尻取り文などの文のありかた、受身や否定、時制、また接続詞や指示語、品詞の割合や助詞の省略などの文法的な事項の表現技法的捉えなおし、反復や対句、漸層表現等のリズム、そしてクライマッ

クスやカタルシス、伏線、冒頭・展開部・結尾の配置等の文章展開や構成、雅俗・硬軟あるいは饒舌・簡潔、誇張・抑制などの調子、視点や作者の顔出しなど作品世界の構図、などなど、いわゆる「レトリック」の枠を超えたものまで多岐にわたって文学の中の言語が捉えられている。

　ここでもう一度冒頭のA「週末の鬱金香（チューリップ）」とB「ノルウェイの森」（B1とB2と一緒に考える）を見て、研究角度①では、見ることができなかった、文体形成に与る言語形式をいくつか拾ってみよう。

　文長についてはAの方は会話文を内部に含む長文の中に、3行目「そこもいい。」、8行目「悲しい。」12行目「頼ってる。」という非常に短い文がまじっている。話しことば特有の、思わず言ってしまったような、ぽつんとしたつぶやきになっている。BはB2の1行目「僕は肯いた。」以外は会話文も地の文もあまり長短のフレがない安定した文長が続いている。

　文末については、Aは「〜ている。」「〜いい。」など文末にくる語が多彩であり、会話文の「」の中での文末も変化に富む。Bはです・ますの連続や「〜のよ。」が多く出てきているなどやや単調である。

　文間は、接続詞ないし接続詞的表現だけを見てみると、Aは1行目「しかし」、10行目「それはともかく」のみである。BはAよりも文章量がやや少ないにも関わらず、「あるいは」「そして」「でも」など7個ある。

　表記を見ると、Aは大阪弁や話し言葉の再現をねらって、「気ィ」「高石ィ」「ないわいっ」という小字表記や「タ・カ・イ・シ」という中黒点使用、かっこも「　」ばかりでなく〈　〉（　）""があり、……線、──（ダッシュ）などを縦横に使い分けている。「ヤツ」「チエ袋」や「タダ」「ガラ」のカタカナ表記も軽いユーモアを含む。Bでは「キズキ君」「レイコさん」という固有名詞のカタカナ表記が目に付く。また、Aで頻繁に打たれている読点が、Bでは殆ど無いことも大きな違いである。

　最後に、**比喩**を見る。Aでは「スポーツ友情もの、飲み友達もの」「"花の応援団"ふう」が直喩としてあげられる。これらはある広がりや深さをもつものごとの様相を端的に言い表す表現として機能している。また、「〈青山〉」「梅マハ」「阪神間」などの固有名詞も、典型的なものとして、イメージがす

ぐ湧き、比喩と似た働きをしているといえる。「チエ袋」「〜ほうへなだれこまず」「機会はむなしく流れ」「口まわりさらす」など、比喩であることに気づきにくい、慣用表現となってしまった隠喩（＝死喩）もひそんでいる。16行目の「風が死んで」などはそうした死喩のちょっと手前くらいであろうか。BはB2の「リンク」が隠喩である他は、「傷つける」が幾分か比喩的といえるくらいで、あまりないといってよいだろう。

　このように多くの言語形式が関わることによって、個々の作品・作家独自の文体の形成がなされるということがわかる。また、言語形式を細かく見ることで、読み手が漠然と感じている文体印象を言語面から裏づけ、明確化することができる。

[課題]
1. 他の関西弁を文体に取り入れた作家（野坂昭如、織田作之助、川上未映子など）の作品の文体も調べてみよう。また、方言研究における関西弁の位置づけと、近現代の小説作品における関西弁使用の様相を結びつけて論じてみよう。
2. 谷崎潤一郎の「細雪」の会話や「卍」の語りなど、谷崎作品における関西弁について、どのような評価がなされているか、調べてみよう。
3. 作家の書いた「文章読本」やそれに準じた著作、エッセイ類を、文献リストを参考にしながらいくつか読んで、その作家の実作とどのように関係づけられるかを探ってみよう。
4. 例3にあげた谷崎潤一郎「文章読本」中の「城の崎にて」からの引用部分においては、「他の蜂が皆巣に入って仕舞った日暮、冷たい瓦の上に〜」となっているが、志賀直哉の原作では傍線部分は「巣へ」となっている（例2参照）。どちらでも意味は通ずるので、これは文体の問題である。この場合「巣に」とするのと「巣へ」とするのでは、どのように場面が異なって描かれることとなるか、考えてみよう。また、他にも、「、」の打ち方などが異なっていたりする。これらについても引き比べて、考えてみよう。

5. 志賀直哉には、「城の崎にて」の草稿にあたる「いのち」という作品があることが知られている。"蜂の死"など、同じ場面をとりあげて、この二つの作品の文体を比較してみよう。
6. 自分のよく読んでいる現代作家の文体を、文体論の研究角度のどれかを使って調べてみよう。
7. 一人の作家の初期の作品から晩年の作品までをいくつか選んで、文体に変化がみられるかどうかを比較してみよう。
8. 詩や短歌・俳句など、小説以外の文学作品の文体について、どのような研究がなされているか、調べてみよう。

注
1 『城の崎にて』は1917年発表。全集原文は縦書きであるのを、横書きに改めた。文字遣い等は原文のままとした。
2 『文章読本』は1934年発表。全集原文は縦書きであるのを、横書きに改めた。文字遣い等は原文のままとしたが、文中のくり返し符号は横書きにできないので、語をそのままくり返すよう、表記を改変して示してある。「切れ目切れ目」「冴え冴え」「なかなか」「ポキリポキリ」「ピヨイピヨイ」
3 方言学では「大阪弁」ではなく「大阪府方言」のように呼び、「西部方言」の中の「近畿方言」を「和歌山県方言」「奈良県方言」「京都府方言」「大阪府方言」などに分けたときの1方言を指す。「大阪府方言」は「摂津方言」「河内方言」「和泉方言」から成る。
4 「関西方言」は、この久木田(1990)中の用語で、「東京方言」と対比させた京阪神地域の方言をさしている。
5 尾上(1999)においては、大阪のことばの特徴を、A相手との距離の近さ(開放性)、B会話の共同作業の感覚(共同性)、C大阪独特の「照れ」あるいは「含羞」、D停滞を嫌い、変化を好む感覚、E対人的対応、状況対応の敏捷さと細やかさ、F合理的指向、G複眼性、重層性、H「そのものズバリ」の表現傾向、I笑い指向、などの傾向としてまとめている。
6 このことに関連して、大阪弁らしい敬意表現の一種に「～ハル」があるが、辻(2004)は、京都・大阪を中心とする地域の「ハル敬語」について、素材待遇語の性格を持ち、

運用にあたってはポジティブポライトネスのストラテジーとして機能する、ということを立証している。

7 安本(1994)によると、「因子分析法」とは、人間の性格、知能などを、「平均からの逸脱の程度」〈偏差値〉によって測定するための、統計方法であるという。この安本(1994)においては、文体分析として、直喩・声喩・色彩語・人格語・句点・読点・漢字・名詞の使用度、文の長さの平均、会話文・過去止・現在止・不定止の量、名詞の長さ・動詞の長さ、の15項目を100人の作家の作品について統計的に調べ、項目同士の関係の度合いを示す相関係数を産出、そこから3つの因子を取り出した。「体言型(漢文型)―用言型(和文型)」「修飾型―非修飾型」「会話型―文章型」の3因子である。

8 日蓮宗の開祖、日蓮(1222〜1282)の著した論書、消息、断簡類として伝えられている文書。文学的にも国語史の資料としても価値の高いものが多いが、後代の偽作も混入しているとされる。

[参考文献]
市川孝(1978)『国語教育のための文章論概説』教育出版
大屋幸世・神田由美子・松村友視(1995)『スタイルの文学史』東京堂出版
岡村和江(1963)「近代作家の文体の展望」『講座現代語5　文章と文体』明治書院
オニール，パトリック(2001)『言説のフィクション』遠藤健一訳　松柏社
尾上圭介(1999)『大阪ことば学』創元社
樺島忠夫・壽岳章子(1965)『文体の科学』綜芸舎
蒲生芳郎(1977)「森鷗外」『国文学　解釈と教材の研究』22(14)
北原保雄・徳川宗賢・野村雅昭・前田富祺・山口佳紀著(1978)『国語学研究法』武蔵野書院
久木田恵(1990)「東京方言の談話展開の方法」『国語学』162　国語学会
クノー，レーモン著、朝比奈弘治訳(1996)『文体練習』朝日出版社
計量国語学会編(2009)『計量国語学事典』朝倉書店
小林英夫(1975)『小林英夫著作集7　文体論の建設』みすず書房
小林英夫(1976)『小林英夫著作集8　文体論的作家作品論』みすず書房
斎藤兆史(1994)「現代の文体論」『言語』23(2)大修館書店
清水道子(1994)『テクスト・語り・プロット―チェーホフの短編小説の詩学』ひつじ書房
陣内正敬編(2003)『コミュニケーションの地域性と関西方言の影響力についての広域的研究』文部省科学研究費報告書
陣内正敬(2003)「関西的コミュニケーションの広がり」陣内正敬編『コミュニケーション

の地域性と関西方言の影響力についての広域的研究』文部省科学研究費報告書
高崎みどり(1989)「論説の文体」山口佳紀編『講座日本語と日本語教育5　日本語の文法・文体(下)』明治書院 1889 年
高崎みどり(1994)「男の文体・女の文体」『言語』23(2) 大修館書店
高崎みどり(2006)「文体と性差」中村明他編『表現と文体』明治書院
高崎みどり(2006)「田辺聖子の文体」菅聡子編『国文学解釈と鑑賞別冊　田辺聖子―戦後文学への新視角』至文堂
辻加代子(2004)「京都語におけるハル敬語の展開に関する社会言語学的研究」博士論文(未公刊)
中村明(1979)『名文』筑摩書房
中村明(1991)『日本語レトリックの体系』岩波書店
中村明(1993)『日本語の文体』岩波書店
中村明(2007)『日本語の文体・レトリック辞典』東京堂
波多野完治(1965)『文章心理学〈新稿〉』大日本図書
波多野完治(1969)『文章心理学入門』(新潮文庫　絶版)新潮社
平山輝男編者代表(1997)『日本のことばシリーズ 27 大阪府のことば』(大阪府編者　郡史郎)明治書院
プリンス, ジェラルド(1996)『物語論の位相―物語の形成と機能』遠藤健一訳　松柏社
前川守(1996)『1000 万人のコンピュータ言語科学 3　文学編　文章を科学する』岩波書店
前田愛(1988)『文学テクスト入門』筑摩書房
三宅直子(2003)「大阪における方言意識」陣内正敬編『コミュニケーションの地域性と関西方言の影響力についての広域的研究』文部科学研究費報告書
村上征勝(1994)「計量的文体研究の威力と成果」『言語』23(2) 大修館書店
室井光広(2002)「生口か死口か　なかじきりのための 12 片」高橋康也編『21 世紀文学の創造 8　批評の創造性』岩波書店
安本美典(1965)『文章心理学入門』誠信書房
安本美典(1977)「現代の文体研究」『岩波講座日本語 10 文体』岩波書店
安本美典(1994)「文体を決める三つの因子」『言語』23(2) 大修館書店
ロッジ, ディヴィッド(1997)『小説の技巧』柴田元幸・斎藤兆史訳　白水社

―雑誌特集号―
「特集　文体の条件」(1994)『言語』23(2) 大修館書店
「特集『大阪語』論」(2000)『言語』29(1) 大修館書店
「特集　トポス・大阪の文学力」(2000)『文学』1(5) 岩波書店

「特集　大阪弁はなぜ元気か」(2004)『日本語学』23 明治書院

―作家執筆の文章読本あるいはそれに類するもの―
井上ひさし(1984)『自家製文章読本』新潮社
江藤淳(1988)『作家は行動する』河出書房新社
大江健三郎(1993)『小説の方法』同時代ライブラリー140 岩波書店
大岡昇平(1954)『現代小説作法』文藝春秋社
川端康成(1950)『新文章読本』新潮文庫
河野多恵子(2001)『小説の秘密をめぐる十二章』文藝春秋社
佐藤正午(2006)『小説の読み書き』岩波新書1024 岩波書店
篠田浩一郎(1982)『小説はいかに書かれたか―「破戒」から「死霊」まで』岩波書店
谷崎潤一郎(1934)『文章読本』中央公論社(改訂版1996)
中村真一郎(1977)『文章読本』文化出版局
丹羽文雄(1954)『文章作法』文藝春秋社
丸谷才一(1977)『文章読本』中央公論社
三島由紀夫(1959)『文章読本』中央公論社(改訂版1995)
向井敏(1954)『文章読本』文藝春秋社
吉行淳之介(1988)『文章読本』福武書店

6 新しい形態の文章の文体分析
『電車男』を材料に

[例1]（電車内で絡まれていた女性を助けた男性(＝電車男)が、その女性からお礼にとカップを贈られたので、どう対応すればよいかを、電子掲示板仲間に相談しているやりとりが続いている）

458　名前：Mr. 名無しさん　投稿日：04/03/17　22:36
>>433
>>436
もちけつ、がっつくなって
「会ってお礼が言いたいのですが、いかがでしょうか？」
もしくは
「会ってお礼が言いたいのですが、ダメですか？」
で逝くべき
メシか茶店か映画館かなんか、後で考えようや

⇐ 2

463　名前：731 こと電車男　投稿日：04/03/17　22:37

>>430
声は普通でした。
「第一声があっ、やっと繋がった」って言ってくれたので、
多分大丈夫ですか？

カップのお礼に食事カップのお礼に食事カップのお礼に食事カップのお礼に食事

⇐ 3

476　名前：731 こと電車男　投稿日：04/03/17　22:40

>>458 で FA でしょうか？
あと、みんなありがとう

485　名前：Mr. 名無しさん　投稿日：04/03/17 22:41

私女だけど。。。

食事の方がいいと思う。
458だとなんか会いたいってのが前面に出ててむしろイヤ
食事のほうがおいしいもの食べたいから私なら釣られるw

486　名前：731こと電車男　投稿日：04/03/17 22:42

緊張してきた…＿|￣|○

492　名前：Mr. 名無しさん　投稿日：04/03/17 22:42

>>463
「すみませんこんなに良いもの貰っちゃって。
これじゃあ逆に悪いです。なんかお礼できないでしょうか？
そうだ、今後食事でもご一緒しませんか？」
までもっていけ

← 4

501　名前：731こと電車男　投稿日：04/03/17 22:43

待って！　食事ってどこで？
あとやっぱ日曜？

505　名前：731こと電車男　投稿日：04/03/17 22:44

>>492
その台紙もらい！

510　名前：Mr. 名無しさん　投稿日：04/03/17 22:45

>>501
日曜がいいな。
あと、たぶん、誘ったときに、気を遣うみたいなこと言われるかもしれんが
そこは粘って食事に誘うんだ！

```
519    名前：731 こと電車男    投稿日：04/03/17  22:46

>>510
絶対、「悪いからいいです」って言うでしょ

そう言われてしまったらエンド？
粘るってどうやるんだー

もう訳分からなくなってきた＿|￣|○
とにかく誘う王
```

```
522    名前：Mr. 名無しさん    投稿日：04/03/17  22:48

>>519   電車
ずいぶん、成長したな。
いや、成長してる。
おまえがまぶしい・・・
```

```
エルメスと電車男の戦いが始まった。電車男、エルメスを誘うことができるのか？
```

1

```
530    名前：731 こと電車男    投稿日：04/03/17  22:49

kた
```

(中野独人『電車男』新潮社 2004 年)

本章のねらい

　前章に掲げた田辺聖子などの作品は、オーソドックスなスタイルの小説であったが、最近は、"ハイパーテクスト"と呼ばれるネット上にリンクをはった小説、オンデマンドやダウンロードで読む小説、ブログ、CD-ROM 版など、PC 画面やインターネット技術を駆使した新しいジャンル形態が続々と誕生している。

　"2 ちゃんねる"と呼ばれるネット上の匿名掲示板への書き込み（投稿）か

ら誕生した「電車男」というテクストも、ジャンル付けに困る"作品"である。が、この書き込みを書籍化したもの(中野独人『電車男』新潮社)であれば、ともかく表紙があり印刷された紙のページがあるので、テクスト分析の対象とすることはできそうである。

　例1はその一部である。この部分は第1章(全体は6章)の中間あたりに相当する。偶然知り合った女性からの働きかけに戸惑う「電車」(以下登場人物としての「電車男」を「電車」とする)の書き込みに対して、匿名掲示板仲間の冷やかしや応援が始まったあたりである。これを材料にして、以下の角度からテクスト分析を試みてみよう。

研究角度一覧
①成立・ジャンル　②作者　③構成・構造　④文脈　⑤表現　⑥位相
⑦表記　⑧文末表現・間(ま)　⑨比喩表現　⑩描写法
⑪ウェブ上の文学について

研究角度①　成立・ジャンル

　この本(新潮社　2004年10月)は、ペーパーバック版で1300円、普通の書店で売られ、2005年6月に23刷、2006年7月にはカバーの帯に「100万部突破」と印刷された。映画化・ドラマ化され、舞台で上演もされた。

　著者名が「中野独人」となっており、全364ページ。新刊書として書店に平積みされ、文芸書の棚にも置いてある、という、形としてはごく普通の「本」である。

　カバーに「今世紀最大の純愛物語！！」と広告キャッチフレーズがあるが、販売戦略としてこう名付けられた時点でこの作品は、テーマは「純愛」、ジャンルは「物語」という位置づけがなされた、といってよいだろう。話が終わった後ろのページには「初出：『男たちが後ろから撃たれるスレ　衛生兵を呼べ』」としてホームページアドレスも記載されている。

　つまりこの「本」は、初出"原テクスト"に対して二次的なものであることがわかる。そうするとそこに「本」にする作業が介在しており、その作業

(つまり編集)によって「物語」が成立したと考えられる。
　新潮社のホームページには、編集者がこのスレッドの「まとめサイト」を読み、書籍化を決意した経過が記されており、また、
　　『電車男』のストーリーには、青春小説がもつ全ての特性が含まれています。登場人物のキャラクターが立っていて、脇を固める人物にもリアリティーがある。主人公の悩みは万人が共感できるもので、仲間に助けられ、戸惑いながらもハードルを越え、成功を手にする。物語を読み終えたあとに残る感情は暖かく、そして勇気を与えてくれます。
とも記されている。
　すなわち、当初はいろいろな書き込みがただ続くだけのものであったと思われる。そこからまず"まとめサイト"が作成された。これを"原電車男"と呼ぶことにする。ここから"ストーリー"を掬い上げ、"青春小説"というジャンル名を与え、今度はそれらに沿って編集し、本の形にしたのが、今の紙媒体『電車男』ということになる。ただ、TVドラマのノベライズ版のように地の文と会話文があって線条的に話を展開する、というところにまでは改変されず、ウェブ上にあった書き込みの形を残してある。

研究角度②　作者
　奥付には「著者／中野独人(なかのひとり)」とあってその下に「中野独人とは、『インターネットの掲示板に集う独身の人たち』という架空の名前です。」とある。著作権に関しての記述中には「一次著作者の特定および証明が困難であること、ネット上の匿名共有リソースであり、基本的に連絡先不明の投稿であること」として、「著作隣接権者」の「2ちゃんねる」に許諾を得ることで使用する、とある。つまりサイトの管理人もかかわってくることになる。
　また、書き込みをした人(一次著作権者)の背後には、投稿こそしなかったが、掲示板を読んで経過を見守っていた人々も沢山いて、リアルタイムにその出来事に参加していたわけである。
　一方で、新潮社の編集者に「アスキーアートはすべてディスプレイで見えるのと同じ形で再現したい」「半角文字もそのまま生かしたい」と、希望を

出した人物(ホームページによると「電車」と「中の人」)がいるわけだが、ホームページを信ずれば、その人たちは"登場人物"であり、また"作り手"であるという位置にいる。

　そうした複雑な経緯はあっても、作品全体を読めば、整然としており、何の破綻もない。それは、発端も結末も知っている全知視点が、この作品を支えているからである。しかしこれは"語り手"であって、「作者」ではないのはもちろんである。すべてを含めて作品全体を"書いた"のは誰なのか、という「作者」の問題は依然として残る。また、ジャンル分けとしても、ノンフィクションなのか、フィクションなのかを確認する術はないし、それを問うことに意味があるのかどうかも不明である。

　このようなネット上の文章は、匿名性と公開性という二つの、一見矛盾するような性格を基本にもち、なおかつハイパーテクスト[1]的な、選択・順番入れ替え・貼り合わせ自由というシステムも備えている。ゆえに先の田辺聖子や、村上春樹、といった1人の特定の作者がいて、小説が紡がれていく、という前提が崩れてしまう場合があるわけである。

　ただ、不特定多数の集団制作で成った言語作品は文学史的にもそんなに珍しいものではない。そういう意味で、「電車男」は"平成の万葉集"に喩えられるかもしれない。

研究角度③構造・構成

　ここでは、この作品を、内容面からみる構造と、形式面からみる構成という角度でみていく。まず、中表紙のページをめくると、ノンフィクションならあってもよい、成立事情等を記した「はじめに」の類はなく、いきなり右のような3ページが連続して現れる。

[例2]

緊迫した空気の中、
突然、恋の嵐に巻き込まれた
その男からの
助けを求める書き込みがあらわれた。

「めしどこか　たのむ」

掲示版の住人たちは、一丸となって
救助に乗り出した。

「おｋ」
男が最初の荒波を乗り越えた瞬間
だった。
胸を撫で下ろし安堵する住人たち。
湧き上がる歓声。

だが。
この試練は、
二ヶ月に及ぶ長い航海の
序曲に過ぎなかった──。

これは、
あるインターネット掲示版で
繰り広げられた、
一人の男と
彼を支え続けた者たちによる、
勇敢な戦いの物語である。

[例3]

Contents

Mission.1
緊急指令「めしどこか　たのむ」

Mission.2
「ちゃんと掴んでますから」

Mission.3
彼女はそっと俺の手を引く

Mission.4
このカップを使う時が来た

Mission.5
「あんまりその気にさせないで下さい」

Misson.6
奇跡の最終章

後日談
「こんなに頑張ってたんだ…」

[例4]

Mission.1

緊急指令

「めしどこか　たのむ」

　例2は前書き部分、例3は目次で、「Mission」は「章」に相当するだろう。そして例4はMission1(第1章)の扉ページにあたる。各Mission中では最初に掲げた例1のような書き込みのやりとりが続いていく。最後に後日談と、アスキーアートで終わる。その最後のページを掲げると

[例5]

627　名前：Mr. 名無しさん　投稿日：04/05/16　19:49

エルメスがここを見るとわかった瞬間何故か正座した俺

634　名前：Mr. 名無しさん　投稿日：04/05/16　19:50

電車よ、せっかく手に入れた幸せ
決して離すなよ
誤ったことはするな

650　名前：Mr. 名無しさん　投稿日：04/05/16　19:50

リアル電車男ｷﾀ ────ヽ(゜∀゜)ノ──── !!!!
幸せになれよ！エルメスﾀﾝ泣かすなよ！！

> 好き勝手におせっかいを焼き、時々電車男をそっちのけで盛り上がった、名前も顔も、どこにいるのかすら知れない名無しの住人達。彼らがやったのは、そこに困っている奴らがいたら、自分に出来る事をしてやろうという、誰にでもあるような、ちょっとした心遣いだったと思う。
> うろたえる電車男を前にして、何かしてやりたいと思う住人達の気持ちが、彼を勇気付け、エルメスにダイヤルする力を与えた。
>
> 電車男を支えた住人達。それはきっと、電車男ストーリーに触れ、がんばれ、おめでとう、と感じた人の心の中にある。

　後日談も書き込みのやりとりで構成されている。上の例5をみてもわかるように、「幸せになれよ！エルメスﾀﾝ泣かすなよ！！」の書き込みが最後で、その後に□囲みがあって「好き勝手におせっかいを焼き、時々電車男をそっちのけで盛り上がった、…」とあってエンドとなる。

　さて、この作品の構造と構成は二つの面から考える必要がある。1. 作品全体を成立させている構造・構成、2. 各章(Mission)の構造・構成、である。

　まず、作品全体の構造を成立させているのは、掲示板での書き込みの連続、あるいはそのまとめサイト"原電車男"に付与されたところの、例2

「緊迫した空気の中、」以下に示されるようなストーリーである。プロップ(1972)をヒントに、本文全体から"物語"構造として筋を拾うと、〔発端―難題・試練―助言―解決―旅立ち・退場・結末〕という物語構造が現れてくる。

また、構成としては、例2の"前書き"部分の後に、例3にあるように書き込み全体を6つの「Mission」で区切った本文、それに「後日談」を加えて、構成している。つまり、〔ストーリーの予告―6段階の内容展開―後日談〕、という構成である。

次に、各Missionの構造をみると、例1のように「電車」の問いかけや報告と、「名無しさん」たちの反応、というやりとり、およびところどころに挟まれる□囲みの部分(たとえば矢印1「エルメスと電車男の戦いが始まった。電車男、エルメスを誘うことができるのか?」)から成立している。つまり"やりとり"と、それらを外から操作して解説や要約、意味づけなどをする□囲みの部分である。

それから、形式面では、投稿ナンバーで区切られて網掛けの有無で区別される部分、□で囲まれる部分、そして例1にはないが、挿絵のような役割も果たすアスキーアートの部分、で構成されている。

すなわち、この書籍としての『電車男』は、書き込みの連続全体が外側から分割され、"前書き"(例2)や目次(例3)において、予告や意味づけの言説が与えられているという構造・構成を持っている。さらにその分割されたそれぞれの「Mission」はまたその内部で区切られ、予告や意味づけの言説を与えられつつ、ストーリーとしての整理、進展が促されていく。

特に、ところどころの□囲みの部分は、ストーリー性を露にする機能を持ち、「物語」として構成していく言説、すなわち"語り"の部分にあたるということになろう。

さらに細かくみればそして、「電車」が「エルメス」や「名無しさん」と交わす、ある話題についてのやりとりのまとまり、あるいはレストランや「エルメス」の家など、ある場面での二人のかかわり方の開始から終了まで、などのまとまりが存在し、それらがこの作品の面白さを担い、展開の中

心となる構造も見える。また、カバーにある「純愛物語」というキャッチフレーズに沿う、「電車」と「エルメス」の恋愛と、例2にある「電車」と「毒男」の"戦い"、あるいは「電車」＋「毒男」と「エルメス」の"戦い"、などのからまりあった展開構造としてもみることができよう。

研究角度④　文脈

　普通の小説のように、線条的に一方向に展開される単純な文脈ではない。例1からわかるように、投稿日の分単位の時系列で並べられており、それだけをとれば時間的線条的文脈とはいえよう。しかし、同時に何人かが書き込み、送信するので、"一問一答"のような形では文脈は形成されず、その上、「＞＞」という印にあるように、各投稿者が前に返ってその投稿者に返信するというのが入り混じるので、やりとりの方向では非線条的となることが多い。さらに溯れば、「まとめサイト」作成時や書籍としての編集時において、削除された書き込みも多いだろう。

　また、個々の書き込みは同一の話題をめぐるもので、その意味では直接的文脈が成立しているともいえるが、隣同士の書き込み同士が、接続表現などで常に緊密に関係づけられているわけではない。「電車」の書き込みに向かって集中して関係づけがされているが、時に「名無し」同士の横の関係づけや反応もある。したがって隣接ペアも規則正しく継起しないことが多い。

　また上の③で触れた、各章(Mission)の矢印1のような□囲み内の記述というのは、書き込みのやりとりとは異質の文脈がここに割り込んでいることになる。そしてこれらはいくつかの書き込みのまとめやそれに対する論評、今後の展開の予告などの多機能をもつ。この□囲み部分が、この本の読者にたいしては、書き込み部分が続く文脈を区切り、引き締める異質の文脈の介入となっている。その異質性は、リアルタイムで展開する時系列の書き込み部分に対して、いわば"全知視点"で作成されていることによるものであろう。

研究角度⑤　表現

　この作品は基本的に 3 段階の文体をもっている。1 つは例 1 の「エルメスと電車男の…」という囲み部分(例 1 の矢印 1)のような、解説的な記述である。これは書きことばの文体で、文末にはきちんと「。」が付されている。

　次に「＞＞436　もちけつ、がっつくなって」のような書き込み部分の地の文である(矢印 2)。これは表記や語彙にいろいろな特殊性をもちながらも、基本的に話しことばの文体で記される。「がっつくなって」や「考えようや」など促音化や終助詞が話しことばの特徴を示している。「もちけつ」もタイプミスではなく、慌てるといい間違えたりまた、駄洒落を言ったり、といった話しことばの特徴の模倣とみることができる。なお、〈おちつけ→もちつけ→もちけつ〉はもとの音に余分な m 音が入っており、このパターンには他にも〈おれ→漏れ〉〈お前→藻前〉などがある。

　これに加えて、挙例以外の箇所だが、「電車」が自分の行動について「ここでスレに片手で書き込む」「俺は急いでスレの情報をかき集める」などと、ト書きのように"歴史的現在"で書き込むところもあった。

　最後に「　」で表される会話の引用部分がある。これには 2 種類あり、「463　『第一声があっ、やっと繋がった』」のような実際の会話の再現部分(矢印 3)と、「492　『すみませんこんなに良いもの貰っちゃって。これじゃあ逆に悪いです。そうだ、今度食事でもご一緒しませんか？』」のような想定上の会話の部分(矢印 4)とである。

研究角度⑥　位相

　まず普通男性が話すとされるような命令形や「だ」使用(「もっていけ(492)」「誘うんだ！(510)」)などの発話末があげられる。しかし数少ない女性と名乗る投稿(485)は、内容でそう判断されるので、女性語、というほどの特徴はない。

　また、この場合は、"ヲタク"あるいは"アキバ"と自称する"毒男(=独身男性)"の匿名掲示板であるという前提が存在するようなので、そうした集団の特有の隠語や仲間語が多く出てきている。「476」では、「FA(=ファ

イナルアンサー）」が出てくるが、この例 1 以外の部分でも「ROM る」「萌え」「コピペ」「板」「ぐぐる」「ガノタ」など、ネット関連・ゲーム関連その他の隠語や仲間内の語彙などが頻出する。

　さらに、デート対策の身だしなみを心配する「電車」へのアドバイスでは、"きちんとした服装で"などといった抽象レベルでなく、「ファブリーズしとけ」「フリスク常備」等、モノやブランドの固有名詞や、美容室、レストラン等のアドレスやサイト名を示して答えているところも、彼らが首都圏に働く若者という共通感覚をもつ集団に属することを示している。

　「電車男」というのは、掲示板上のハンドルネーム風であるが、"電車ノヨウナ男"でもなく"電車ガスキナ男"などでもない、このストーリーの発端の部分が凝縮したネーミングである。石井（1993）の「臨時一語」と共通の造語センスが見出せる。「〇〇女」「〇〇男」という造語法による名乗りや、あだ名はウェブ上でも、新聞雑誌の投稿欄などでもよくみかける。興味深いのは、このストーリーの中で、「エルメス」は"エルメス女"などといわれずに「エルメス」「エルメスタン」などと言われて、「電車男」と非対称になっていることである。

研究角度⑦　表記

　すべて横書きの書式となっている。変換ミスや打ち誤りを装ったような「458　逝く」「505　台紙（＝台詞・せりふ）」「530　ｋた」など非常に特徴的な表記が多い。

　また、文字や符号を形や点（ドット）として利用してイラストや挿絵のように描き出すアスキーアートも頻出する。「486　＿|￣|○」は小規模なものだが、がっくりと気落ちした気持ちの表現として頻出する。このように記号・文字の配置でイラストを作ったり、それらを組み合わせてさらに別の大きな文字を作ったりと、最大限の利用の可能性が提示される。字のポイントの大小もよく使用される。

　略号も多く、「485　ｗ」は"笑い"の省略である。カタカナ表記も多い。

　また、標準的ではない表記も見え、例 2 にはないが、「カップル」を「カ

ポー」「カプー」「カプール」などといろいろに表記したり、「〜過ぎ」を「〜杉」、「まったり」を「マターリ」、「発見」を「ハケーン」など、ユーモラスな効果がある。

　でたらめにキーを押したような文字列(たとえば「アホかｔうｇは；48 hyば hg ぽ hg ｳﾞｪﾉｱ」p.212)もあるが、偶然の作る面白さ、無意味な情報の冗漫さが、「アホか」のきつさを緩和する。

　蛇足だが、"いいかもしれない"という意味での「良い鴨。」(p.96)という表記など「万葉集」の「戯書」と全く同じで、同音異義語で言葉遊びをするという楽しさはメディアや時代が変わっても共通であろう。ネット上では偶然の変換間違いの面白さを競う賞もあるくらいで、新しい言葉遊びの出現といえよう。

研究角度⑧　文末表現・間(ま)

　書き込み部分の文末には、言いさしや倒置、終助詞や命令形など、話しことばの発話末に使われる形式が主として用いられている。顔文字で終わる文末も多い。ただ、"名無しさん"に比べると「電車」の方が「463」のように「〜でした。〜ですか？」などの丁寧形を使用することが多い。これは「電車」をきちんとした人柄に見せ、同時に"教えを乞う"立場、恩恵を受ける側という役割を明示している。

　文末の「。」は付いたり付かなかったりまちまちであるが、付いていない場合でも、「ー(長音)」「！」「？」「・・・」などの符号、改行や空白行で区切りを付けている。符号は連続していくつも使用される。改行はかなり頻繁で、紙面で見ると右側の空白が多い。

　例2のレイアウトを見ると、見た目のきれいな真中寄せの行どりがしてあって、左右の間(ま)と行の間(ま)が詩的空間として際立つ。

　ケータイを使った文学作品も含めて、ウェブ上の文字列の中の空白は、紙媒体より頻用され、いろいろな機能をもたされることが多い。

研究角度⑨　比喩表現

　まずもとの掲示板自体が「男達が後ろから撃たれるスレ　衛生兵を呼べ」という名称を掲げており、戦場での攻撃・防衛の巨大なアナロジーが全体を覆い尽くす。目次も"Mission""緊急指令"などとして示される。特に最終章にはアスキーアートによる爆発や戦闘機なども含め、戦場という比喩が形象として集中する。ゲームの感覚が共有されている。

　これは、独身同士のスレッドの一員だった「電車」が、デートする事態になったというのは自分たちへの攻撃であると見立てるわけである。また、恋愛の進行について「電車」が逐一書き込むこと自体も、"攻撃"と捉える。

　例1中にも矢印1に「戦い」という語がある。この「エルメスと電車の戦い」というのは、恋愛に発展しそうな関係で、どちらが主導権を握り、相手を惹きつけることができるか、という心理的探りあいを、"戦い"に見立てたものである。

　また、「522　電車　ずいぶん、成長したな」にみられるように、一種の"成長譚"、あるいは"洗練された恋愛の方法を身に付ける"という教養小説的な隠喩も見出せる。

　ほかの部分の書き込みにおいては、「Mission6」の「634　神は電車のじじいと、カップのブランド聞いた奴と、電話しろって言った奴だろう。あれだ。キリストが生まれたときに三人の賢者が気づいてやってきたようなもんだな。」のような蘊蓄めいた比喩表現、また何かや誰かを「神」に喩える比喩も多く、すぐ後に「643　おい、やっぱこのカップには意味があるぞ！！！！！　　って勘違いして煽った人らもちょっと神」などとある。

　「純愛物語」なのに、恋愛そのものに関する比喩はあまり見出せない。「電車の恋なので電車のペースでしかやりようがないな。リニアになるか鈍行になるかは電車次第。」(p.187)という比喩表現くらいである。しかし、この作品全体からは恋愛も一種のゲームという暗喩は伝わってくる。「名無しさん」たちは、ゲーム機を動かしている者のそばで、一緒に楽しんであれこれ口を出している仲間たちだ、という図が描ける。

　例2には集中して比喩表現が見出せる。「恋の嵐」「一丸となって」「歓声

が湧き上がる」「胸を撫で下ろす」など、慣用句のようになっている類型的表現が連続して出てくる。〈嵐—荒波を乗り越える—航海〉は、《おもいがけぬ難題—解決—さらなるより大きな難題》の比喩表現である。それらの連なりの周囲に、「救助に乗り出す」「序曲」などの関連した比喩が生まれてくる。先にも触れたように、この例2の比喩の連なりの根底にある発想が、「電車男」全体のストーリーを構造化しており、メディアの新しさに比べてその発想は、古風ともいえる。

そもそもインターネット用語には、比喩によって作られたものも多い。パソコンの操作自体も「立ち上げる」とか「フリーズ」「ゴミ箱」「ウィンドウ」等数知れないし、今回の「電車男」でも「掲示板」に「書き込む」のは「住人」たちである。仮想空間を実感化する手段として、見立てや比喩は多用される。

研究角度⑩　描写法

ネット上の仮想空間における断片ではあっても、出来事の進行や人物についていろいろの描写が可能になっており、読者は想像力を働かせたり、共感したりできるのである。

「電車」が「エルメス」との会話や、自分や「エルメス」のとった態度、した仕草、行った場所などを報告する部分は、会話の再現を交えた報告調で、これが一般の小説における人物描写や情景描写に相当する。「電車」が自分の感想などを書き込んだ「476　みんなありがとう」「486　緊張してきた」などは心理描写に相当するだろう。

例1にもあるように、お互いの書き込みを引用してコメントすることが多く、これらのやりとりは"物語"の舞台裏を見るようでもある。そのような軽妙なやりとりの中で、仲間意識が醸成されるプロセスを追っていくのがこの作品の魅力ともいえる。また、会話の再現や想定も多いので、言語活動について述べている記述も頻用される。「436　声は普通でした」「505　その台紙もらい！」「519　そう言われてしまったら」などである。

これらが交互に組み合わさって、一連の出来事が連なって展開されてい

く。
　また、「名無しさん」自体の脇ストーリーもあり、銀座に紅茶を買いに行った報告なども物語的になされる。
　「エルメス語録」を作成したり、「電車」や「エルメス」の発言や行動を解釈の対象として、詳細に吟味し深読みして意味づけたり、という書き込みも多い。たとえば、話の発端において、女性が男性にお礼として"ペアのカップを贈る"ということの意味解釈にいくつもの書き込みが費やされる。そのカップが"エルメス"というブランドであることが、贈った女性自身を解読する手がかりとされて、遂にはその女性が「エルメス」と命名されて象徴的に扱われることとなる。それらによって、脇で見ている「名無しさん」たちの人柄（ネット上の人格にしても）や、感性の鋭敏さが描写されることともなっているのである。ここに一種の「空気を読む」という、現代社会で求められている価値が具体的に描写されているといってもよい。

研究角度⑪　ウェブ上の文学について
　以上、①から⑩までの研究角度で対象としたのは、紙媒体になった後の「電車男」である。これは、ネット掲示板で書き込みとして進行中であったときは、まだ"小説"ではなかった。いわばノンフィクションの材料としてあったことになる。それが、「小説」として商品化したことで、ネット上の文章には、情報・知識の取得、コミュニケーションといった実用的なものばかりでなく、実は文学にも極めて接近したものもあることに気づかされる。ブログという個人日記の公開、掲示板への投稿という手紙の公開は、匿名性もあってたやすくフィクションへの越境を可能とする。経験や思いを多くの人に読んでほしいという表現欲は、テクノロジーの発達とともに容易になり、さらに増大している。
　一方、今や、紙媒体で売れた作品を電子化してさらに読者層を広げる（第130回芥川賞：綿矢りさ「蹴りたい背中」など）ことも普通に行われるようになった。さらにネット上で最初から小説として発表された作品、特に携帯電話向けに書き下ろされたケータイ小説が、カラフルな小ぶりの単行本と

なって書店の小説コーナーに平積みで置かれている光景もみられる。それもよく売れており、ケータイで既に読んだ読者が、単行本を購入することも少なくないようである。

　ちなみに 2007 年上半期文芸作品売り上げ上位 10 作品のうち 5 作品がケータイ小説が書籍化されたものであるという（日販調べ）。しかもその 1 位「赤い糸」（メイ）は、上下あわせて 100 万部出ている。この作品はアクセス数（訪問者数）も約 930 万にのぼっていた。

　ジャンルもファンタジーから純愛ものまで多岐にわたり、読者は何万もの作品の中から、検索を繰りかえして、自分の好みのものにアクセスできる。また、始終更新されるランキングを見れば、今人気の高い作品は何かを知ることができる。そして書き手に感想を送ったり、配信中の作品の展開にコメントしたりするインタラクティブなあり方も実現している。もちろん好きな BGM を付けたり、文字に色を着けたり、登場人物に自分の名前を入れたりすることなど自由自在で、テクノロジーの進歩は「小説」というものの概念、はたまたテクストの成立という概念を揺るがさずにはおかない。「作家」と「読者」という関係性も、誰でも書き、そして読む中で、変質せざるをえない。

　そんな中で、ハイパーテクスト小説といわれるものが注目されている。桂（2003）によると、「ハイパーテクスト」とは、1962 年にテッド・ネルソンが提唱したものとされ、文字や画像などを有機的に結合した文書であり、必要な情報との間に自由な関係を定義していくという情報管理のあり方であるという。インターネット上には「電子文学」が実践され、ハイパーテクスト化した詩や小説が既に公開されている現状を桂（2003）では

・始まりから終わりに向けて「読む」あるいは「書く」という行為が一方的に進行することから、1 つのテクストから複数の方向性が開かれている状態を想定することができるようになった。
・著者によって決定された唯一の読み方が存在しないという点で、ハイパーテクスト的エクリチュールは「著者」の概念を衝き崩す。

- 読者による創造的な解釈や享受に終わるのでなく、その読者が同時に次の作者になるという動的なテクストの可能性を示唆する。
- 新しい物象化が進行している事態を受け止めて、「書かれたもの(エクリチュール)の体制」におけるさまざまな財と権力を整理し再配分する必要がある。

のようにとらえている。

　日本語のハイパーテクスト小説の実践例として有名なものに、井上夢人「99人の最終電車」がある。電車の99人の乗客全員を主人公として、読み手はどこから入ってどこへ飛んでもよく、自由に話を組み合わせられる。「読者談話室」もあってインタラクティブなライブ感覚が存在しているという。

　山田(2001)は
　　印刷術社会に生きた小説家が、ジャーナリズムの呪縛の下で言葉を綴ったように、ネットワーク社会に生きるわれわれは、好むと好まざるにかかわらず、情報発信メディアのくびきの下で文字を生産しなくてはならないのであり、われわれの言葉がメディアの呪縛をのがれることはないのであろう。
と指摘する。

　文体的にも、ケータイ文学はケータイメールに似てくるのは当然と思われるかもしれないが、それだけでは読者は満足しないだろう。横書きを前提とし、「文」や「段落」という単位に頼らない、厳しい言葉の選択がなされた結果、せまい画面でのスクロールという条件を利用した新しい小説文体が誕生することは間違いないだろう。

[課題]
1. ネット小説やケータイ小説について、今、どのような作品が進行中なのか、調べてみよう。また、その文体についても、いろいろな言語形式の項目について調査してみよう。

2. 「電車男」は、原テクストも、書籍版も、横書きであったが、第5章の「小説の文体研究」で、いくつかの本来縦書きであった作品を、例文として横書きに直して提示している。日本の文学作品は伝統的に縦書きされてきたわけであるが、横書きが文学作品の生産および享受にもたらす影響について、考えてみよう。
3. グーテンベルグの印刷術や、近代郵便制度の整備、あるいは江戸時代の出版文化の隆盛や明治期の新聞発行、など、メディアの変遷とそれが文学にもたらした変化について調べてみよう。

注

1 青木(2003)では「リンクにより他の文書や図版を関連づけて参照できるようにするシステム」と説明されている。

[参考文献]
青木敬士(2003)「ハイパーテキストによって拡大する言語表現の可能性について」『日本大学芸術学部紀要』37 日本大学芸術学部
赤木昭夫・荻野正昭(2001)「電子出版―デジタルは紙の敵じゃない―」『季刊 本とコンピュータ』15 トランスアート
安藤哲也(2004)「ケータイ小説と電子出版の現況―新たな読書スタイルの登場―」『図書館雑誌』98(5)日本図書館協会
池上嘉彦(1982)『ことばの詩学』岩波書店
石井正人(2001)「インターネット文学の現在―インターネットにおけるセミプロ・アマチュア文学の現状―」『民主文学』427 日本民主主義文学会
石井正彦(1993)「臨時一語と文章の凝縮」『国語学』173 国語学会
井上夢人(1997)「ハイパーテキスト小説への期待」『日本語学』16(6)明治書院
井上夢人(1998)「この小説は本になりません―インターネット文学作法(99人の最終電車)」『季刊・本とコンピュータ』3 トランスアート
桂英史(2003)「ハイパーテキストなど存在しない」『岩波講座文学1 テクストとは何か』岩波書店

岸本千秋(2003)「インターネットと日記」『日本語学』22(5)明治書院
紀田順一郎(1994)『日本語大博物館』ジャストシステム
プロップ，ウラジミール著、大木伸一訳(1972)『民話の形態学』白馬書房
室謙二(2001)「紙でも電子でも本は本である」『季刊　本とコンピュータ』16　トランスアート
諸橋泰樹(2005)「『電車男』現象——新しい言語空間は『芸術』を生み得るか」『言語』34(7)大修館書店
屋名池誠(2003)岩波新書『横書き誕生』岩波書店
山田潤治(2001)「小説の起源とインターネットの欲望」『文学界』4月号　文藝春秋

—雑誌・新聞記事—
「特集　現代の言語表現」(1997)『日本語学』16(6)明治書院
「2ちゃん語と女子高生語」(2005)『アエラ』2005.3.14 号　朝日新聞社
「作家 21 人が答える　自作の電子出版是か非か？」『季刊　本とコンピュータ』1998.3　トランスアート
「30 人が語る— 21 世紀、本はどうなる—」『季刊　本とコンピュータ』2001.15　トランスアート
「堂々 47 人による日本語読み書きタテヨコ論—わたしはタテ派わたしはヨコ派—」『季刊　本とコンピュータ』2001.16　トランスアート
「ケータイが変える変わる　メール感覚　小説『発信』」朝日新聞朝刊 2007.8.12
「携帯小説の連載を 5 本抱える作家　内藤みかさん」朝日新聞朝刊「ひと」欄 2007.2.24

＊本章をなすにあたり、文献提供等で、井之浦茉里氏(お茶の水女子大学大学院博士前期課程)の協力を得た。

7　新聞記事の分析
　社会面の記事二種を材料に

[例]

記事A　（読売新聞朝刊　2006年2月3日（金）埼玉県東版）

日本刀虚偽登録し売る
容疑の消防署員ら2人逮捕

　S市消防局の消防署員が、所持者を偽って未登録の日本刀を美術刀剣登録し、古美術商を通じて売りさばいていたとして、県警生活環境1課とU署は2日、同市M区N北消防署消防2課司令補、○○○○容疑者（44）と、K市、古美術商××××容疑者（75）の2人を銃刀法違反（虚偽登録）の疑いで逮捕した。

　調べによると、2人は、未登録の刀剣を虚偽の方法で登録し、販売することを計画。○○容疑者は2005年9月、未登録の日本刀7本を部下の男性消防署員に渡し、「自宅の納屋で見つけた」とU署に虚偽の届け出をさせ、部下の署員名で刀剣の発見届け出済み証を受けた。その後、この署員の委任状を持った××容疑者が、県庁で行われていた刀剣類の登録審査会場で、県教委職員に発見届け出済み証と登録申請書などを提出して、7本のうち6本の日本刀を部下の署員のものと偽って登録した刀剣の疑い。登録した刀は、その後、1本数十万から百数十万円で売りさばかれたとみられている。

　同課などは、××容疑者が刀剣ブローカーを通じて入手した刀を○○容疑者に渡し、○○容疑者が公務員の"信用"を悪用し、部下の名前を使って刀剣登録することを繰り返していたとみている。ほかにも数人の消防署員が関与していたとみられ、刀の流通経路などとともに調べをすすめていく。

　S市消防局職員課は「事実とすれば誠に遺憾。速やかに事実関係を把握し、厳正に対処したい」としている。

［刀　2本の写真］

容疑者方から押収された日本刀（U署で）

記事B（読売新聞朝刊　2006年2月7日（火））

特急　扉開けたまま走行
○○○号　事故調「重大インシデント」

A市のJR T線 ×号 A発 H行の特急「○○○×号」（6両編成）が、乗降用のドア2枚を開けたまま走行していたことがわかった。JR東日本から6日に報告を受けた国土交通省航空・鉄道事故調査委員会は、転落事故につながりかねない「重大インシデント」に当たると判断。さらに、報告が遅れたことについて、同省では「事故の重大性を十分に認識していなかった」とし、同社を厳重注意した。事故調は7日に事故調査官2人を現地に派遣

し、原因調査に乗り出す。

同省鉄道局安全対策室によると、問題の電車は4日午後3時20分ごろ、H駅（A市　H）付近を走行中、運転台のランプが4号車の乗降用ドアに異常があることを示した。非常ブレーキをかけて臨時停車した。JRが調べたところ、4号車のデッキ部分にある左右2枚の乗降用ドアが完全に開いた状態だった。

本章のねらい

　本章では、新聞記事のテクストを分析してみよう。新聞のテクストについては、社説やコラムを対象とした研究が多数行われているが、これらはいわゆる記事とは、内容や構成において異なる性質を持っている。なぜなら、社説やコラムには意見文の要素が含まれるが、新聞記事は、具体的事実（事件）に関する情報を叙述する完全なノンフィクションの説明文であるからである[1]。もちろん同一の事件を取りあげていても、記者（書き手）によって独自の視点があるため、個々の記事内容のオリジナリティーは保証されているが、広く新聞の文体とした場合、「書き手」に特有な性質はほとんど存在せず、普遍的なジャンルの文体があるのみである。このような新聞記事の文体が持つユニークな側面は、このジャンルの目的や性質と密接に関係している。本章では具体例として、記事の典型である社会面の事件記事2編（A約600文字、B約360文字）の文章を探っていくことにする。

　以下、研究角度として次のような観点を取り上げる。

> 研究角度一覧
> ①空間的配置　②見出しの特性　③新聞記事テクストの型
> ④接続助詞の使い方や文構造の工夫　⑤一文の長さ　⑥文末表現
> ⑦語彙の特性

研究角度①　空間的配置

　新聞記事は独特の構造を持っている。まず冒頭に最も大きいポイントの文字で「見出し」が掲げられ、次に「リード」と呼ばれる記事の概要をまとめた数行の叙述が示される。その後に記事がくる。今回の例のように、見出しの文字に大小が付けられ、リードが省略される場合もある。つまり、記事の中で読み手の興味をひく情報(必ずしも記事の中心的内容を網羅しているとは限らない)を最初に見出しで提示し、それに続けてより詳細な情報を順次付け加えていく配置がとられているのである。また記事によっては写真が付けられていることも多く、それが読者の関心をひいたり理解を促したりする。写真は映像という形態をとっているが、様々な情報を含むテクストの一部とみてよい。また写真には、本文よりやや小さめのポイントでキャプションも付けられており、これもテクストの一部として認めることができる。

　このような新聞記事特有の配置は、市川(1976)の指摘する「非線条的文脈」と呼ばれる文脈を構成している。新聞記事のジャンルでは、読み手は自分が読みたいと予め考えた記事を探して読んだり、特に予備知識や意向は持たず「見出し」のみでその日の記事全体の内容を把握してから、その中で自分が興味を持った記事を読んだりするというように、いろいろな読み方が想定される。こういった諸々のケースに応じられる形として、非線条的文脈の「見出し→リード→本文＋写真＋キャプション」という配置が選ばれているのである。そして、こういった配置は、読者がどの部分からでも読み始められることを可能にしている。

　更に新聞は、読み手が欲する情報がどれだけ正確かつ適切に表現されているかという尺度で、評価が下されるメディアでもある。そういった意味で

は、記事に含まれる情報の分量や配置は、読み手の「読みやすさ」に配慮されながら決定される性格を持っている。

研究角度②　見出しの特性
（例文1）〈記事A〉　　〈記事B〉

〈記事B〉
特急○○×号　扉開けたまま走行
事故調「重大インシデント」

〈記事A〉
日本刀虚偽登録し売る
容疑の消防署員ら2人逮捕

　新聞記事の空間的配置でも触れたが、「見出し」は記事の冒頭に最大の大きさで配置されるもので、アイキャッチの役割を果たす。一般に、記事文体の分量と見出し文字のポイントは相関関係にあり、分量の多い記事の見出しには大きいポイントが用いられる。また特に第一面に掲げられる記事では、一つの記事において、左側から右側へと目を動かす横書きと、右側から左側へと行が進んでいく縦書きとの見出しが並存し、非線条的文脈が形成されていることもこのジャンルのユニークな点といえる。そして、これらは全て読み手が記事内容を読むに至るかどうかの選択肢であり、看板のような役割を果たしている。そういった意味で「見出し」とは、単に記事内容を要約したり、題名付けをしたりしたものとは異なる。いかに読み手の興味をそそる魅力的な見出しになっているかが、記事自体の出来を大きく左右するといってよいだろう。たとえば記事Aでは、「日本刀」という日常生活とは離れた、しかもかなり物騒な代物という、インパクトの強い語句を冒頭に持ってき

ている。この大見出しにはこの事件の動作主である容疑者「消防署員」という語句は含まれず、二番手の見出しとしてやや小さく左に添えられている。しかし記事Bでは、記事Aの大見出しで省略されていた主格の「特急」がまず置かれ、次にその固有名詞といった大切な情報が割り書きされ、その上で、それがどうしたのか(扉を開けて走行)を示す内容となっている。このように記事内容によって見出しに入る情報はさまざまとなる。

　もちろん、見出しは魅力的な性格を持ちながらも、中核となる情報が押さえられている必要もある。見出しに含まれる語を調べてみると、本文第一段(第一文)に含まれている記事本文の中から引用された語句によって作成されていることが分かる。

　また、見出しの表現には、助詞が省略され非文の形をとるといった独特の特徴がある。たとえば記事Aでは「日本刀(を)虚偽登録し(て)売る」という行為を連続して提示し、その結果「容疑の消防署員ら2人(を)逮捕」となっており、記事Bでは「特急(が)扉(を)開けたまま走行、(この事故を起こしたのは)○○○×号(で)事故調(査委員会)(は)「重大インシデント」(と判断した)」となっている。ここからガ格、特にヲ格の省略が多いことが分かる。省略という現象は談話でよくみられるが、談話の省略が談話参加者の知識や場面、内容の流れなどに応じて現れるのに対して、記事の見出しの省略は、文字数(分量・スペース)の制限や、読み手に強い印象を与える効果をねらって行われる。つまり、省略をせずに正しく助詞などを備えた整った文の形式にしてしまうと、文字数の増加に加えて読み手が見出しに求める強い印象が損なわれてしまう結果になるのである。こういったことからも見出しの形式は「文」にはならない表現のパタンがとられている。新聞記事は不特定多数の読み手を対象としているが、こういった類型化された省略については、読み手もそれを了解しているのである。

研究角度③　新聞記事テクストの型

　次に新聞記事本文の文章の構造・型に着目してみよう。新聞記事は、事件に関する情報を読み手に与えることが第一の目的であるが、個々の記事のス

ペース(分量)は限られており、その中で正確かつ必要とされる情報を盛り込まなくてはいけない。そこでこのジャンルのテクスト内容に不可欠な要素として、「5W1H」がしばしば取りあげられる。これは when(いつ)、where(どこで)、who(誰が)、what(何を)、why(なぜ)、how(どのように)行ったのかを盛り込むことで、読者が求める情報は完結し、テクスト内容も充分となるという考え方であり、記事というジャンルの特性を示す一つの型とみることができる。

では、実際に二つの新聞記事本文の 5W1H に関する情報を取りあげて、観察してみよう。

5W1H	記事 A	記事 B
when(いつ)	2005 年 9 月	4 日午後 3 時 20 分ごろ
where(どこで)	S 市	A 市
who(誰が)	○○容疑者と××容疑者	特急「○○○×号」
what(何を)	未登録の刀剣	乗降用のドア 2 枚
why(どうして)	-------	-------
how(どのように)どうしていた	虚偽の方法売りさばいていた	開けたまま走行していた

A、B 両方の記事とも、基本的には事件の中心的情報 5W1H を漏れなく含んだ典型的な型をとっている。ただし、why(どうして)という事件の発生理由については、記述されていない。これは、こうした要素の重要度が新聞記事の中では相対的に低く、これを明記するか否かは記事の内容によるところが大きい点によるものである。読み手が、記事の事件が発生した原因を知りたいと強く望んだり、その事件発生の要因が重要だと判断される場合であったりすれば、当然 why の内容は明記される。しかし今回取りあげた記事 A では、犯人が不正によって金銭を入手し利益を得ようと考えたことは読み手の予想の範囲であるため、このような情報をあえて記事に含める必要はない。記事 B では、「今後調査に乗り出す」とあり、この時点では事故の理由(原因)は不明である。このため、why についての情報は提示されていない。

さて、次に記事本文の全体構造についてみてみよう。A は全部で 4 つの

形式段落から成立している[2]。まず第一段の内容は事件の全体像であり、容疑者がどういった行為に対して逮捕されたのかが明らかにされている。第二段は、二人の容疑者の行った違法行為の一連の説明であり、第三段は、第二段の内容をより詳しく補足説明している。よって第二、第三段は連続的な性格を持っているといえる。第四段は、今回の事件に関しての関連機関によるコメントである。

　Bは大きく二つの段落から成立している。第一段はやはり事件の全容を説明しており、「事件発生の事実→それに対する判断→今後の対応」という流れで展開し、この段落だけで一通りの情報が得られ、完結した内容となっている。第二段は、第一段の中の「事件発生の事実」の部分を焦点化し、詳述している。

　このように、新聞記事のテキストでは冒頭段で記事の全容が完結し、第二段以降は、冒頭段の内容を多面的に詳述する形がとられる。よって第二段以降の展開は、記事Aの第二段と第三段のような線条的な内容の連続もみられるが、個々の段落内容が様々な角度から第一段の概要と関連を持ち、「抽象→具体」という構造になることが多い。

研究角度④　接続助詞の使い方や文構造の工夫
　新聞記事のテキストは、各紙面に割り当てられた範囲内の文章量で収めなくてはいけない。そこで情報量を極力大きくするため、接続助詞を多用してつなげていくといった工夫がなされている。

（例文2）〈記事A〉
　S市消防局の消防署員が、所持者を偽って未登録の日本刀を美術刀剣登録し、古美術商を通じて売りさばいていたとして、県警生活環境1課とU署は2日、同市M区N、市消防局消防2課指令補○○○○容疑者(44)と、K市K、古美術商××××容疑者(75)の2人を銃刀法違反(虚偽登録)の疑いで逮捕した。

たとえば、(例文2)に示した記事Aの第一段は一文(156文字)で成立している。この文では、まず冒頭で逮捕の理由を示しているが、「〜として」という引用の格助詞「と」や接続助詞「て」を用いた言い回しを使っている。このように接続助詞を用いることで、文の内部での従属的な係り受けの関係を作り、一文の中に収めているのである。もしこの接続助詞の部分を切って、句点を用いて2文に分けるとすると「〜売りさばいていた。そしてこれを理由に〜」などの形になる。すると文字数が増加してしまうばかりでなく、二文の意味関係も対等になり、テクストの内容にも微妙な変化が生まれることになる。このように、「接続詞」は文と文との連接関係を示し、「接続助詞」は節と節(成分)との関係を示すもので、それぞれは異なる働きをしていることに注意したい。新聞記事のテクストでは、接続助詞を有効に利用することで、内容を連用成分化して、分かりやすい文体を作りだしている。

また記事Aの第二段においては、第一文で二人の容疑者の犯行を概説した後、第二文で「〇〇容疑者は」、第三文で「××容疑者が」と二人の犯行を分けて、それぞれを時間の流れに沿って叙述している。この記事では二人の容疑者の犯行は各々一文にまとめられているが、いくつかの短い文に分け、「〜虚偽の届け出をさせた。そして、部下の署員名で〜」などと接続詞でつなぐことも可能である。しかし、同一の主語で処理される内容は切らずに続けた方が分かりやすいことから、連用中止法(例：〜届け出をさせ、)を用いて、長い文としているのである。

(例文3) 〈記事B〉
同省鉄道局安全対策室によると、問題の電車は4日午後3時20分ごろ、H駅(A市H)付近を走行中、運転台のランプが4号車の乗降用ドアに異常があることを示した。非常ブレーキをかけて臨時停車した。JRが調べたところ、4号車のデッキ部分にある左右2枚の乗降用ドアが完全に開いた状態だった。

記事Bのテクストの第二段では、冒頭文が「同省鉄道局安全対策室によ

ると」と始まるため、本来文末は「〜ということである」と結ぶのが正しいが、ここでは全てタ形「示した」「停車した」「状態だった」と結んでいる。新聞記事のテクストでは、このように完全な文の形をとらない場合が多々みられ、たとえば、「〜という。」(「ことだ」が省略)といった形なども用いられている。これも分量を抑えるための方策の一つであるが、同時に文章にリズムや簡潔性を与える役割も持っていると考えられる。

研究角度⑤　一文の長さ

　テクストに効率的に情報を盛り込むために、記事においては、文のつなげ方や切り方などに様々な工夫が行われている。その結果、一文の長さは比較的長くなると予想されるが、ここではそれを検証してみよう。
　今回は、例文2編を含む読売新聞2006年2月の記事10本を対象とした。文字数(総分量)は、約300文字から約700文字の長さであるが、下記の表には短いものから長いものへとイロハ順に並べてある[3]。

テクスト	イ	ロ	ハ	ニ	ホ	ヘ	ト	チ	リ	ヌ	計
総文字数	287	318	344	360	518	525	606	624	692	742	5016
総文節数	54	83	75	81	121	121	161	119	138	166	1240
総文数	5	6	4	7	7	10	9	8	8	11	75
平均文節数	10.8	10.3	18.8	11.6	17.3	12.1	17.9	14.9	17.3	15.1	16.53

　一文の平均文節数は、16.53となり、テクストの長さと文長とには強い相関はみられなかった。これは、樺島・壽岳(1965)の五段階尺度の中の文長として、「大」の部類である[4]。前節において、一文が長くなっても内容展開の分かりやすさを優先して接続助詞や連用中止法で続ける例を示したが、こういった現象が一文の長さに影響していることが分かる。新聞記事の一文の長さは、多くの情報を効率的に含めようとする結果、かなり長めになっているといえる[5]。

研究角度⑥　文末表現

　日本語の文末表現は、文の述べ方に関するモダリティや、時に関するテンス・アスペクト、表現方法と動詞・名詞の関係に関するヴォイスなどの意味を複合的に含んでいる[6]。ここでは、新聞記事の文末の特徴の中の代表的なものを取りあげる。

〈受動表現〉

　ヴォイスとは、ある事柄をだれ(何)を中心に述べるのか、すなわち、動作や作用がどういった方向に向かうのかによって動詞の形が変化する文法形式で、自動詞と他動詞、能動態、受動態、使役態、可能態、自発態などがある[7]。

(例文 4)〈記事 A〉
- 登録した刀は、その後、1 本数十万から百数十万円で売りさばかれた<u>とみられている</u>。
- ほかにも数人の消防署員が関与した<u>とみられ</u>、刀の流通経路などとともに調べを進めている。

　この「とみられ(ている)」という表現は、新聞記事、更に広く報道の文章というジャンルで多用される受身を含む言い回しである。こういった「れる」「られる」を含む文末表現は、その内容が客観性を持つといった印象を読み手に与え、文章内容の客観性を保証することに役立っている。

〈アスペクト・モダリティ〉

(例文 5)〈記事 A〉
- 登録した刀は、その後、1 本数十万円から百数十万で売りさばかれたとみられ<u>ている</u>。
- 同課などは、××容疑者が…(中略)…刀剣登録することを繰り返していたとみ<u>ている</u>。

・ほかにも数人の消防署員が関与していたとみられ、刀の流通経路などとともに調べを進め<u>ている</u>。
・Ｓ市消防局職員課は「事実とすれば誠に遺憾。…厳正に対処したい」と<u>している</u>。

(例文5)に示した文末表現は、全て「テイル」というアスペクト形式が付いているが、これらは個々に様々な働きをもっている。発信者の確信を表すル形という最も単純な形を避けている点で、ここには、書き手のモダリティが働いているとみることができる。

特に、「～とみている」については、「～とみる」という形にすると、事実を観察する書き手の存在を示すものとなり、不自然となる。ただし、直接引用の後の「している」については、「～とする」という形も多用される。両者の違いとして、何かの方針を示すなど、高度に客観性の高い内容を説明する場合には「～している」を用いることで、書き手の姿勢(モダリティ)を示すことができる点が挙げられる[8]。

同様に単純な「ル形」を避けた「進めている」は、ル形では本来の事実を示すのに対して、未だ結果が出ていない進行中の事実を示すものであり、これはアスペクト本来の使い方とみてよい。「みられている」については、前項の受動表現でも触れたが、「みられる」という形が断定的で書き手が直接態度を示す形であるのに対し、「みられている」は、断定度が相対的に弱く、結果として客観性が強く示される働きを果している。

〈テンス〉
　記事Ａ・Ｂ共に「～た」とタ形で結ぶ文の連続が目立つが、記事によっては「～している」というル形の文末が連続するものもあり、随筆や小説に比べると、文末変化があまりみられない。一般に、記事の前半の事実を提示する部分はタ形が続き、その後、それに対する展開ではル形が用いられるという形式が典型である。

(例文6)〈記事B〉

　事故調は7日に…原因調査に乗り出す。

　これは典型的なテンスの用法で、ル形によって未来を表わしている。すなわち、この記事が読まれる7日の時点では、既に調査は進行中であるが、書き手が書いた時点ではこれは未来の事実である。

〈体言止め〉

(例文7)〈記事A〉

・調べによると、二人は、未登録の刀剣を虚偽の方法で登録し、販売することを計画。
・その後、この署員の委任状を〜登録した疑い。
　　〈記事B〉
・JR東日本から6日に報告を受けた〜に当たると判断。

　これらは全て体言止めの例であるが、その後の「計画した」「疑いがある」「判断した」といったサ変動詞や存在を示す「ある」などの動詞が省略されている。新聞記事では、こういった種類の動詞を省略することによって体言止めが作られることが多い。

〈引用表現〉

(例文8)〈記事A〉

　S市消防局職員課は「事実とすれば誠に遺憾。速やかに事実関係を把握して、厳正に対処したい」としている。

　記事Aの第四段は「事実とすれば〜対処したい」というS市消防局職員課のコメントを「　」を付して直接引用した形をとっているが、「　」内の表現は実際の発話とは異なる表現を用いた間接引用になっている。同様に記事A第二段第二文の「自宅の納屋で見つけた」も「　」が付してあるが、

間接引用の表現法である。「〜遺憾。」「〜対処したい。」といった体言止めやル形などの形を用いた間接引用は、記事によくみられる。また「〜としている」という形も、新聞記事で多用される引用の表現形式である。

研究角度⑦　語彙の特性

　記事テクストの語彙については、そのジャンルの特性から、まず具体性の高い固有名詞が多出することがあげられる。たとえば記事Aでは、「S市」や「M区N」といった地名、容疑者2名の氏名が、また記事Bでは「A市」や「〇〇〇×号」「JR東日本」などがそれにあたる。

　石井(1993)では、当該テクストもしくはそれに関連する一連の内容においてのみ有効な書き手による造語を「臨時一語」と呼んでいる。これは、テクストに述べられている特定の事象を、本来ならば文の形で説明すべきところを、端的に要約した語句の形で臨時的に用いるもので、たとえば「米国製(の)スーパーコンピューター(を)購入(する)問題」といった「の・を・する」などを脱落させた合成語などがその例である。新聞記事のテクストでは、こういった語を繰り返して用いることで、分量を短縮し、内容が煩雑になるのを防止することができる。

　この他、テクストの結束性を保証するための反復表現や語彙の連鎖が明確に現れていることも、特徴の一つである。

　まず記事Aでは、「消防(署・局・署員)」や「刀剣」「虚偽(偽って)」といった語句がテクスト全体に繰り返されている。これらは全て見出しに用いられている語句である。記事Bはテクストが短いため頻度は低いが、「JR」が3回、「事故(インシデント)」が6回で、後者は見出しに用いられている。また見出しに掲げられている「〇〇〇×号」という列車名については、その関連語句(上位語・下位語)である「乗降ドア」「電車」「運転台」「非常ブレーキ」「4号車」「デッキ」といった普通名詞への言い換えによる連鎖が冒頭から結尾にかけてみられる。

　新聞記事のテクストでは、「見出し」にそのテクストの結束性を保証する語句が登場し、記事の読み手はその記事に対する予備知識を持って本文を

読み始める。見出しは単なる単語の羅列ではなく句構造を持っており、続くリードは全体の中心的内容を要約しているため、この予備知識は極めて具体的な性格を備えたものとなる。またこういった語句は、テクストの「読みやすさ」を保証するためのキーワードとなり、密接に関わる語句(関連語・同一語)を用いて反復や連鎖を行い、一貫性を作りだしている。

　この他、新聞記事の語彙の特徴としては、代名詞や指示語、接続詞がほとんど使用されないことがあげられる。代名詞や指示詞は、普通名詞による言い換えが多いために用いられず、接続詞については、文相互の意味内容が明確であり、テクスト全体のまとまりも意識されるために、省略されると考えられる。

［課題］
1. 実際の新聞記事を1編選び、本章で取りあげた項目についてそれぞれ自分で分析してみよう。本章で指摘した以外にどのような特徴がみられるだろうか。
2. 新聞記事の一文は他のジャンルの文章に比べて長いことを検証してみよう。更に記事テクスト内部での文のほかの特徴(長さの揺れなど)についても観察してみよう。
3. 新聞記事にはジャンルの文体が明確に存在するが、その中で書き手はその個性をどのように表現しているか、または全く個性は感じられないのか。同一のトピックを扱った異なる書き手の記事を比較してみよう。
4. 新聞記事の中でもトピックによって(社会的・政治的・経済的など)、文章に何らかの特徴がないか、本章で取りあげた項目のいずれかを選んで調べてみよう。

注
1 新聞の中には、この他に、解説や投書、広告など幾種類かのジャンルを認めることができる。
2 段落については、その設定の恣意性などが指摘され、テクストの意味内容の切れ目との関係が議論されているが、説明的文章は文学的文章に比べて改行段落の設定に対しての客観性が高いことから、今回は改行段落をもとに文章構造の把握の分析を進める。
3 イ〜ヌの記事については、イ、ニ、チ、リ、ヌが社会面、ロが経済面、ハ、ホ、ヘ、トが政治面の記事である。また表の中で記事Aがチ、記事Bがニである。
4 樺島・壽岳(1965)においては、統計的特性値は「極めて小(〜7)・小(〜9)・普通(〜14)・大(〜18)・極めて大」の5段階の尺度に分けられている。(( )内の数値は文節の大きさ)
5 市川(1976)では、「文章の長さを測定する際、文の長さがまちまちで量的単位としては扱えない」として、文節の数をもとに文章の長さを計っている。そしてそれに沿った形で文の平均の長さも文節を尺度としており、これによると、小学生・中学生の書いた作文では一文の平均は7〜9文節となっている。また、橘(1991)では、新聞記事の一文は16.03文節というデータが示されている。
6 モダリティ、アスペクト、テンスについては、次章でも詳しく扱う。特に理論的説明については次章を参照してほしい。益岡(1991)は、命題とモダリティについて、命題とは事態の内面的側面に関わる点でアスペクトと関係し、モダリティは事態の外面的側面に関わる点でテンスと関係すると指摘している。またテンスのタの用法については、完了はアスペクト的、発見・確認・想起・命令などはムード的な性質を併せもっている。
7 日本語の特徴としては、迷惑の受身と呼ばれる「雨に降られる」「その人は娘に死なれた」などの受身表現がみられる。また文章・談話のヴォイスについては、研究論文における受身の多用(例:〜がみられる、これは〜だと考えられる)、談話における「させていただく」の多用などが注目され、これは談話のジャンル及び敬語使用と関連する語用論的な問題といえる。その他、無生物主語による受動態や使役態(例・戦争が彼を無感動にさせた。)などは、翻訳調の文体との関わりが考えられる。
8 テクストにおける「テイル形」とムードとの関係は澤西(2004)でも指摘されている。

[参考文献]
石井正彦(1993)「臨時一語と文章の凝縮」『国語学』173　国語学会

市川孝(1976)『国語教育のための文章論概説』教育出版
樺島忠夫・壽岳章子(1965)『文体の科学』綜芸社
澤西稔子(2004)「人称との関連からみるテイル形の特性・ムード―談話レベル・新聞記事での考察を通して―」『日本語日本文化』30　大阪外国語大学留学生日本語教育センター
橘豊(1991)「実用文の文体分析」日本文体論学会編『文体論の世界』三省堂
益岡隆志(1991)『モダリティの文法』くろしお出版
益岡隆志・田窪行則(1992)『基礎日本語文法―改訂版―』くろしお出版

8 随筆の分析
『文藝春秋』巻頭随筆を材料として

[例]

気配りとずるさ　山内昌之(『文藝春秋』2001年4月号　巻頭随筆)全文

気配りとずるさ

山内昌之（やまうちまさゆき）
(東京大学教授)

A 他人への気配りは日本人の美徳といわれてきた。公私ともども、かゆい所によく気がつく人は、どの職場でも受けがよく、概して日本で成功するタイプだといってもよい。しかし、気配りは政治の世界も例外ではない。しかし、気配りは打算やずるさと紙一重という場合もあるのではないか。『政治とは何か』と題した竹下登回顧録を読むと、この稀代の気配り人間の精神構造に潜んでいたずるさが見えてくる。面白いのは、当人も決して自分のずるさを隠しておらず、ずるさが卑怯になっていないことだろう。

B 故竹下氏は、最初に島根県議会に入ったときから、いずれ代議士になろうと思っていたから、功をあえて人に譲ろうとしたとあけすけに語っている。委員長になったり、代表質問をするといった目立つことはしないのだ。いずれかの日に、人びとに公認してもらわないといけないからというのである。「その点はずるいといえばずるかったんだな」とは、ずいぶんと赤裸々な告白であろう。

C 衆議院に立候補する前日にきちんと二時間くらい余裕をとって、県議会にわざわざ辞表を出したのも「ずるい作戦」だと認めている。わざわざ辞表を出して立派な人格を演出したわけだ。しかも、みんなには世話になったと県庁の課を全部回って歩くという手のこんだ芝居もしている。それを、謙虚に部屋の入口から青年団もいる職員たちに向かって挨拶するのだからややあざといと言えなくもない。事実、自分で「僕も相当ずるい点もあったんですね」と認めているほどなのだ。

D 逆にいえば、世の中にはずるいだけで世すぎをする人間の方が多い。竹下氏の場合、気配りが目立つのであり、ずるさはちょっと見には分からないのである。もっとも竹下氏流の気配りは、かつての自民党政治には珍しくなったらしい。いちばん大事なのは、人

に恥をかかせない気配りだったようである。大臣答弁で質問に立った野党議員の無知や誤解をあげつらうのは論外で、間違いを自分で悟らせるのが大臣たる所以だと諭した椎名悦三郎のような大臣もいた。とにかく、こちらが分かっている話であっても、初耳のような仕草や驚きで聞くふりをするのが大事だというのは、どの世界にもあてはまる知恵かもしれない。

E 竹下氏は、頭のよい橋本龍太郎氏の場合には相手の話が馬鹿らしくなるから、「それはこうでしょう」と相手をやりこめると紹介している。それではダメなのだとやや辛口の寸評をするのは、「相手は軽蔑されたと思う」からなのだ。

F いかなる組織においても、自分がよく知っている知識や、なんでもない話を忍耐強く聞くというのは大変なことである。このあたりにたけた才子は大学のような世界にもいる。相槌を打ちながら、もっともらしく人の話を聞く芸をもつ者もいなくはない。しかし、話し中は他のことを考えて何も聞かずにいな

がら、「なり」で相槌を打つ保利茂のような人物は、さすがに政治家の世界だけかもしれない。まず学者のなかには少ないといってもよい。一応、真理や学術を探求するといっている手前、むやみに無内容で、時には間違った話に闇雲に相槌を打つわけにもいかないからである。

G 竹下氏の気配りは、記者に対しても発揮されたらしい。記者も時にはトンチンカンなことを言うというのだ。それでも、間違っているとき、さも軽蔑したような感じを受けさせないよう当人に悟らせねばならない。もちろん、竹下氏は何の欲や打算もなく、ただ気配りだけをしたはずもあるまい。自分で何度も認めているように、そこには政治家としてのずるさがからんでいることも疑えない。しかし、気配りがずるさを伴っているといっても、ずるさや打算が見え見えで友人や同志を裏切るような姿が見えないのが救いであろう。打算を感じさせずに、ずるさを利害に結びつけるあたりが一流の政治家になれるか否かの境なのだろう。気配りを装いながら露骨に友を

裏切るのは、むしろ世の中で奇麗事をいっている別のタテマエ世界の方かもしれない。

H もちろん、一概にずるさの効用を否定もできない。竹下氏が外交を常識のやりとりという時、交渉とは気配りとずるさの入り混じった芸術かもしれないという気がしてくる。お前は間違っているとは言わないで、自分もむかしはそう思っていたがやがて間違いだと分かったと語る。「いやあ、恥ずかしかった」と言えば、相手もそんな恥ずかしいことを言っているのかな、という気分になってくるのだ。タフ・ネゴシエーターとは、強烈な交渉者というよりも、相手の立場まで下がるか相手の立場を引き上げる能力がある人だとは至言であろう。

I 「日本的なるものを極めているから国際性がある。それが国際人であるという気がしますけど」というのは、とかく外国人のずるさに出しぬかれ気配りが裏切られる日本人にとって、味わい深い言葉ではなかろうか。

本章では、『文藝春秋』の「巻頭随筆」に掲載された随筆(「気配りとずるさ」2001年4月号79(4)、「母の死」2003年2月号81(2))を取りあげる。ただし「母の死」については、許諾の関係で本文の掲載は行わない。また例文においては、出典の題名と出現した段落(AからI)を記す。

本章のねらい

随筆の中には、身辺雑記のような日記的なものや、評論的なもの、小説的なものなど、様々なテクストが含まれる。私たちはこういったいろいろな性質を持ちあわせた文章を「随筆」と呼び、肩の凝らない読み物として楽しんでいる。そしてその歴史は『枕草子』にまで遡り、日本人にとって極めて馴染みの深いジャンルということができる。本章では、こういった随筆のテクストについて考えてみよう。具体的には、以下の角度から分析を行っていきたい。

研究角度一覧
①パラグラフと構造　②文末表現　③指示語　④語彙の結束性
⑤接続表現　⑥随筆というジャンル　⑦引用・話法

研究角度①　パラグラフと構造

日本語の文章には、その内容のまとまりや切れ目を示す指標の一つとして、書き手が設定する改行による段落(形式段落)がある。しかし、欧文におけるparagraph writingのような作法のない日本語の段落の区分方法は必ずしも絶対的とはいえず、書き手の恣意性も影響してしまう。この内容上の統一と形式上の改行が一致していない実態を考え、文章を分析する際には、「文段」という単位が考えられている。またこうした段落によって構成される文章のマクロ構造については、統括機能の位置によって頭括式・尾括式・両括式・中括式・隠括式といった類型が提示されている。(佐久間1993)

さて、今回の随筆を文段や構造の側面から検討してみよう。

まず「気配りとずるさ」だが、この文章は論説的文章の構造を持っている。内容は論理的で客観的傾向が強いため、改行段落のいくつかが意味的な内容の区切れと一致している。改行段落は全部で9つ設定されているが、大きくア(第1段)、イ①(第2〜3段)、イ②(第4〜9段)という3つの文段に分けることができる。これらは各々以下のような内容にまとめられる。

ア＝竹下登が気配りとずるさを持った政治家であったこと
イ①＝具体例1　竹下氏の島根県議時代のエピソード
イ②＝具体例2　人に恥をかかせない竹下氏の作法

全体としては、文段アでテクストのテーマを紹介し、その後イ①、イ②でその具体例を示す構成となっている。更にイ②の内部は、「大臣の答弁→記者とのやりとり→外交」と3つのトピックを含んでおり、一番最後の「外交」の部分は筆者の考える「国際性」という話題に発展して文章を結んでいる。この文章のテーマはもちろん、題名に見られる竹下氏の「気配りとずるさ」なのだが、そこから最後の控えめな主張へと内容が移行していく流れは、随筆テクスト特有の自由な文体によるものといえる。

これに対し、高橋源一郎「母の死」[1]のように、文学的文章に近い時間軸に沿った線条的展開を持つ、日記風の書き方になっている作品もある。この作品は、全体で16の改行段落から成っているが、場や時の転換が明確であることから、やはり改行段落は内容の切れ目と一致しており、以下のように大きく4つの文段を認定することができる。

Ⅰ＝(第1〜3段)母の入院の知らせを受ける
Ⅱ＝(第4〜6段)母の病状について知る
Ⅲ＝(第7〜15段)母の闘病と死
Ⅳ＝(第16段)死んだ母への息子達の言葉

この文章では最後のⅣに母の死後の息子達の様子が描かれており、文体的にもⅠからⅢの部分と比較して変化が見られる。そこで、大きくは冒頭から第15段までの緊迫した場面と第16段の結尾(その緊張がほどけ、母にねぎらいの言葉をかける)の場面に分けられるという構造だともいえる。

このように随筆のジャンルでは、「気配りとずるさ」のような論理を重ねていく立体的構造と、「母の死」のような冒頭から結尾へと一方向に流れる線条的構造とを観察することができる。

研究角度② 文末表現[2]
〈モダリティについて〉[3]

文はその内部構造によって二つの部分に分けることができる。それは、「命題」(proposition)と呼ばれる文内容の中心となる客観的な事柄を示す部分と、「モダリティ」(modality)と呼ばれる表現者の発話時の心的態度を表す部分である。文末に見られるモダリティの形態類には、述語の活用語尾、助動詞、終助詞、複合述語などがある。

図1　命題とモダリティ

命　題	モダリティ

今回の随筆では、「母の死」の文末がほぼ一貫してタ形に終始しているのに対して、「気配りとずるさ」に様々なモダリティを観察することができる。ここでは、通常、説明のモダリティと考えられている「のだ」を取りあげてみたい。「のだ」は、論理的展開を行うテクストでは文脈と密接に関係する機能を持って多用される。「気配りとずるさ」では「のだ」を含む文末は(「のだろう」や「のである」等も含めて)7例出現しているが、文脈に沿って各々がそれにふさわしい機能を果たしている。

(例文1)
　故竹下氏は、最初に島根県議会に入ったときから、いずれ代議士になろうと思っていたから、功をあえて人に譲ろうとしたとあけすけに語っている。委員長になったり、代表質問をするといった目立つことはしないのだ。(気配りとずるさ　B)

　これは前文の「功をあえて人に譲ろうとした」ことを具体的に説明している、もしくは言い換えているもので、いわゆる「説明」の機能を持つ「のだ」である。

(例文2)
　打算を感じさせずに、ずるさを利害に結びつけるあたりが一流の政治家になれるか否かの境なのだろう。(気配りとずるさ　G)

　これは、書き手の推量を示す「う」というモダリティと共起しているが、竹下氏の具体的な行動や考えを示した上で、そこから結論づけられる書き手の主張を示す文として位置づけられる。これはテクストの中でも中心的な役割を果たす文に用いられる用法で、それまでの内容をまとめる機能をもつ。

(例文3)
　お前は間違っていると言わないで、自分もむかしはそう思っていたがやがて間違いだと分かったと語る。「いやあ、恥ずかしかった」と言えば、相手もそんな恥ずかしいことを言っているのかな、という気分になってくるのだ。(気配りとずるさ　H)

　これは、前文の内容である「相手に間違いを気づかせるために、自分も以前はそう思っていて間違いと後で気づいたことを告白する」という方法を用いる理由を説明している。(例文1)と「説明」という点で共通しているが、この例は、前文の内容の理由を明らかにするという前方への方向性を持つ点

で、文脈での機能(文脈展開の方法)に違いがある。

　このように、文章・談話における「のだ」文は、テクスト中での情報構造との関わりに応じて様々な機能を観察することができる。「のだ」文が文脈の中で前方の内容を受けるのか後方へ係っていくのか、もしくは前方や後方の内容をまとめあげるのかを考えることで、立体的に文章を分析することが可能となる。

　この他、文末の「う」や「かもしれない」などの推量を表すモダリティは、随筆のテクストにおいては、書き手がそれまでの内容をまとめながら控えめな主張をするといった、内容の分断点となる文脈の重要な位置に置かれることも多い。「気配りとずるさ」において「う」は第1、第8段の最後の文、「かもしれない」は第4、第7段の最後の文に登場している。更に疑問を表す表現にも注意が必要で、たとえば「気配りとずるさ」の結びは疑問文となっている。

〈テンスについて〉[4]

　テンスとは、発話時を基準として、描かれている事象内容がそのときのことであるか、それより前か、あるいはそれより後かという時間関係を述語の形として示す文法形式である。現代日本語ではル形(非過去)とタ形(過去)とに二分される。

　今回、「気配りとずるさ」は42文中、タ形は2文のみで大部分が非タ形である。こういった文末展開は論理的な内容を持つテクストに多く見られる。一方、前述の文学的文章に近い随筆としてあげた「母の死」では、特別な文(曜日のみを提示した文　例「木曜日」など)を除き、全てタ形で揃えられている。これによって、時間的な推移を軸に展開された小説的文体となり、また統一された文末はテクスト全体のまとまり(結束)を生んでいる。

　これは同じ随筆というジャンルの作品でありながらも、各々が持つ文体的特性をよく表している。

〈アスペクトについて〉[5]

　アスペクトとは、語られている事態が「動き」である場合の、その動きの時間的局面の取りあげ方を示す文法手段である。ヴォイスとテンスとの間に位置するもので、その中心的な表現は「テイル」である。

(例文4)
　お前は間違っていると言わないで、自分もむかしはそう思っていたがやがて間違いだと分かったと語る。(気配りとずるさ　H)

　「間違う」のような状態動詞や、瞬間動詞(例：消える・止まる)に「ている」が付く場合は、その結果として生じた状態が存続していることを示し、「思う」のような動作動詞に「ている」が付く場合は、その動作自体が継続されていることを示す。
　更に、テクストの文体という観点からアスペクト使用を見てみたい。たとえば以下に示す(例文5)は、「母の死」の冒頭近くの叙述で、筆者が母の緊急入院の知らせを聞いて、自身も病院に急行した部分である。文末のテンスは全て「タ形」で統一されているものの、母の様子については状況を説明する文(静的)で全て「ている」というアスペクトを利用して(〜〜〜〜〜〜線)、継続的な時間の流れがよく示されている。わたしや弟、医者の行動についてはどういった動きをしたかを具体的に説明する文(動的)であり、アスペクトは利用されていない(―――線)。これは「すぐに」といった副詞などにも表れているように、それらの動作が短くてきぱきと行われていることを表している。こうした事象に対する書き手の捉え方の違いが、アスペクトに反映され、対照的に書き分けられているのである。

(例文5)
　母は救命救急センターに入院していた。私と弟は病室に案内された。母はたくさんのチューブを繋がれて眠っていた。すぐに医者が現れた。医者はわたしと弟に病状説明をした。(母の死)

こうした対照的な表現方法は、文章の内容に緩急(リズム)を持たせる効果を持っている。このように、文章の中でのアスペクトは、ジャンルや文体などと関係して用いられている。

研究角度③　指示語[6]

　文章における指示語を考える場合、書き手の視点や意図、文章の内容などをふまえて議論を行う必要がある。一般的に、文章ではソ系の多用が指摘されているが、随筆では比較的コ系も用いられている。文脈指示のコ系の例としては「気配りとずるさ」に次のような例がある。

(例文6)
　いかなる組織においても、自分がよく知っている知識や、なんでもない話を忍耐強く聞くというのは大変なことである。このあたりにたけた才子は大学のような世界にもいる。(気配りとずるさ　F)

「この」は、前文の「自分がよく知っている〜忍耐強く聞く」という「大変なこと」を指している。これは「その」に代えることも可能だが、文脈指示のコは、書き手が特に取りあげて読み手の注意をひきたい事物や、引用として提示した内容に対して用いられるという特徴をもっており、「その」とした場合とはニュアンスが異なる。これは、「気配りとずるさ」の中で竹下氏を指す「この稀代の気配り人間」という表現が「その」に代用ができない点とも通じるコ系の性質である。またコ系列では、テクストや段落の結尾、新しい段落の冒頭などで「このように」「こうして」などの形で出現し、それまで述べられてきた内容をまとめて、比較的広い部分を指示する用法があることにも注意したい。
　一方、ソ系列の文脈指示は、一般的には「相手側」にある物事で、既に会話や文章の中に現れた物事を指示する。

(例文7)
　竹下氏は、頭のよい橋本龍太郎氏の場合は相手の話が馬鹿らしくなるから、「それはこうこうでしょう」と相手をやりこめると紹介している。(気配りとずるさ　E)

　ソ系列はコ系列に比べて客観性の高い、比較的短い内容を指すことが多く、(例文7)は、自分の側にない情報を「ソ」で受けるといったソ系の特徴をよく示している。
　随筆の文章では、こうした文脈指示の他に、(例文8)のような絶対指示[7]の用法もある。

(例文8)
　とにかく、こちらが分かっている話であっても、初耳のような仕草や驚きで聞くふりをするのが大事……(気配りとずるさ　D)

　また今回の例には登場しないが、随筆テクストではそのジャンル特性から、ア系列も用いられる。文脈指示のアは、自分と相手とが過去の共通体験として知っていること、つまりその話題が両者の共有知識である場合である。
　更に、これらコソアの指示を分析するにあたっては、そうした指示の直後に付く語(後置語)までを対象とすることも有効である。指示の後置語は、それまでの文脈と指示がどういった関係にあるのかといった指示の機能を、より精緻に観察するために不可欠である。

(例文9)
　『政治とは何か』と題した竹下登回顧録を読むと、この稀代の気配り人間の精神構造に潜んでいたずるさが見えてくる。(気配りとずるさ　A)

　「この」に続く「稀代の気配り人間」は、「公私ともども、かゆい所によく

気がつく人」(気配りとずるさ　A)である竹下氏の特徴を端的に示す語句であるとともに、この後の竹下氏による世にまれなほど気を配る行動の具体的な叙述の予告となっている。つまりこの後置語が予告的表現となって、その後に詳しい叙述がされているわけである。

この他、指示と接続については、その厳密な線引きが難しい部分があり、特に文章においてはその事実がはっきりと観察できる。

(例文10)
　記者も時にはトンチンカンなことを言うというのだ。それでも、間違っているよと、さも軽蔑したような感じを受けさせないよう当人に悟らせねばならない。(気配りとずるさ　G)

(例文10)の「それでも」は、通常一語扱いで接続詞と認められるが、「それ」は明らかに前文の「記者がトンチンカンなことを言う」内容を指している。このように特にソ系(例：それから、そうすると)においては、指示と接続は連続性を持っている。

また後の「研究角度⑦　引用・話法」の部分とも関わる例として、次の(例文11)を観察してみたい。

(例文11)
　竹下氏は、頭のよい橋本龍太郎氏の場合には相手の話が馬鹿らしくなるから、「それはこうこうでしょう」と相手をやりこめると紹介している。それではダメなのだとやや辛口の寸評をするのは、「相手は軽蔑されたと思う」からなのだ。(気配りとずるさ　E)

ここで「　」の中に登場する「それ」は、(例文8)でもあげたが「相手の話」を指している。さらに、この随筆の書き手(山内氏)自身が用いている指示ではなく、橋本氏が「相手の話」を指している指示である。また「こうこう」は橋本氏の実際の発話内容をまとめた形、すなわち橋本氏が相手をやり

こめる具体的な内容を代替しているのである。またここで、「これこれ」ではなく「こうこう」という表現を用いることは、内容に漠然とした印象を添えている。次の地の文の「それ」は、竹下氏が橋本氏の行動を指して用いている指示であり、やはり書き手(山内氏)の指示ではない。

このように随筆の文章に見られる指示には、地の文に発生する単なる文脈指示だけではなく、引用に発生するダイクティックな用法などもあり、多様であることが分かる。

研究角度④　語彙の結束性

文章談話に現れる語句はその文脈において特有の「意味」を持ち、それが文脈を形成していく。そして各々の語句は、同一のものが繰り返して用いられる他に、より具体的な下位語や抽象的な上位語が用いられることで、文章内容の展開に重要な役割を果たす。

あらゆるテクストには、こういった語句によって創り出される正に布地(テクスト)のような無数の彩が内在しており(テクスト性)、これが単なる関わりのない文の羅列を、意味内容や文脈を備えた文章談話と区別するものとなる。すなわち各語の結びつきは、こうしたテクスト性の中心的な要素であるCohesion(ここでは結束性と呼ぶ)を示す一つの言語的指標なのである。今回は、随筆の題名に登場する語句を手がかりに語彙の結束性を考えてみよう。

「気配りとずるさ」では、「気配り」は12例、「ずるさ(ずるい、ずるかった等)」が16例出現している。この中で両者が一文中に一緒に登場するのは、第4, 5, 17, 35, 39, 43の6文である。ただし、第15と16文、第33と34文、第37と38文など、隣接した文でこの2語が登場することも多く、結局この「気配り」と「ずるさ」という言葉は常に組み合わされて使用されていることが分かる。この2語が文章中で強い連関を持って反復されることで、結束性が生み出されているのである。また、題名に登場するこの2語のテクスト内での出現位置について見てみると、冒頭と結尾の近くに集中しており、これらはキーワードとなって作者の主張を示し、抽象的な内容

を構成している。一方、出現しない中間部では、竹下氏の具体的な「気配りとずるさ」をめぐるエピソードが挿入されていることが分かる。この具体と抽象という構造にも、語彙の結束性が深く関係している。[8]

研究角度⑤　接続表現

　接続表現には、文と文とを結ぶ「接続詞」と、節と節とを結ぶ「接続助詞」があるが、実際のテクストにおいてはこれらの品詞のみが「接続」という役割を担っているわけではない。たとえば副詞の中には、前の叙述内容を受けて文頭に位置し、文脈形成に重要な機能を持つ(例：あいにく、せめて、いわば、まず)ものや、語の意味関係が線条的に連続する文相互の意味関係を提示することもある(例：翌日、右手には)。こういったことは、全ての文に必ず接続表現が含まれてはおらず(むしろ省略されていて)、読み手がそれを推定しながら読み進めていくことが、日常的に行われていることからも明らかである[9]。

　たとえば「気配りとずるさ」の接続詞に着目してみると、内容の流れに沿って文章全体に分散して出現し、展開の様子を示している。しかし、随筆テクストすべてが必ずしもそうしたパタンで接続詞が出現するわけではなく、例えば「母の死」では、結尾部分付近に集中的に出現するだけで、それ以前は、接続詞は一例のみと極めて偏っている。これは、「母の死」のテクストが接続詞がなくとも理解できる、すなわち文相互の内容の関係が極めて明確である(時間的な流れがはっきりとしている)という性質を持っているからである。このように、同じ随筆というジャンルでも、接続詞の出現の様相は様々であることに注意したい。

　また、接続表現のつなぎ方については、市川(1976)が「文脈における思考方式」をもとに「文の連接関係」を3種類に類型化している。これをまとめると、およそ次のような分類になり、接続詞も各々に対応するものと見ることができる。

1．事柄を論理的に結びつけて述べる
　順接型（だから・すると・こうして）　逆接型（しかし・ところが）
2．事柄を別々に述べる
　添加型（そして・ついで・それから・また）　対比型（むしろ・一方・それとも）　転換型（ところで・やがて・さて・では）
3．一つの事柄をより詳しく述べる
　同列型（すなわち・つまり・たとえば）　補足型（なぜなら・ただし・なお）　連鎖型（前文の内容に直接結びつく内容を後文に述べる。接続語句は普通用いられない）[10]

　次に、テクスト内の個々の接続詞について見てみよう。接続詞の使用は任意であることが多いが、それが省略されている場合と最初から接続詞が入らない場合とは異なる。テクストを観察していると、つなぎ方の関係に応じて必須度に違いがあることが分かる。

（例文12）
　他人への気配りは日本人の美徳といわれてきた。公私ともども、かゆい所によく気がつく人は、どの職場でも受けがよく、概して日本で成功するタイプだといってもよい。政治の世界も例外ではない。しかし、気配りは打算やずるさと紙一重という場合もあるのではないか。（気配りとずるさ　A）

　この「しかし」という接続表現は、このテクストの冒頭から直前の文まで続いてきた「気配り」を礼賛する内容に対して一転し、「気配り」の否定的な性格を提示している逆接表現で、必須の接続詞だといえる。更に、ここには逆接以外は入ることができないという点からも、文脈形成上極めて重要な役割を持っている。

（例文13）
　衆議院に立候補する前日にきちんと二時間くらい余裕をとって、県議会に

わざわざ辞表を出したのも「ずるい作戦」だと認めている。わざわざ辞表を出して立派な人格を演出したわけだ。<u>しかも、</u>みんなには世話になったと県庁の課を全部回って歩くという手のこんだ芝居もしている。(気配りとずるさ　C)

　ここでは主語が省略されているが、(例文13)の文の主語は全て「竹下氏は」であり、彼の「ずるさ」を連続して叙述しているため、「しかも」という添加の接続詞は、省略されても大きく意味が変わったり分からなくなったりするということはない。またこの部分には、「しかも」の他にも、順接の「それで」や補足の「ちなみに」などを入れることも可能である。もちろん挿入される接続表現によって文脈の展開が変化してしまうため、テクストの内容展開の方向性や意図を明示するためにも、接続詞は入れた方がよい部分だとはいえる。

　これに対して、「それから」「そして」といった添加の接続詞については、それ以外の接続詞を挿入するとしても、「それで」「そうして」「次に」といった同じ添加型以外は不自然である。また、これらの接続詞は、省略してしまっても文脈の流れに大きな変化はなく、前文に接続助詞「て」を付けてつなげることも可能だといった性質を持つ。こういった省略や必須の度合いについては、文の長さや文構造などの要因によっても変化する。

　以上、全て品詞としての接続詞を見てきたが、他の接続詞も含んで合成的な語句を形成して、接続表現として機能するもの(例文14)もある。

(例文14)
　<u>逆にいえば、</u>世の中にはずるいだけで世すぎをする人間の方が多い。(気配りとずるさ　D)

研究角度⑥　随筆というジャンル
　あらゆるテクストは互いに相関しあってジャンルを構成しているが、その厳密な認定は非常に難しいのが実際である[11]。随筆は、たとえば後章で扱う

『枕草子』の作品中や『徒然草』序段で作者が述べるように、書き手の体験や心情を形式にとらわれることなく自由に書いたジャンルで、極めて多くの性格の文章を包括的に含んでいる。このため、日本語テクストのジャンルとしては、常に曖昧な位置づけをされてきた。随筆のテクストには、文学的要素と論説的要素の双方が含まれており、ノンフィクションという虚構性を排している性格を持っていることから、小説やコラムとは異なるものだといえる。

また西洋のエッセイには、随筆と同様に内容の種類に広い幅が認められるが、随筆は、書き手が強い主張を示すことなく読み手の興味を考慮した姿勢で叙述される点で、両者は異なる性格を持っている。西洋のエッセイは、1580年に出されたモンテーニュの"essais"に始まり、その後ベーコンの"Essays"やラムの"Essays of Elia"などに受け継がれていく。科学や芸術、哲学、果ては小説に近い内容まで幅広いバラエティに富んでおり、「知」や「真」といった読者の知的欲求を充たすに足るような、書き手の主張が明示されるジャンルである。このような点から、随筆とは日本語テクストに特有のジャンルということができる。

たとえば、「気配りとずるさ」については、書き手が東京大学教授の山内昌之氏であることから、読み手は、氏の専門領域に関するトピックに関して、学者としての書き手の何らかの主張を読みとることができるのではないかといった予想をもとにテクストに向かう。この文章では、推量のモダリティ「う」や疑問文などが用いられている部分に筆者の考えが示されているが、そのトーンはソフトであり、思わず読み手も「そうだ」と同意・納得してしまうといった調子で文章が進んでいる。一方、今回比較対照としてあげた「母の死」は、作家の高橋源一郎氏の文章であり、読み手は味わい深いストーリー展開を予想して作品に向かう。ここでは、ご自身の母親の死という重いテーマが、文学的文章の流れを生かした筆致で書かれており、やはり読者の期待を裏切ってはいないのである。

研究角度⑦　引用・話法[12]

　発信者(書き手)は、テクスト自体や受信者(読み手)との関係に基づいて、その視点を設定する。引用・話法はそれを具体的に示す言語表現の一つである。視点の問題は、特に現場性の高い談話の研究で注目されることが多いが、典型的には文型(受身など)や人称、とりたて、指示詞などの表現に端的に現れる。文章においては、他者の言説を引用する際にどういった形がとられるかという文体的な考察が行われているが、ここでは随筆テクストの引用を検討してみたい。

(例文15)
　事実、自分で「僕も相当ずるい点もあったんですね」と認めているほどなのだ。(気配りとずるさ　C)

　ここで地の文の「自分」とは竹下氏を指しているが、「　」を付けて彼の著書を直接引用していることが分かる。「僕」や「〜ですね」などの表現も、これが彼自身の生の声であることを示している。

(例文16)
　お前は間違っていると言わないで、自分もむかしはそう思っていたがやがて間違いだと分かったと語る。「いやあ、恥ずかしかった」といえば、相手もそんな恥ずかしいことを言っているのかな、という気分になってくるのだ。(気配りとずるさ　H)

　ここでは前文の「お前は〜分かった」の部分は、語られた内容が筆者によって要領よくまとめられている。その後の「いやあ、恥ずかしかった」の部分は、「　」で竹下氏の直接の表現を引用し、レベルが切り替わっている。以上のように「気配りとずるさ」では「　」の有無など、多様な引用方法が用いられている。[13]

[課題]
1. 随筆テクストの中で興味のある文末表現を拾い出し、文脈との関係を考えてみよう。その時に、その表現に関連する表現(例:「のだ」と「わけだ」など)も併せて拾い、それらの違いについて考えたり、入れ替えを行って文章の流れや文体に変化が見られるかを調べてみよう。
2. 随筆と呼ばれる様々なテクストを集め、その中で今回取りあげた項目いずれかを一つ取りあげて分析してみよう。テクストによってどのような違いが見られるだろうか。
3. エッセイと随筆とはどのような違いがあるのか。また外国語のエッセイと日本語のエッセイの作品との文体的な違いについても、考えてみよう。
4. 随筆テクストの中で、繰り返し用いられる語句について分析してみよう。同一語句だけでなく、それに関連する語句等も合わせてみることによって、文章における結束の様相がどのようになっているのか観察してみよう。
5. 様々なジャンルのテクストについて、モダリティ、テンス、アスペクトなどを拾い出し、その特徴を探ってみよう。ジャンルごとに特徴は見られるのか、また作家や時代ごとに違いが見られるのかを調べ、それが書き手のどういった意図とつながるのかなども考えてみよう。

注
1 このテクストは、2003年2月(81-2号)に掲載された作品で、筆者(高橋源一郎氏)が、母の緊急入院の知らせをうけて、取材先の北海道から東京へとかけつけるところから始まる。そしてその後、母親が筆者に見守られながら意識を取り戻すことなく亡くなるまでを綴った作品である。今回全文を示した「気配りとずるさ」と、文体などの面において対照的な性格を持つ随筆である。
2 [テクストの文末表現に関する研究]
テクストの中の文末表現に関する先行研究としては、寺村他(1990)がタ系列と非タ系

列という視点から文章を観察している。そこでは「タ系列」が小説のジャンルにおいて時間の順序関係を相互に位置づける働きや、文末形式を「タ」で一貫して連鎖させることでまとまりを作る働きがあるとされている。一方、非タ系列は、論説文での多用や、文末表現のゆれとの相関、所感や一般的話題の文脈での使用、印欧語の「歴史的現在」との関係が指摘されている。また文末表現を「客体的表現・主体的表現・通達的表現」に分け、それをもとに文脈やジャンルとの関係に関する議論も行われている。テクストにおけるテンス・アスペクトに関する理論的研究としては、工藤(1995)が有名で、アスペクトがテクスト内の複数の出来事のシンタグマティックな時間関係(タクシス)を表す機能をもつことや、ジャンルごとのテンスの機能の違いなどが論じられている。

3 ［モダリティについて］
モダリティ研究の流れとしては、まず山田孝雄が文を統一・完成させる要素として「陳述」を唱えたのが始まりである。これを受けて時枝誠記が、客体界を概念的に表現する部分「詞」と、それを素材として話し手が自分の判断・感情・意志などを表現しようとする部分「辞」を設定し、文の統一は詞を辞が入れ子型に包むことで成立すると見る「言語過程説」が考えられた。その後、渡辺実は文の叙述機能の陳述機能を認めて助動詞を3分類し、近年は仁田義雄や益岡隆志らによる本格的なモダリティ研究が行われている。モダリティの分類には諸説あるが、ここではその代表例としてこの二人の研究を簡単に紹介したい。益岡(1991)では、モダリティ形式には、恒常的に主観性を表現する「一次的モダリティ」と客観的になり得る「二次的モダリティ」があるとする。そしてモダリティの種類を「表現系のモダリティ(全て一次的モダリティ)」と「判断系のモダリティ(一次的モダリティと二次的モダリティとが存在)」とに分けている。仁田(1991)でも、モダリティの度合いによって、発話時における話し手の心的態度を示して過去形や否定形をとらない典型的なモダリティである「真正モダリティ」と、それらの要件からははずれる「疑似モダリティ」とを考える。そしてモダリティを「言表事態めあてのモダリティ」と「発話・伝達のモダリティ」とに2分類し、前者は「発話時における話し手の言表事態に対する把握のしかたの表し分けに関わる文法表現」、後者は「文をめぐっての発話時における話し手の発話・伝達態度のあり方」であると規定している。

4 ［テンスについて］
文章における文末表現のテンスについては、日本語文法の領域では次のような分類が一般的である。「ル形」が表す意味は動詞の性質によって異なり、動作動詞は未来の動作・出来事を、状態動詞は現在や現在までの状態、更に未来の状態を主として示す。ただし動作動詞は、習慣や真理、物事の性質を表すこともあり、特に文章談話という

視点からは、ジャンルとの関係から「まず小麦粉をふるう」(料理のテクスト)「男A、ゆっくり立ち上がる」(台本のト書き)といった用い方もされる。タ形はいずれも過去の動作・出来事を表す。

5 ［アスペクトについて］

代表的なアスペクトである「テイル」は、動詞の性質によって意味が異なり、動作動詞は動きの継続を示し、瞬間動詞や変化動詞は終結・結果の状態の存続を示す。その他「テイル」が付かない動詞(例:ある・いる)や、いつも「テイル」を伴う動詞(例:似る)などがある。アスペクトのその他の表現としては、テアル・シマウ・ハジメル・ツヅケルなどがある。

6 ［指示語について］

文章論研究の先駆けである時枝(1950)は、語の本質的な機能は表現である以上、「一切の語は、表現によって、表現される事柄を指すものである」と考え、代名詞を「指す語」として理解することを問題視し、代名詞研究の本質を「話し手と表現内容との関係概念の表示」とした。これを受けて、1980年前後から本格的な文章論における指示語の研究が始まった。以下にその代表例をいくつかあげておきたい。市川(1976)は、文章論の立場からの指示語の用法は「現場の事実」や「文脈の中の事柄」「文脈の外にある事柄」を指し示すことだとし、文脈との関係を意識した用法を提示している。また長田(1984)は連文論の立場に立ち、指示語については「どれだけの内容を持ち込んで限定しているか」という観点からの分析が適切であると考える。林(1983)では指示に伴う「表現の捉え直し」の現象の重要性を指摘されている。この他、文章分析では、しばしば指示と接続との関係が問題として取りあげられる。指示は結束性を保証する文法事項で、語と語の意味の連続や同一性を示し、接続は内容の続き方、展開の方向性を示すというように異なる機能を持っている。この問題は、今後更に各々について実証的に解明する必要がある。

7 絶対指示について、堀口(1978)では、「場所・時間に関するもので、常に特定の対象を指示する用法」とあり、話し手がその中に存在する場所としての「コチラ」や、聞き手側の「ソチラ」、「コノ頃」「コノ夏」などの現在という時間を示す例などがあげられる。

8 これに対して、「母の死」のテクストでは状況は全く異なっている。参考までに語彙分布の概要を説明すると、「死」という言葉は最後の方に「死亡」という言葉が見られるのみであるが、「母」はテクスト全体に広がっている。ここから、このテクストは、死へ向かう「母」を描写したものだと考えられる。そのため、「母」の様子が時系列に展開されていき、作品の最後はその「死」で閉じられる。全体は「母」というテーマで結束しており、一定の方向に文章が進行していくテクストなのである。

8　随筆の分析　　215

9　更に談話においては、応答詞(例：はい。うん。)や感動詞(例：えっ。うわあ。)なども しばしば接続の機能を持つ。談話におけるこうした接続詞は、自分自身の発話をつなげるのみならず、相手と自分の発話をつなげるためにも用いられる。場の役割が大きい談話においては、相手への配慮からこうした接続表現の使用は様々な要素を含み、フィラーの効果も持つことがある。

10　市川(1976)のいう「連鎖型」の接続の中には、前文及びそこに含まれる語句の意味内容を受けて後文が置かれ、その両者が「直接結びつく」と考えられているものがある。具体的には、解説や見解を付加する、前置き的表現に続ける、場面構成といった「連係」、地の文と会話文などの「引用」、問答形式の「応対」等があげられているが、テクストの結束性を考える上で大変興味深い。

　　(例)・初めて朝顔が咲いた。白い大きな花だ。
　　　　・「まかぬ種ははえぬ。」ということわざがある。たしかにそのとおりだと思う。
　　　　・窓の外は春雨だ。わたしはたばこに火をつける。

これらは「連係」の例だが、すべて接続表現は省略されており、むしろない方が自然である。第一の例は「朝顔」と「花」という語彙の上下関係、第二の例は「その」が前文を受けること、第三の例は小説というジャンルが、結束性を実現している。特に第三の例では、二文の間に接続詞を設定する事は難しく、前後の脈絡を捉えにくいが、前文の状況を観察しているのは後文の「わたし」であり、更にこういった文学的文章が持つ展開方法というジャンル特性こそが、結束性を保証していると見ることができる。

11　日本語の文章論におけるジャンル規定は、明治時代に五十嵐(1909)が西洋の修辞学における分類を紹介し、「記実文・叙事文・説明文・論議文」といったジャンルを立てた。1980年前後からはおおむね文章の機能や目的をもとにジャンルが考えられ、たとえば読み手はどういったものなのか(特定か不特定か)、伝達が主なのか説得が主なのかといったことが分類基準に用いられている。

12　[引用と話法について]
話法には直接話法と間接話法、更に自由直接話法や自由間接話法がある。直接話法とは、他者の言った言葉などをそのまま引用する形(「　」を伴う)で、間接話法とは、他者の言った言葉などを書き手の視点から捉えて表現を代える引用で、具体的には引用符(「　」)が省略され、代名詞や時制などが変化する。自由直接話法とは直接話法の引用部分が、自由間接話法とは間接引用の部分が、それぞれ地の文に続いて用いられる場合である。自由直接話法や自由間接話法などは特に小説のテクストに用いられ、読者が登場人物と同一の視点に立って内容を理解していくことができる、また表現に話者の特徴を盛り込むことができるといった利点がある。

13 参考までに「母の死」のテクストに見られる引用について紹介しておく。ここでは医師を中心に看護師や筆者自身など数多くの発話が引用されているが、基本的に「 」が一切用いられず、各引用部には「～と医者(弟、わたし、看護婦)はいった(応えた)」という叙述が付されている。そして、その方法としては、その状況(緊迫感)や人となり(方言)を強く出す描写的な手法と、説明的に内容を要領よくまとめている手法の両方が見られる。特にテクスト結尾の部分は、それまでテクスト内でほとんど使われてこなかった大阪弁を使った親子のプライベートな関係がクローズアップされ、母への温かい心を効果的に示す前者の手法が用いられている。

[参考文献]

五十嵐力(1909)『新文章講話』早大出版会
市川孝(1976)『国語教育のための文章論概説』教育出版
鎌田修(2000)『日本語の引用』ひつじ書房
工藤真由美(1995)『アスペクト・テンス体系とテクスト』ひつじ書房
佐久間まゆみ(1988)「文脈と段落―文段の成立をめぐって―」『日本語学』7(2)明治書院
佐久間まゆみ(1993)「日本語の文章構造Ⅰ・Ⅱ・Ⅲ」宮地裕・清水康行編『日本語の表現と理解』放送大学教育振興会
高崎みどり(1988)「文章展開における"指示語句"の機能」『言語と文芸』133　大塚国語国文学会
高崎みどり・新屋映子・立川和美(2007)『日本語随筆テクストの諸相』ひつじ書房
田野村忠温(1990)『現代日本語の文法Ⅰ「のだ」の意味と用法』和泉書院
寺村秀雄他(1990)『ケーススタディ　日本語の文章談話』おうふう
時枝誠記(1950)『日本文法口語篇』岩波全書
長田久男(1984)『国語連文論』和泉書院
仁田義雄(1991)『日本語のモダリティと人称』ひつじ書房
野田春美(1997)『の(だ)の機能』くろしお出版
林四郎(1983)「代名詞が指すもの、その指し方」『朝倉日本語新講座5』朝倉書店
藤田保幸(2000)『国語引用構文の研究』和泉書院
堀口和吉(1978)「指示語の表現性」『日本語・日本文化』8　大阪外国語大学
益岡隆志(1991)『モダリティの文法』くろしお出版
Beaugrande, R. & Dressler, U. (1981) *Introduction to Text Linguistics*. Longman.
Halliday, M.A.K. & Hasan, R. (1976) *Cohesion in English*. Longman.
Wales, K. (1989) *A Dictionary of Stylistics*. Longman.

8章のデータ処理法

　本章で材料とした「気配りとずるさ」は原文を Excel ファイルに入れて処理している。このようにすると、語彙の検索などが簡単にできてテクスト分析も容易になる。たとえば、タイトルで使用されている「気配り」という語と「ずるさ」という語が本文中でどのように繰り返されているかを調べてみよう。
[Excel による言語処理例]
　Excel ファイルでそれぞれの同一語句と関連語句を検索し、下図のように、見やすい記号を語頭につけてみよう。これには Excel の置換という機能を用いる。
［編集→検索→置換］

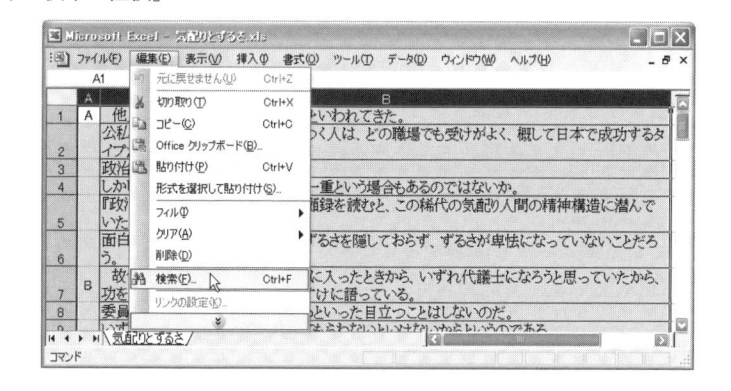

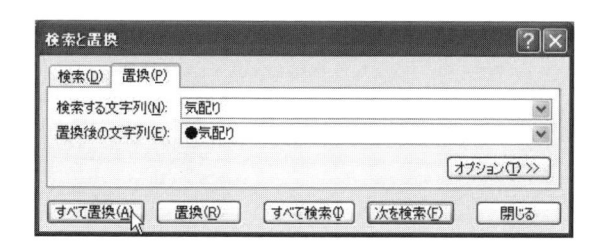

　例えば、上のように入力すると、本文中の「気配り」が全て「●気配り」と置換される。このように、自分が見やすいように種類別に記号を変えるなどして、関連語句、注目したい語句を検索していく。
　また、「ずるさ」については、名詞「ずるさ」に加え、形容詞「ずるい」とその活用形の出現が予想されることから、検索する文字列を「ずる」、置換語の文字列を「▲ずる」として置換してみよう。次にその結果をあげる。

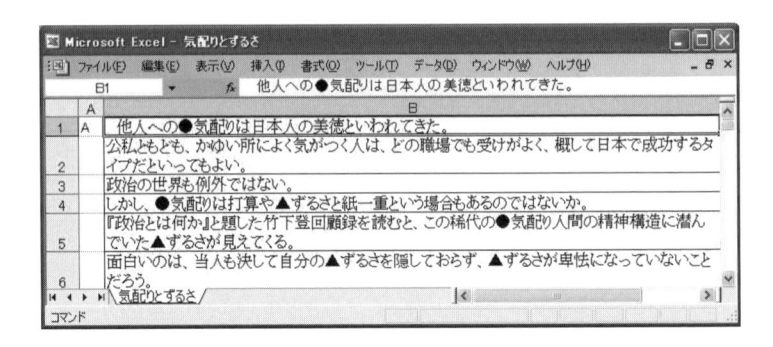

また、検索機能を使うと、以下のように検索する文字列が含まれるセルを一覧として確認することができる。

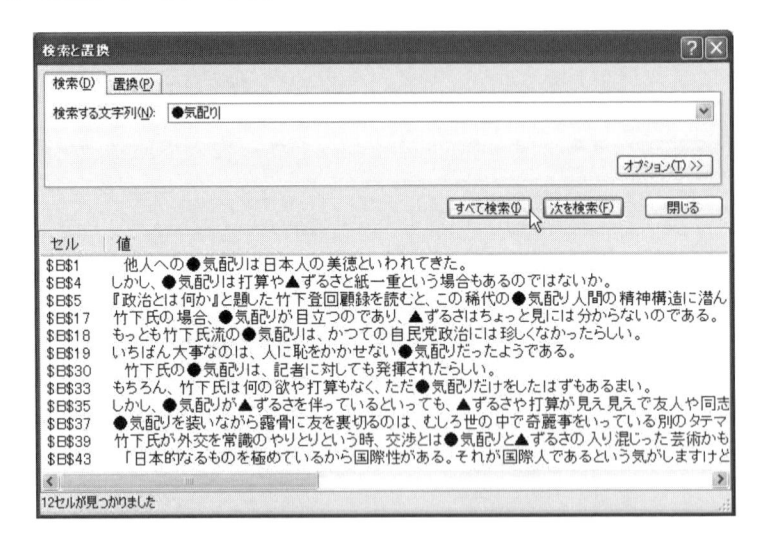

ちなみに、「気配りとずるさ」において、「気配り」という語句は12例、「ずるさ」またその関連語句は17例見つかった。なお、一文内に「気配り」と「ずるさ」が共に現れる文は6例あり、「気配り」という語句の半分は、「ずるさ」との比較で出現していることがわかる。

また、語句の分布を見てみると、「気配り」については、1行目から43行目の最終文にまで幅広く分布していることがわかった。「ずるさ」も同様で、4行目から43行目までの分布が確認できた。

続いて、形式段落別に「気配り」と「ずるさ」の分布をみてみると以下のようになる。

表1 「気配り」と「ずるさ」の段落ごとの使用

段落	A	B	C	D	E	F	G	H	I	計
行	1-6	7-10	11-15	16-21	22-23	24-29	30-37	38-42	43	
気配り	3	0	0	3	0	0	4	1	1	12
ずるさ	4	2	2	2	0	0	4	2	1	17

このように形式段落毎に、各形式の出現頻度を見てみると、B・Cは主に「ずるさ」について書かれた段落で、E・Fは直接「気配り」と「ずるさ」に関わらない内容をもった部分でないかと推測できる。実際、B・C段落では、竹下氏の「ずるさ」に関わるエピソードが紹介され、E・F段落では、「気配り」と「ずるさ」とややずれた内容が述べられた。

以上のように、語句の分布から、内容の展開を論じることもできるのである。

9 古典文学作品の分析

『枕草子』第一段「はるはあけぼの」を材料に

[例]

> 春は曙。やうやうしろくなり行、やまぎはすこしあかりて、むらさきだちたる雲のほそくたなびきたる。
> 夏はよる。月のころはさら也、闇もなを、ほたるの多くとびちがひたる。又、たゞ一二など、ほのかにうちひかりて行もをかし。雨などふるも、をかし。
> 秋は夕暮。夕日のさして山のはいとちかうなりたるに、からすの寝所へ行とて、三四、二みつなど、とびいそぐさへあはれなり。まいて雁などのつらねたるが、いとちいさくみゆるは、いとをかし。日入はてて、風の音むしの音などいとあはれなり。
> 冬はつとめて。雪のふりたるはいふべきにあらず。霜のいとしろきも、またさらでも、いと寒きに、火などいそぎおこして、炭もてわたるもいとつきづきし。昼になりて、ぬるくゆるびもていけば、火桶の火もしろき灰がちになりて、わろし。
>
> 『新日本古典文学大系　岩波書店』による

本章のねらい

　本章では、古典の文章をとりあげる。大陸から漢字が伝来し、それをもとに仮名が作られることで、日本語のテクストとしての和文体が成立した。平安時代には、女性の手によって多くの作品が和文体で書かれるようになり、日本文学の本格的な文章史はここからスタートしたのである。和文体の文章は現代日本語とは異なる特徴を持っているが、ここでは、現代語のテクスト

分析の視点から検討してみたい。具体的には、次の①〜⑪の観点を取り上げる。

研究角度一覧
①文章史から見た和文体　②『枕草子』の随筆テクストとしての特徴
③第一段の特性—新鮮な美意識　④文章の構成　⑤文の特徴と構造
⑥清少納言による一般化の発想　⑦語り手の存在
⑧和文体に見られる和歌的表現　⑨詞書と歌との文脈関係
⑩モダリティ　⑪比喩表現

〈和文体の特性〉
研究角度①　文章史から見た和文体

　書きことばの日本語を表記する文字としては、もともと漢字が用いられていたが、9世紀に入ると、私的なテクストである消息や和歌が平仮名で書かれるようになった。筆記が容易で読みやすい平仮名は女手とも呼ばれ、主に女性貴族に用いられたが、これで綴られた散文の文体を和文体と呼ぶ。

　和文体は、平安時代の話しことばをベースとしている。話しことばは、情意的で理解しやすいという長所と、冗長でまとまりに欠けるという短所とを持つ音声言語であるが、和文体はそれを文字言語化した文体なのである。そこで、和文体を観察することで、書きことばとしての文体がそれまでの話しことばとしての文体（話体）からどのように変化して成立したのかという興味深い過程を、知ることができる。例えば、当時活躍した紫式部や清少納言といった知的レベルの高い女性たちは、和文体における整った文章構成を確立するため、漢文における散文体の構成を日本語の文章表現の様式に意識的に応用し、工夫を重ねたと考えられる。

　この他の和文体の特徴としては、貴族社会における日常会話という特殊な領域の話しことばを基礎としているため、敬語の体系が整理されている点や、心理や情景の描写などが極めて豊かで洗練されている点などがあげられる。

ここで和文体成立の流れとして平安朝文章史を概観しておこう。最初の仮名文学である『竹取物語』は、口承の竹取説話に基づく伝奇的作品であり、和文体による物語創作はここから始まる。これに続く『伊勢物語』や『土佐日記』も物語性の高い作品であるが、ここまでの作品の和文体の中には漢文訓読の影響が認められる。

　本格的な女流文学の初めとされる『蜻蛉日記』に至る頃、和文体はほぼ完成し、自在に和語を用いた細やかな情意表現に溢れる叙述が見られるようになる。その後、最古の随筆である『枕草子』や物語作品の傑作『源氏物語』が書かれるが、これらの文体表現は後世の作品に絶大な影響を与えている。中世以降は、和文体に代わって和漢混淆文体が盛んになっていく[1]。

〈枕草子第一段「はるはあけぼの」の分析〉
　以下に、『枕草子』第一段のテクストを例としてとりあげ、分析を行ってみよう。

研究角度② 『枕草子』の随筆テクストとしての特徴

　『枕草子』は知的で明るい「をかし」の美を中心にした日本最古の随筆作品である[2]。全319段は三つのジャンル（類聚的・随想的・日記的）に分けられ、そのうち類聚的章段は全体の約半数、次いで随想的章段が三分の一を占め、残りが日記的章段である。

　最も多い類聚的章段は、「〜は」型と「もの」型に分けられるが、どちらもテーマにふさわしい事物を筆者の好みに基づいて次々に提示し、読者の共感を得るといった内容である。また全体における分量は少ないものの、最も生き生きとした描写が見られるのは、日記的章段だといわれている。これは、作者が体験した事実、もしくは人に聞いた事柄を回想するもので、中宮定子を囲むサロンにおける清少納言の充実した生活ぶりが描かれ、彼女の個性が実によく表されている。

研究角度③　第一段の特性—新鮮な美意識

　第一段は、四季それぞれにおける最も趣深い風物を列挙し、その情趣を説いている。またその文体は、「春は」「夏は」というように類聚的章段の形態に近いが、段の内容全体が大きく四季の美というテーマに基づいた統一あるまとまりを成していることから、随想的章段の性格が強いと考えてよい[3]。この春夏秋冬の季節美とは、『古今和歌集』の部立にもなっている日本文学の伝統的なテーマであり、その点でこの章段は古今的情緒に満ちた内容だということができよう。こうした文学の伝統、更には当時の貴族社会の好尚等を踏まえながら、筆者は独自の感覚を用いて、新たな角度から自然の微妙な美しさに着目している。この「新鮮な美意識」がテクストでどのように実現されているのか、内容に沿って見ていこう。

　まず「春」については、「曙」という時刻があげられている。「曙」と「春」とはそれまでの文学作品では結びついて用いられることがない取り合わせである。更に「曙」は歌語ではなく、散文においてさえあまり用いられることのない語句であり、「春」という季節における最も美しい時として、この作品の中で筆者によって特別に選ばれた時なのである。ここから、清少納言が、当時の和歌における一般的な美意識から解放された、ユニークな感覚を持っていたことが理解される。

　次の「夏」は「夜」という時刻を取り上げるが、当時一般的に広くめでられていた「月」の美しさはあえて詳述せず、それを対比的な「闇夜」に目を向けている点が新しい。その中に浮かぶ「蛍」のほのかな光こそが素晴らしく、また更に深い闇となる「雨の夜」への連想は独創的である。

　しみじみとした情趣の感じられる「秋」では、一般的には風情のない鳥とみなされている烏を夕焼け空にとばした景色をあげている点が新しい。また、山の端に近づく夕日から急ぎ飛ぶ烏、そして雁の群へと次々と場面が転じ、日が沈んだ後の風の音や虫の音といった視覚から聴覚の世界への移行も行われている。「秋」の叙述に見られるこういった素早い文脈展開は、新たな魅力を備えた各々の情景を読み手に印象づけるのに効果をあげている。

　最後の「冬」では「早朝」という時刻が選ばれており、宮廷に仕える清少

納言の実生活がよく反映されている。ここでは早朝の厳しい寒さを中心に据えて、冬の景物としてしばしば取りあげられる雪や霜は背景とされている。これも、彼女独特の美意識である。

このようにこの章段では、清少納言の斬新で鋭い感覚によって切り取られた四季の風景画が展開されている。また、「春のあけぼの」と「秋の夕暮れ」は、後世の和歌作品に大きな影響を与えるモチーフとなっている。

研究角度④　文章の構成

『枕草子』に代表される随筆の文章展開について、山口(1984)では、随想的章段と類聚的章段がほぼ同様のきわめて随筆らしい文章展開を持つとし、最初に文章全体のテーマを示し、その後に具体的な事実や例証を列挙する構成を指摘している。今回取りあげている第一段は、類聚的章段と随想的章段の両方の性質を併せ持っているため、古典随筆の性格をよく表した文章構成を観察することができる。以下、その特徴を叙述に沿って考えてみよう。

a　全体的な構成

全体の流れとしては、春夏秋冬という四季の連環に基づいた連想が中心となっている。また、春(あけぼの)と秋(夕暮れ)、夏(夜)と冬(早朝)という季節及び時刻の設定において、対偶関係を構成している。このように線条的進行と立体的な交叉という二重の掛け合わせを持った構成である。

b　各季節(段落)ごとの構成

この段は四季を順番に論じていくが、最初に各季節の情趣を最も際だたせる時(あけぼの、夜、夕暮れ、つとめて)を指定している。次にその時刻の天象や気候(やうやう白くなりゆく、月の頃、夕日のさして、雪の降りける)を描写し、季節独特の鑑賞対象を客観的に提示する。最後は簡単な主観的判断によって締めくくる(をかし、いふべきにあらず、わろし)。全ての季節について、これらの内容を同一の順序で説明する整った構成である。

c　描写の方法

　例えば春の描写に注目してみると、まず「やうやう白くなりゆく山ぎはすこしあかりて」とゆったりと動いている景色を、「むらさきだちたる雲の細くたなびきたる」と静止した状態に集約していく。無限に広がる自然という対象を自己の判断に従って次第に狭く限定していき、抽象・精密化を図る漸層的な手法がとられている。

　また春や夏が静的な視覚に訴える情景描写のみであるのに対し、秋は風の音や虫の音といった動的な聴覚描写も行われ、更に冬では、それまでの自然から人事へと話題を転換する(炭もてゆくも)など、描写対象の性質が少しずつ変化していることも段の内容展開に面白みを与えている。

　こういった緻密な手法が、個性的な場面を通して読者にそれぞれの季節のイメージを鮮明に定着させていくのである。

d　色彩配置

　筆者は鋭敏な感覚をもって自然という刻々と変化を続ける対象のある瞬間に焦点を合わせ、みごとな色彩を取り出している。

　四季折々の色彩を見てみると、春はほのぼのとしたやわらかいイメージと共に、あけぼのの空で雲が淡い色を徐々に変化させる色調を、夏は涼しげな闇夜に青白く点滅する蛍の光を取り出している。秋は赤々と染まる夕焼け空に黒々とした烏を配し、冬は早朝の雪や霜のまぶしい白に対照的な真っ赤な炭火を並置している。

　このように短い内容の中にも優れた観察力とセンスによって選ばれた多くの色彩が登場している。

研究角度⑤　文の特徴と構造

　冒頭文の「春はあけぼの」については、「すばらしいのは春なら曙だ」とか、「春は曙に限る」といった解釈が一般的に行われている。しかし原文では本来文末に付けられるはずの「をかし」という自己判断を述べる述語部分が省略され、「春」＝(イコール・すなわち)「あけぼの」と、その季節の最

もすばらしい時刻を読者に直接提示しているだけである。一般的に、日本語の文の内容は述語の陳述によって統一されると言われているが、こうした述語が省略されることで清少納言は独特の文体を作り出している。

またこの作品が、書かれた時には句読点は付されておらず、後世になって私たちはそれを補って読んでいるわけである。例えば、冬の部分を取り出してみよう。

(例文)
　雪の降りたるはいふべきにあらず。霜のいとしろきも（　　）またさらでも（　　）いと寒きに、火などいそぎおこして炭もてわたるもいとつきづきし。

　例にあげた冬の部分の（　　）には、句点（。）も読点（、）も入りうる。そのため様々な解釈が入り得る余地が生まれているが、これは和文体が話しことばをもとにした書きことばであり、当時はまだ「文」という言語単位が意識されることなくテクストが書かれていたことによる現象なのである。

　その他、根来（1969）は、『枕草子』の文に形容詞「ウ音便」が多い（「いとちかうなりたるに」）、擬音語・擬態語が多い（「みのむし」が「ちちよ」と鳴く）などの、口頭語を直叙した文体に近い性質が見られることを指摘している。これらの特徴も、和文体が話しことばと書きことばが接近した文体であることをよく示している。

研究角度⑥　清少納言による一般化の発想
　第一段にあげられているのは、清少納言が実際に体験した特定の景色描写というわけではなく、各々の季節の美を抽象化・一般化したイメージであり、そこには彼女に特有の発想が表れている。

　これについて渡辺（1981）は、「「やうやうしろくなりゆく・・・たなびきたる」も単なる時刻の天象の説明ではない。明るさの漂い始めた山際に紫がかった雲を細くたなびかせて、曙の視覚的イメージをより鮮明に読む者の内部に喚起させようとしている。『枕草子』はまずイメージを一般化してそれ

を伝達する文学なのである」と指摘している。こういった「イメージ」は直覚的方法によって伝達されるため、この作品ではしばしば短い表現が多くなり、類聚的章段などには物の名だけを列挙した一語一文の形が見られるのである。

〈古典の文体研究〉

ここからは、現代語の文章分析の手法によって古典テクストを言語学的に分析する場合の観点を、いくつかあげておこう。『枕草子』に加え、広く平安期の文学作品を対象に考えてみたい。

研究角度⑦　語り手の存在

平安文学は、和文体確立の過程とともに、その形は変化しながら作られていった。そのため、作品ごとに様々な文体的特性が見られ、物語テクストにおいてしばしば議論される「語り手」の存在も多様である。

例えば『和泉式部日記』では、登場人物の「女」によって内容が語られるだけではなく、「女」には見えない事柄を書き得る第三者的な「語り手」が登場する。作者は、この視点人物(語り手)の背後に立って作品世界の全体を動かすわけだが、この第三者的な語り手の批評は、『源氏物語』における草子地につながっていく。

『源氏物語』は冒頭の「いづれの御時にか」という表現に象徴されるように、極めて物語(虚構)性の強い作品であり、特定の語り手による「物語」という性格を持っている。この語り手は、作品中でしばしば顕在化して登場人物を批評するが、これが「草子地」と呼ばれる部分である。全知の第三者的な語り手の目を通してストーリー(地の文)が語られる「草子地」では、自由に「語ろう」とする意識的な姿勢を見られる。

これが『大鏡』に至ると、全てが対話で成立する構成がとられ、作者の随意になる空想上の登場人物(語り手)の視点を通して、日常の会話体で内容が展開されている。

こういった現象は、ナラトロジー(語り論)を大成したG.ジュネットが、

間接話法と直接話法をめぐって指摘している「語り手」や「視点」の問題へと発展するものだといえる。

研究角度⑧　和文体に見られる和歌的表現
　平仮名は、歌われた音を書き記す和歌の表記から発生した。これは、日本語を日本語として意識的に書く作業であったが、それを通じて日本の伝統的な文芸である和歌(韻文)の内容や表現が学ばれ、和文体は発展していった。よって仮名はその初期においては韻文の表記が中心であったが、『古今和歌集』においては、和歌の前に添える詞書が仮名文字で書かれ、紀貫之が「仮名序」を仮名文字で表現するなど、次第に散文にも広がっていた[4]。こういった経緯から、和文体には和歌に用いられる技法が多く取り入れられている。
　例えば『蜻蛉日記』では歌語や掛詞、『源氏物語』では縁語や引歌といった当時の女性が親しんでいた和歌の技法が豊富である。
　ここではテクスト内の引歌の技法についてとりあげてみよう。引歌とは、『古今和歌集』などの有名な和歌の内容をふまえて作られた和歌中の表現で、引用の一形態と考えることができる。そのため、引歌の存在を知ることはその歌の意味を理解する上で極めて重要な事項であるが、ここでは後から作られた和歌(新しいテクスト)のみならず、もとの和歌(引歌)との関係も含めて新しいテクストの内容が完成するといったインターテクスチュアリティーが存在している。
　例えば『枕草子』の「頭中将のすずろなるそら言を聞きて」の段では、藤原斉信による「蘭省花時錦帳下」という白氏文集の引用と、それに続く句はどのようなものかという問いかけに対して、「廬山雨夜草庵中」という対句をふまえ、公任の和歌「草の庵を誰かたづねむ」と引歌で答える場面がある。このように宮中のサロンにおいて、貴族たちは、共通した教養に基づく洗練された機知にとむ会話の中に、古歌を自在に入れて楽しんだ。それがそのまま、物語の会話部分や地の文にも、表現技法として採用されているのである[5]。

『源氏物語』では、散文で構成された場面の内容を豊かにするために和歌が効果的に挿入されているが、散文自体も和歌的であり、そこにも引歌や掛詞の技法、歌語などが用いられている。韻文と散文の文体が連続的に構成され、特に散文部分の文脈は韻文の技法によって多岐の意味を内包するようになっている。

研究角度⑨　詞書と歌との文脈関係
　和歌には普通、その前に詞書が添えられている。詞書は一文から成るものがほとんどであり、しかもそれは切れずに歌に続いてゆく形をとるため、両者は常に一定の関係を持って存在し、一体化して一つの文脈を形成している。しかし、和歌自体はその内部に独立した内容を持っており、それをより精緻化する解釈のよりどころ（コンテキスト＝状況の規定）として詞書が存在しているという関係を考えると、両者の結びつきはゆるく、非線条的文脈を形成していると見るのが適当である。
　更に、和歌は音声言語であるが、その前に付けられる詞書はそれを説明するために付け加えられた文字言語であるという違いにも注意したい。つまりここでは、「話しことば」と「書きことば」という違うレベルのテクストが連続するという現象が発生しているのである。このように話しことばと書きことばを区別する意識は不十分であり、両者が現代語に比べて近接した関係を持っていたことが分かる。

研究角度⑩　モダリティ
　和文体発生以前の、日本語が漢文訓読体で表記されていた時点では、漢文に書きにくい辞的要素、特にモダリティを示す推量の助動詞は、ムやベシが中心で、他はほとんど用いられていなかった。それが会話文を中心とする和文体が成立して整備が進んでいくと、推量や希望の多彩な表現が書き言葉において行われるようになった。モダリティとは和文体によって豊かな表現が可能になった要素であり、テンスや複雑な敬語などもこれに伴って発達していったのである。

例えば、先にあげた和文体の文章史(研究角度①)の作品に沿って出現する助動詞の様相を観察すると、『竹取物語』に比べて『土佐日記』では終助詞や推量表現を用いる文が頻出しており、『落窪物語』では大部分の推量系動詞が使われるようになっている。

研究角度⑪　比喩表現

　日本の古典的文章である和文体には、直接的なオノマトペ[6]の他にも隠喩や喚喩など様々な比喩表現を見ることができる。例えば、『枕草子』では、「木の花は」の段において橘の実を「花の中より黄金の玉かと見えて」と隠喩的に表現しているほか、「月のいと明き」の段では、「月のいと明きに、川をわたれば、牛の歩むままに、水晶などのわれたるやうに、水のちりたるこそをかしけれ」と、周りの情景の美しさを和歌の「見立て」にも通ずる直喩を用いて表している。

　更に文章構成が持つ比喩という視点で考えることもできる。例えば『徒然草』では、筆者の主張に沿ったエピソード(たとえ話し)が最初に提示され、その後で最も言いたいことが端的に述べられるという構成がとられている。これは、具体的な例をあげて抽象的な主張を読み手に理解させるという、いわゆる一般化への収斂を行うためのアナロジーを用いた文章構成であるといえよう。こういったタイプの文章構造は、仏教説話(『今昔物語集』『宇治拾遺物語』など)においてもしばしばみられる。比喩については、一般的には表現という小さな言語単位の側面から議論されるが、テクストを対象とした研究においては、このように様々なレベルの言語単位(文章・文・節など)から捉えることが可能である。

[課題]
1. 『枕草子』の別の章段について、今回分析した手法を応用してテクスト分析をしてみよう。章段のタイプによって何か特徴が見られるか、共通点や相違点を調べてみよう。
2. 他の和文体のテクストに関して、今回取りあげた事項を選び、分析し

てみよう。その際、古典の文体を分析した先行研究にあたってみよう。例えば、鈴木(1988)は、『徒然草』について、章段の特性(出典の有無)や論理展開(弁証法の利用など)を分析したものだが、こういった先行研究を参考にしてみよう。
3. 『枕草子』以外の古典随筆について、その文体を分析してみよう。時代の差や筆者の性差など、テクストをめぐる状況も含めて社会言語学的な視点から考えてみると面白いだろう。
4. 現代随筆と比べて古典随筆にはどのような違いが見られるのか。第7章なども参考にして調べてみよう。

注

1 渡辺(1981)は、平安朝文学の各作品についてその特徴を指摘しているが、『枕草子』は、鋭い観察力を持って対象を特定の時・所から解放し、一般化したイメージを描いており、『源氏物語』は、事態をより高次の認識によって解釈しており、『枕草子』に比べて一般化の深まりが見られるとしている。
2 [例]に挙げた『新日本古典文学大系』では、「おかし」という表記が用いられているが、以下、一般的なテキストで広く用いられている「をかし」という表記を用いる。
3 五十嵐(1909)は、この『枕草子』冒頭段の構成を、「散叙式」という「ちりぢりに列叙したるだけで、其の間に関係もつけず又統べくくりも」しないが、「その間に隠れたる一脈の筋があ」り、「全体の趣味を繋ぐ」形式と規定している。
4 『古今和歌集』には、まず本編に先行して紀貫之による「仮名序」が置かれ、本編の後にはそれとほぼ同様の内容を持つ紀淑望による「真名序」が置かれている。こうした点にも、仮名が当時の文学において大きな役割を担っていたことがうかがわれる。
5 『枕草子』には、引歌のほかに漢詩文からの引用も見られる。「頭の弁の職にまゐりたまひて」の段では、清少納言は、『史記』の孟嘗君列伝にある函谷関開門にまつわる鶏鳴のエピソードを、自分の歌に取りこんでいる。また「雪のいと高うふりたるを」の段では、『白氏文集』の香炉峰の雪の詩文が引かれている。
6 山口(1998)では、擬音語の多い作品として『今昔物語』を取りあげ、そこに出現する象徴語(54種類)を分析している。それによると、象徴語は大きく3種類(声を模写(例「イガイガ」赤子の泣き声)・物音を模写(例「ブブト」大蜂の羽)・状態を模写(例「ニ

ココニ」ほほえむ))に分けられ、当時存在していた象徴語の 6 割は現代まで継承されているとの指摘がある。

[参考文献]

浅原美子編(1998)『日本の文学とことば』東京堂

五十嵐力(1909)『新文章講話』早大出版会

神谷かをる(1982)「和文の文体史」『講座日本語学 7　文体史 1』明治書院

佐伯哲夫・山内洋一郎(1983)『国語概説』和泉書院

ジュネット, ジェラール著、花輪光・和泉涼一訳(1985)『物語のディスクール』書肆風の薔薇

鈴木久(1988)「徒然草の表現」稲賀敬二・鈴木久・浅野日出男著『表現学大系　各論編第 5 巻』表現学会監修　教育出版センター新社

根来司(1969)『平安女流文学の研究』笠間書院

山口仲美(1984)「文章の展開」鈴木一彦・林巨樹編『研究資料日本文法　構文編』明治書院

山口仲美(1991)「和文体の歴史」『講座日本語・日本語教育 10　日本語の歴史』明治書院

山口仲美(1998)『平安朝の言葉と文体』風間書房

渡辺実(1981)『平安朝文章史』東京大学出版会

10 狂言の分析
「附子」を材料に

[例] 〈狂言「附子」抜粋〉
（主・太郎冠者・次郎冠者登場）

主「これはこの辺りに住まひ致す者でござる。某、ちと所用あって、山一つあなたへ参らうと存ずる。まづ両人の者を呼び出だし、留守の程を申し付けうと存ずる。ヤイヤイ両人の者、居るかやい。
太郎冠者次郎冠者「ハアーッ。
主「ゐたか。
太郎「両人の者、太郎次郎「お前に居りまする。
主「念なう早かった。汝らを呼び出だすは別なることでもない。某、ちと所用あって、山一つあなたへ行くほどに、汝らよう留守をせい。
太郎「イヤ、私、お供に参りませうほどに、次郎冠者をお留守におかれませ。
次郎「イヤイヤ、私、お供に参りませうほどに、太郎冠者をお留守におかれませ。
主「イヤイヤ、今日は思う子細あって両人とも供はいらぬ。しばらくそれに待て。
太郎次郎「畏まってござる。
主（舞台後方から葛桶を持って出て、舞台前方に置く）「ヤイヤイ、これは附子ぢゃほどに、念を入れてよう番をせい。
太郎「その儀でござれば両人とも、ナア、次郎「オウ、太郎次郎「お供に参りませう。
主「それはまたなぜに。
太郎「ハテ、あの者がお留守を致せば、ほかにお留守は、ナア、次郎「オウ、太郎次郎「いりまするまい。
主「それは汝らの聞きやうが悪しい。汝らに言ひ付くるは留守、これはまた附子というて、向かうから吹く風に当たってさへ、たちまち滅却するほどの大の毒ぢゃほどに、さう心得てよう番をせい。
太郎「その儀でござれば畏まってござる。
次郎（主に）「ちと御不審を申し上げまする。
主「何ごとぢゃ。
次郎「向かうから吹く風にあたってさへ滅却するほどの大の毒を、頼うだお方には何としてお取り扱ひなされまするぞ。

太郎(次郎冠者に)「よい御不審を申し上げた。
次郎(太郎冠者に)「その通りぢゃ。
主「不審尤もぢゃ。これは主を思ふ物で、その主が持て扱へば苦しうない。また汝らがそっとでも側へ寄ったならば、必ず滅却するほどに、さう心得てよう番をせい。
太郎「その儀でござれば、太郎次郎「畏まってござる。
主「身共はもはや行くであらう。
太郎次郎「まうお出でなされまするか。
主「留守の程を頼むぞ。
太郎「お留守の程はそっともお気遣ひなされずに、御ゆるりと、太郎次郎「慰うで戻らせられい。
主「頼むぞ頼むぞ。(橋がかりへ行き、狂言座に座る)
太郎(主を見送りながら)「イヤ申し、頼うだお方。
次郎(同じく)「頼うだ人。
太郎「ホ、とっとと行かせられた。
次郎「まことに、とっとと行かせられた。
太郎「まづ下におゐやれ。
次郎「心得た。
太郎次郎「エイエイ、ヤットナ。(両人、大小前に座る)
太郎「さて、最前両人ともお供に参らうと言うたは偽り、まことは、このやうにお内にゐてお留守をするほど楽なことはないぞ、な。
次郎「おしゃる通り、このやうな気楽なことはおりない。
太郎(急に立ち上がって橋がかりへ逃げながら)「ちゃっと退け、ちゃっと退け。
次郎(あとを追いながら)「何とした、何とした。
太郎「今、附子の方から、ひいやりとした風が吹いた。
次郎「それは気味のやうないことぢゃ。

(中略：附子の中から吹く(と感じられる)風を避けるために二人は扇ぎながら桶に近づいていく)

次郎「それならば身共が行て取って来うほどに、我御料精を出いて扇いでおくりゃれ。
太郎「心得た。
次郎「扇げ扇げ。(先ほどの太郎冠者と同様、あおぎながら葛桶に近づく)
太郎「扇ぐぞ扇ぐぞ。(あとに続きながらあおぐ)
次郎「扇げ扇げ。
太郎「扇ぐぞ扇ぐぞ。

(中略：桶の蓋をとって太郎冠者がのぞいてみる。すると「黒うどんみりとして、うまさうな物」であることを発見し、食べてみようとする。)

次郎「アリャ、附子の側へ寄りをった。おのれ、今に滅却せうぞ。
太郎(扇を取り出し、それを飴棒のように使って葛桶の中の物を食べる)「アムアムア

ムアム。
次郎「アリャ、附子を食ふわ食ふわ。おのれ、今に滅却せうぞ。
太郎(左手で額を押さえて)「アア、たまらぬ、たまらぬ。

(中略：太郎冠者はあまりの美味しさに気を失ったようになるが、次郎冠者に起こされる。)

太郎「うまうてたまらぬ。
次郎「何ぢゃ、『うまうてたまらぬ』。
太郎「なかなか。
次郎「して、附子は何ぢゃ。
太郎「こりゃ見よ、砂糖ぢゃ。
次郎(葛桶の中を見て)「どれどれ、まことに砂糖ぢゃ。
太郎「サアサア食へ食へ。
次郎「心得た心得た。
太郎次郎「アムアムアムアム。(両人食べる)
太郎「何と何と、うまい物ではないか。
次郎「おしゃる通り、うまい物ぢゃ。

(中略：主人が自分たちに食べさせまいと嘘をついていたことに腹を立てながら、桶を真ん中に置いて二人で附子を食べる。)

次郎「手の放さるることではない、アムアムアム。(食べ続けるうちに、砂糖がなくなったのに気づいて)ヨウ、イヤなうなう、附子が皆になった。
太郎「ヨウ。よいことをおしゃったの。
次郎「よいことをした、とは。
太郎「ハテ、あの附子はそちや身共に食はすまいと思うて、附子ぢゃの毒ぢゃのと仰せられたものを。あのやうに皆食うたならば、よいとは仰せらるるまい。お帰りなされたならば、この通りまっすぐに申し上げう。
次郎「アアこれこれ、この附子を見初めたも食ひ初めたも、皆そちぢゃ。お帰りなされたならば、この通りまっすぐに申し上げう。
太郎「アアこれこれ、今のはちと戯れごとでおりゃる。
次郎「そのやうな悪い戯れごとは言はぬものぢゃ。して、言ひ訳は何とする。
太郎(脇柱のほうをさしながら)「あのお掛け物を破れ。
次郎「ハア、これを破れば言ひ訳になるか。
太郎「オオ、なるとも、なるとも。
次郎「それならば破らう。(脇柱の前へ行き)サラリサラリ、バッサリ。(掛け物を破る)サア破った。

(中略：太郎冠者は再び次郎冠者に事の顛末を主人に言うとふざける。)

次郎「またしてもまたしても、そのやうな悪い戯れごとは言はぬものぢゃ、して、言

い訳は何とする。
太郎（目付柱のほうをさし）「あの台天目を打ち割れ。
次郎「身共はもはや嫌ぢゃ。
太郎「それはまたなぜに。
次郎（太郎冠者の顔をみつめながら）「また申し上げう、でな。（両人笑う）
太郎「それならば、両人一緒に打ち割らう。
次郎「それがよからう。
太郎「これへ寄らしめ。
次郎「心得た。（両人、目付柱のそばへ行く）
太郎次郎「エイエイ、ヤットナ。（両人して天目を持ち上げる）

（中略：二人で声をかけ合い、三つ数えた合図で割ろうとする。）

太郎次郎「イーヤア、エイ。（両人、手を放す）太郎「グワラリン。次郎「チーン。
太郎「数が多うなった。
次郎「微塵になった。（両人笑う）

（中略：主人が帰ってきたらすぐに泣くように、太郎が次郎に指示を出す。）

主（立ち、一の松まで出て）「やうやう用のことをしまうてござる。両人の者に留守の程を申し付けてはござれども、心もとなうござるによって、急いで戻らうと存ずる。（本舞台にはいり）イヤ何かと申すうち、はや戻った。
太郎「そりゃお帰りぢゃ。泣け。（両人泣く）
主「ヤイヤイ両人の者、今戻ったぞ。（両人泣き続ける）これはいかなこと、某が戻ったを喜びはせいで、なぜそのやうに落涙するぞ。
太郎「次郎冠者、申し上げてくれい。
次郎「太郎冠者、申し上げてくれい。（両人とも泣き続ける）
主「ヤイヤイ、心もとない。どちらからなりとも早う言へ。
太郎「それならば私から申し上げませう。大事のお留守でござるによって、眠ってはなるまいと存じ、次郎冠者と相撲を取ってござれば、次郎冠者が強うござって、私を目より高う差し上げ、既に投げうと致しましたによって、投げられてはなるまいと存じ、あのお掛け物に取りついてござれば、（脇柱のほうをさし）あれ、あのやうに破れました。（泣く）
主「これはいかなこと、秘蔵の掛け物を散々にしをった。
次郎「それを取って返すとて、台天目の上へズデイドウ。（目付柱のほうをさし）あれ、あのやうに微塵になりました。（両人、激しく泣く）
主「南無三宝、秘蔵の台天目まで微塵にしをった。おのれら両人生けておく奴ではないぞ。
太郎「とても生けておかれまするまいと存じ、附子なと食て死なうと思うて、（次郎冠者に）なう次郎冠者、次郎「オオ。
主（葛桶の中を見て）「これはいかなこと、附子まで皆にしをった。さてもさても憎い奴でござる。（肩衣の片袖を脱ぐ）

> 太郎「一口食へども死なれもせず、次郎「二口食へどもまだ死なず、太郎「三口四口、次郎「五口、太郎「十口余り、(このあたりから両人立ち、舞い始める)太郎次郎「皆になるまで食うたれども、死なれぬことのめでたさよ。アラ頭固やんにゃ。(両人、舞いながら主の頭を扇で打って、大笑いする)
> 主「何の頭固やんにゃ。(扇を振り上げる)
> 太郎「アア、許させられい。太郎次郎「許させられい、許させられい。(逃げ入る)
> 主「おのれ、どちへ行く。あの横着者、誰そ捕らへてくれい。やるまいぞやるまいぞ、やるまいぞやるまいぞ。(追い込む)

『小学館　新編日本古典文学全集』より（大蔵流茂山千五郎家の現行詞章）

本章のねらい

　狂言は本来、演劇という音声言語として人々に享受されてきたが、やがて台本として文字言語化され、今日に至っている。本章では、この音声言語と文字言語とが連続した形で存在する狂言のテクストをとりあげる。音声言語が文字言語として扱われることでどのような変化が生じるのか、また狂言という演劇における「身体表現」はどのように文字言語(テクスト)の中で実現されているのか、更に狂言がテーマとする「笑い」と言語活動にはどのような関係があるのかなどについて観察してみよう。具体的には、以下のような角度をとりあげたい。ここでは便宜のために〈概論的事項〉と〈具体的分析〉に分けて示す。

> **研究角度一覧**
> 〈概論的事項〉
> ①狂言「附子」のテクスト概説
> 〈具体的分析〉
> ②狂言の口語的性格　③狂言テクストにおける「笑い」のタイプ
> ④狂言の登場人物と「笑い」　⑤狂言の構造
> ⑥狂言のレトリック　⑦狂言の身体表現

〈概論的事項〉
研究角度①　狂言「附子」のテクスト概説
1)狂言「附子」の概説

　狂言とは、中世南北朝(14世紀半ばから末)の動乱期に、猿楽から能とともに分かれた対話からなる庶民喜劇である。写実性が強く、大衆的な芸能で、その内容は、日常生活に密着した素材を脚色したものや、広く人々に親しまれた民間説話との関係が深いものなどがある。成立当初の狂言は即興的・流動的な性格を持つテクストであったが、江戸時代に入ってから各流派の家元によって台本が書き留められ、流儀の統制下にはない役者達の台本『狂言記』も出版された。

　さて、「附子」は、太郎冠者をシテとする小名狂言(太郎冠者物)である。登場人物は、大名よりも名田の所有の少ない者(小名)である「主」と、その下人である「太郎冠者・次郎冠者」であり、この主従の日常の出来事が描かれている。

2)「附子」の内容

　山向こうへ二三日逗留するために出かける主人は、太郎冠者(シテ)と次郎冠者に留守を命じる。その際、附子という毒の入った壺があるから大切に番をせよと言いつける。(「附子」とは「とりかぶと」から製した毒薬の名である。)二人は、その方から吹く風に当たってさえ死ぬというの大毒「附子」が気になり、扇であおぎながら恐る恐る近づいていく。太郎冠者が蓋をとって食べてみると、その中身は黒砂糖だと判明する。自分たちに食わすまいと主人が嘘をついていたことに腹を立てながらも、砂糖の美味しさに夢中になり、二人は桶を奪い合って全部食べてしまう。その後、太郎冠者の発案で、主人秘蔵の掛け軸を引き裂き、天目茶碗を微塵に打ち割り、主人が帰宅すると泣き出して、留守中に相撲を取って大切な品々をこわしたので、死んでお詫びしようと附子を食べたがまだ死ねないという弁解をする。これに怒った主人は、二人を追い込んでいく。

3)「附子」の間テクスト性

　あらゆる言語テクストは、他の言語テクストと関わりをもって存在しており、狂言もその例外ではない。例えば、近世初期の狂言師大蔵虎明は、著書『わらんべ草』において「附子」は鎌倉時代の説話集『沙石集』に拠ったことを記している。その話とは巻八(古活字本巻七)の「児ノ飴クヒタル事」という山寺の坊主と児の話である。狂言の最古の台本『天正狂言本』では、「附子砂糖」(「附子」の原型)という演目があり、この仏教説話そのままの設定で坊主と二人(新発意)[1]が登場する。しかし、江戸時代以降は、主人と太郎冠者の型で演じられるようになり、結末の内容も、附子を食べても死ななかったことを一同が喜び浮かれるというものから、反抗した従者(太郎冠者と次郎冠者)を主が追い込むというように変化している。ここに、説話テクストと深い関係を持っていた狂言テクストが、組織化され変化していく過程を見ることができる。

　このように狂言の筋立ては、説話(『宇治拾遺物語』や『沙石集』)から借りてきたものが多いと言われており、音声言語としての狂言テクストの成立には、まず第一にその周りに(仏教)説話という文字テクストが存在する環境があったということができる。

　しかし、この和尚と児の話は、こういった文字テクスト以前から民間に伝承する内容であり、『一休関東話』などを経て現在も「昔話」として各地に伝わっている。よって狂言の典拠としては、古典文学の文字テクストだけではなく、現に語られていた口承の民間説話(音声テクスト)との関係にも注目すべきであろう。こう考えると、今度は音声テクスト相互(民間の口承説話と狂言)に存在する間テクスト性も見えてくるのである。

〈具体的分析〉
研究角度②　狂言の口語的性格
1)口語的表現の積極的な利用

　室町時代の上方の庶民の話しことばを基本とするせりふ劇である狂言は、当時の日本語の実状を示す資料の一つと位置づけられる。但し、言葉は時代

とともに変化するものであり、特に音声言語によって発達してきた口承文芸である狂言の言葉は、その演劇が成立した室町末期以後の要素をも混在していると見るべきであろう。

つまり、台本として書き留められるまで即興で演じられていた台詞は、当時の日常語とともに変化していったはずであり、現在私たちが耳にする台詞は、特に台本が書かれた江戸時代初期の言語に近い性格を持っていると考えなければならない[2]。

また、『沙石集』に見られる内容(筋)の面白さの他に、「附子」では、「対話」という口語表現が持つ面白さが加えられている。口語表現によって生ずる言い回しややりとりのおかしさ、そして口語であるからこそ多くの人々に受容されたという特性は、狂言が口語的表現を積極的に利用した点に拠るところが極めて大きいのである。

2) 音声言語と文字言語の連続性

現在でこそ狂言には「台本」(文字テクスト)が伝わっているが、本来これは音声テクストとして成立したものであり、音声テクスト(演劇)の文字起こしとして文字テクスト(台本)が成立した。台本とは、口承で伝えられてきたその当時の舞台を記すのが原則だが、その場の即興などによって台詞の変動などは当然あったと予想される。こういった音声言語のゆれやすさの結果、流派や写本によって演目の内容に差異が生じたのである。

狂言の最も古い台本は、『天正狂言本』(1578)であり、その後1600年代後半頃から大蔵流(山本東本・茂山千五郎家本など)、和泉流、鷺流といった各流派が台本を完成させた他、特に流派に属さない演者たちのための『狂言記』なども書かれた。

現在私たちが入手できるテクストとしては、「山本東本(古典文学大系：岩波書店)」「茂山千五郎家本(新編古典文学全集：小学館)」「狂言記(新日本古典文学大系：岩波書店)」などがある。例えば冒頭部の内容は、写本によってテクストに次のような違いがある。

(例文1)
(山本東本)
　これはこのあたりに住まい致す者でござる。今日は　所用あって山一つあなたへ参りまする。まず両人の者を呼び出だいて留守を申し付きょうと存ずる。ヤイヤイ両人の者、あるやかい。

(茂山千五郎家本)
　これはこの辺りに住まひ致す者でござる。某、ちと所用あって山一つあなたへ参らうと存ずる。まづ両人の者を呼び出だし、留守の程を申し付けうと存ずる。ヤイヤイ両人の者居(を)るやかい。

　また『狂言記　外五十番』(1700)に所収された「附子」は、内容が簡略化されており[3]、両冠者が附子を砂糖と知って桶からすくって食べる部分の挿し絵が描かれている。この挿し絵は、狂言の役者のみならず一般の人々の読み物とする意図から添えられたものと考えられる。つまり、音声であった演劇(狂言)が文字(上演台本)に変化したばかりでなく、読み物としても享受されるようになったわけである。
　この他、「台本」テクストについて注意したいこととしては、もとは音声言語であった台本中の台詞を、書き手は「文字言語」と意識して記述していることが挙げられる。台本に書き込まれた時から、狂言の言葉は、流動的な市井の口語から固定した舞台語へと変化する。また台詞の語彙や語法は音声言語的な要素を持つが、フィラーや言い直しなどが消えている点で、実際の談話(ディスコース)とは異なる音声言語という特性を持っている。

3) 登場人物による言葉遣いの違い
　話しことばの芝居である狂言は、その話術に特徴がある。日常会話とは異なり、一音一音が明瞭かつゆっくり発音され、誇張されたアクセントやリズムが存在する。「附子」の冒頭部分「これは｜このあたりに｜すまい｜いたすもので｜ござる」では、「｜」を入れた部分で区切り、各々の第二音目に

アクセントを付けた節回しで演じられることが多い。
　また、狂言では登場人物によって言葉が使い分けられる。例えば、登場人物の自己紹介に当る「名のり」の末尾の指定表現(〜デアルに当たる表現)には、各々の人物の性格を印象づける目的で「ござる」、「候」、「です」など様々な形式が用いられている。
　一人称や二人称代名詞も、今述べた文末述語や待遇表現と関係し、様々の使い分けが見られる。一曲の内部で登場人物相互は筋の進展と共に微妙に関係を変化させるが、相手に対する心理的な動きはこれらの表現に反映される。ここでは「附子」に見られる代名詞をいくつか観察してみよう[4]。

(例文2)
　主「これはこの辺りに住まひ致す者でござる。某、ちと所用あって山一つあなたへ参らうと存ずる」

　冒頭第一声の名のりに一人称は二種類用いられている。特定の相手を意識していない、もしくは上位の者(主)が下位の者(太郎冠者・次郎冠者)に話しかける用法である。

(例文3)
　太郎「イヤ、私、お供に参りませうほどに、次郎冠者をお留守におかれませ」

　これは太郎が主に話しかける時の台詞で、目下の者から目上の者への例である。

(例文4)
　次郎「それならば身共が行て取って来うほどに…」

　同じ身分の低い者でも、身分の低い者どうしが話す場合は一人称を変化さ

せる。

　更に興味深いことは、太郎冠者と次郎冠者という身分の低い者同士の一定化した関係でも、相手への呼びかけ(二人称)が変化する。

(例文5)
　次郎「アアこれこの附子を見初めたも食ひ初めたのも皆そちぢゃ」
　太郎「そなた行て壺を取って来ておくりゃれ」
　次郎「我御料(わごりょ)精を出いて扇いでおくりゃれ」

　これは、身分関係は変化しなくとも、場面によっては、次郎が太郎に依存的であったり、弱みが合ったりといった双方の力関係や心情に変化が見られるために、人称に細かい使い分けが行われているのである。

4)狂言における対話

　狂言という「対話劇」では、登場人物の内面の心の動きは、台詞を通じて観客に明示される。例えば『沙石集』では一人の児にあった役割が、「附子」では二人の家来によって演じられることで、心情の揺れを更に細かく描写することが可能となったわけだが、それは登場人物の言葉遣いによってはっきりと伝えられる。こういった狂言の「対話」を観察してみると、劇中の音声言語という特殊な性格を持っているものの、一般の日常談話を対象とした分析で取りあげられる事項も、多々含まれていることが分かる。

(例文6)
　①次郎(主に)「ちと御不審を申し上げます。
　②主「何ごとぢゃ。
　③次郎「向かうから吹く風にあたってさへ滅却するほどの大の毒を、頼うだお方には何としてお取り扱ひなされますぞ。
　④太郎(次郎冠者に)「よい御不審を申し上げた。

⑤次郎(太郎冠者に)「その通りぢゃ。
⑥主「不審尤もぢゃ。これは主を思ふ物で、その主が持て扱へば苦しうない。また汝らがそっとでも側へ寄ったならば、必ず滅却するほどに、さう心得てよう番をせい。

（例文6）では、①と②、④と⑤が「呼びかけ—応答」という隣接ペアを成している。これは別の会話のあいづちにおいても、太郎が「ナア」と呼びかけ、次郎が「オウ」と返事をするといった部分などでも見られるペアである。また③と⑥は離れているが「質問—解答」の構成になっており、この短いやりとりの中だけでも、重層的にペアが構成されていることが分かる。

他にも、主が出ていった直後に、太郎が「まづ下におゐやれ。」と言い、次郎が「心得た。」というやりとりが見られるが、「太郎＝情報や話題の提供」、「次郎＝あいづちや受け答え」という役割を持っていることが、対話から明らかとなる。

このように狂言テクストは古典の談話に属するが、現代語の談話分析の手法を応用して分析を行うことが可能なのである。

研究角度③　狂言テクストにおける「笑い」のタイプ

1) 狂言における「笑い」とは

「附子」は、『沙石集』に素材やヒントを得たという性質上、社会生活におけるモラルを示した社会劇という側面を持っているが、そのテーマは「笑い」である。初期の狂言は、低俗な内容や露骨なしぐさなどで笑わせるといった、その場限りの野卑で低級な滑稽性を持っていたようであるが、時代と共に普遍的な人間喜劇に変容し固定化することで、高い社会性をも備えた芸術の形が形成されていったと考えられる。

2)「狂言」テクストに出現するいろいろな「笑い」

狂言のおかしさには、ことば[5]、ものまね、趣向など、様々な要素が含まれる。ここでは、「附子」に見られる「笑い」を具体的に取りあげてみよ

う。

〈言語の意味から生じる笑い―とりちがえ―〉
　主が「これは附子ぢゃほどに、念を入れてよう番をせい」と言ったのに対して、太郎冠者と次郎冠者は「ぶす(附子)」と「るす(留守)」と聞き違える。主は「それは汝らの聞きやうが悪しい。汝等に言い付くるは留守、これはまた附子というて…」とたしなめる。これは「ぶ」と「る」という類音を聞き違えたために生ずる誤りである。

〈せりふのやりとりから生まれる面白さ―くりかえし・数え歌―〉
　「附子」では多くのくりかえしが見られる。これは、笑いを目的としたディスコースである「落語」や「漫才」などでもよく用いられる。また会話分析では、その連鎖や強調などの手段として対話における繰り返しの研究が行われている。以下に具体的な例をいくつか見てみたい。

(例文7)
　①太郎冠者「イヤ、私、お供に参りませうほどに、次郎冠者をお留守におかれませ
　　次郎冠者「イヤイヤ、私、お供に参りませうほどに、太郎冠者をお留守におかれませ
　②太郎冠者「ホ、とっとと行かせられた」
　　次郎冠者「まことに、とっとと行かせられた」
　③太郎冠者「うまうてたまらぬ。
　　次郎冠者「何ぢゃ、『うまうてたまらぬ』。

　①と②は完全に太郎冠者と同一の言葉をほとんど考えもなしに次郎冠者が繰り返しており、③は太郎冠者の言い分を疑問に思った次郎冠者がおうむ返しにして疑問文を作っている。これらの繰り返しから、二人のキャラクターの類似性や、おかしみが浮き出てくる。

もう少し大きなまとまりとしては、「扇げ扇げ」という言葉を繰り返す部分があげられる。ここは、従者の二人が用心しながら附子に近づいて蓋を開けるまでの部分だが、怖いながらもどうしても中身が見たいという欲求を抑えられない感情が、繰り返しによって効果的に表されている。

(例文8)
太郎冠者「一口食へども死なれもせず、次郎冠者「二口食へどもまだ死なず、
太郎冠者「三口四口、次郎冠者「五口、太郎冠者「十口余り・・・

ここは、言い訳を謡いにして演ずる部分だが、大変調子の良い数え歌となっており、観客も楽しめ、印象に残る。結末の退場までをリズミカルに一気に演じ、舞台に締まりを与える効果も持っている。

〈その他〉
全体の内容として、二人の従者が「いたずら」をすることに対する笑いや、物欲に執着する主に対する「風刺」の笑いなどが含まれている。また演劇であることから、扮装や身振りの面白さなども笑いを作る上で重要な役割を果たしている[6]。

研究角度④　狂言の登場人物と「笑い」

狂言の面白さは、演技や詞によって表現される人物の心理や性格の表出によるところが大きい。つまり、登場人物がどういう身振り(シグサ)で、どういうふうに(間や音調)、どんなことを話すのかによって笑いが生み出されるのである。

ここでは、「附子」に登場する人物の性格類型や関係、役割分担を考えてみよう。

まず主については、人間のさもしさがよく表現されており、従者にからかわれて観客に笑われるが、主従の関係には心の通い合いも感じられる。

召使いの太郎冠者は、附子の正体をつきとめようとする「大胆」な面と、附子から風が吹くと「ちゃっと退け」と怖がる小心者の面とを持っている。また主人のお供を面倒に思う横着なところや、附子を食べてしまった言い訳の策をめぐらす利口な面を持っている。次郎冠者は太郎冠者の弟分である。調子にのって太郎と協調する一方で、牽制もする。ことの顛末をこのまま主にいいつけようとする律儀な点もあるが、太郎冠者のいいなりになってしまう(掛け軸を引き裂いたり、台天目を割ったりする)まぬけな点もある。この次郎冠者は、時に太郎の立場に引っ張られ、時に主の立場に引っ張られるといった、太郎と主とを結ぶ性格を持っている。これが微妙な笑いを生み出しているとも考えられる。

　二人の冠者の性格を大きく捉えると、太郎は積極的で次郎は慎重という傾向があり、また、附子に近づく時には、扇を太郎冠者が上下なら次郎冠者は左右にと変化をもたせて扇ぐという役割分担がある。だが、主人の留守にいたずらをして揃って叱られる点では共通である。ここから、太郎と次郎は、一人の人間の様々な部分を分担しているといった極めて似た立場にありながらも、必ずしも同一の個性を持ってはいないという、非常に興味深い関係にあることが分かる。

　また「附子」の大部分は、この太郎と次郎の二人組のやりとりで構成され、観客の笑いを誘う。現代の二人組の対話による笑いには「漫才」におけるボケとつっこみによる笑いや、「コント」のように二人のやりとりの分担はなく動きや内容によって笑わせる笑いなどがあげられる。狂言においては、これら両方の要素が混入して笑いが作り出されているのではないかと考えられる[7]。

研究角度⑤　狂言の構造

　「笑い」というテーマを持つ狂言は、そのおかしさを出来る限り強くアピールする目的で内容展開が工夫されている。つまり、「笑い」という意図が一貫して全体を貫いている。

　「附子」のストーリーは、『沙石集』のプロット[8]が忠実に舞台化されてい

るとみてよい[9]。但し狂言では、次郎冠者に相当する新発意(しんぼち)が一人増え、言葉遊びや結尾部分の内容の改変があることから、「主の留守に従者が主の大切にしていたものを消費してしまう」という説話のプロットをもとに、趣向を凝らし、役者の歌舞や語りという芸術性を加味することで独自性が築かれていったと見ることができよう。

さて、狂言は一場を原則とし、発端・展開・結末の3つの部分に分けられる。以下「附子」の全体構造を見てみよう。

読み物の性格の濃い『狂言記』の構成を見てみると、①主が附子の番を言いつけて外出、②附子に二人の冠者が興味を持つ、③二人は附子の正体を砂糖と知り食べてしまう、④附子を食べた言い訳作りのために掛け軸を破り、天目茶碗を割る、⑤主人が帰宅して二人は言い訳を言う、⑥数え歌の節を付けた言い訳をしながら退場、といった6つの改行段落から構成されている。これを上記の3つの部分に捉え直すと、発端＝①、展開＝②〜④、結末＝⑤〜⑥となる。

まず発端部についてだが、狂言では定型性が強い部分であり、附子では主の「名のり」から、従者二人を呼び立て、留守を言いつけるといった型になっている。「名のり」はこれだけでただちに狂言を連想することのできる典型的な開口のことばで、表層的には登場人物の自己紹介だが、これに続く他の登場人物とのやりとりという展開につながる定型的言語表現であり、全体構造を支える枠組みとしての役割を果たしている。

次の展開部では、留守を言いつけた主が外出し、残った二人の者が問答を行う。ここが演目の中心部分であり、太郎冠者と次郎冠者の諸々のやりとり、すなわち、附子の正体を知り、それを食べてしまい、言い訳を取り繕うといった内容に多くの笑いが含まれる。

ここでは二人の冠者による「禁止→葛藤→禁止を破る」という展開や、言い訳作りにおける「(太郎冠者の)提案→(次郎冠者の)拒否→(太郎冠者の)誘い→(次郎冠者の)承諾→(二人の)実行」という展開が見られる。これらは共に、物語の構造に通じるものである。

結末部では、屋外へ出た主が戻ってきて、展開部分で起こった問題に決着

がつく。ここでは太郎冠者と次郎冠者が主に附子を食べてしまったことに対する言い訳が行われるが、太郎が「それならば、私から申し上げませう」と始め、「大事のお留守でござるによっ<u>て</u>……次郎冠者と相撲を取ってござれ<u>ば</u>、次郎冠者が強うござっ<u>て</u>……」と接続助詞の「て」や「ば」を用いて時系列で行動や考えたことをつなぎ、結果へ進んでいく語りの構造が見られる。ここでは日常会話における経験を話題にした語りと同じ手法が用いられている[10]。

一番最後の締めくくりは、「込み」という「やるまいぞ、やるまいぞ」という退場の形で終わる。ここは、主人が二人の冠者を追いかける行動が終

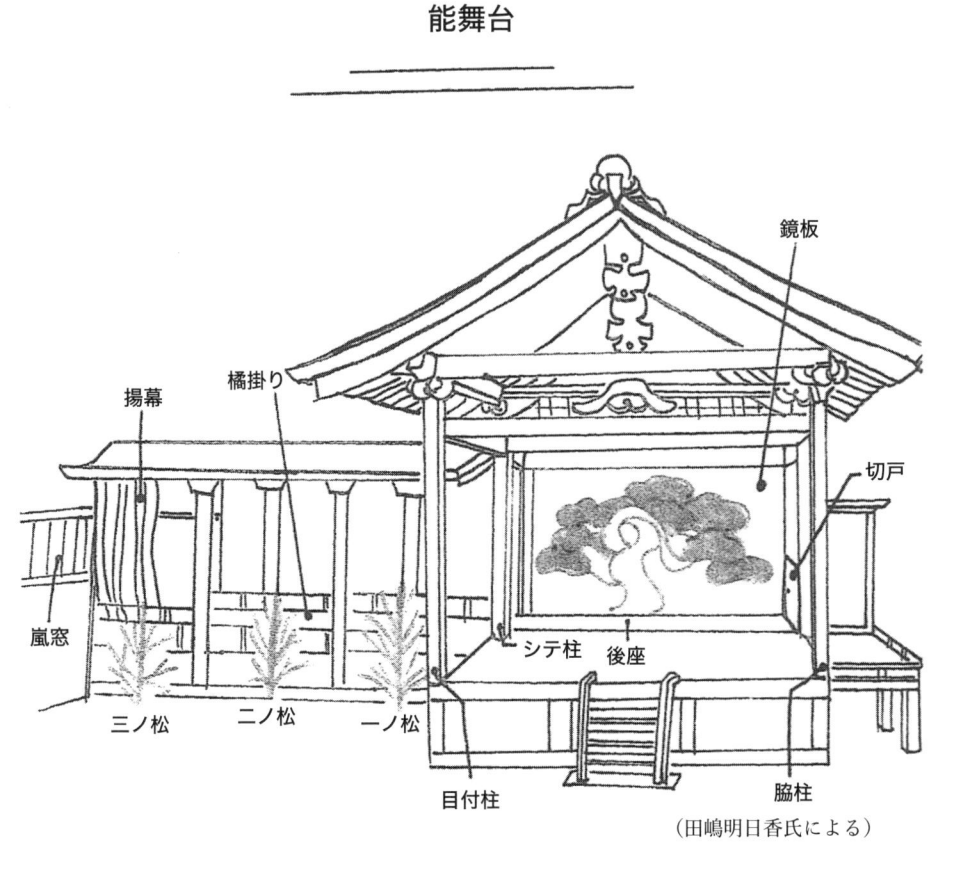

能舞台

（田嶋明日香氏による）

結のマーカーとなるが、その直前の数え歌や主人の頭をたたく仕草は、そういった結尾への移行をスムーズにするエピローグを構成している。

以上、狂言「附子」の構造を見てきたが、同じ「笑い」をテーマとする落語では「オチ(下げ)」が笑いの中心とされ、その構造モデルが考えられている他、4コママンガの構造なども「語り」のテクストという点では共通しており、笑いが生み出される理由を考える上で参考となる[11]。

研究角度⑥　狂言のレトリック

狂言を特色づけることばとしてはまず、擬音語・擬態語(オノマトペ)があげられる。これは仕草や出来事を説明し、象徴的に示す役割を果たしている[12]。

擬音語や擬態語は、普通の劇なら実際の効果音などが用いられるようなところを、狂言では役者がセリフとして言うことが多い。これは、次項で取りあげる「ト書き」に示される身体性と言語性が狂言では連続的であるという特性によるもので、他の劇にはほとんど例を見ない大変面白いことである。「附子」の中の擬音語では、「サラリ。バッサリ(掛け軸を破る音)」や「グワラリン。チーン(焼き物が割れる音)」、附子を食べる時の「アムアムアム」、相撲をとって投げられた時の「ズデイドウ」といった表現が見られる。擬態語では黒砂糖の様子に「どんみり」が用いられており、これは現代語では使われないが、よくその様子を表している。これらは劇の中の様子の描写だけでなく、舞台にリズムやおかしみも作りだしている。また、「アムアムアム」と登場人物が擬態語を口に出していうことは、観客に「食べている」ことをはっきりと提示しているのであり、ここから狂言が内面を観客がくみとるのではなく、外面にアピールする性格の劇であることが分かる。

その他のレトリックについては、中村(1991)のレトリックの種類に沿っていくつかあげておきたい。例えば「笑い」の部分でもあげたが、台詞の繰り返しや「扇げ扇げ」の部分などは反復のレトリックであり、また「留守」と「ぶす」という取り違えは多重のレトリック中の「だじゃれ」である。更に、「風が吹いても死ぬ」といった部分は「摩擦」の一種である誇張法と見

ることができる[13]。

研究角度⑦　狂言の身体表現

　狂言は、役者の「身体性(しぐさ)」と「言語性(せりふ)」、その他「舞台装置」や「道具」「音楽」など様々な要素から構成されている。脚本テクストのト書きとは、実際に表現される音声以外の言語随伴行動が書かれている部分であり、台詞以外の要素として読者に最低限は知っておいてほしい指示が書かれている。演劇には、動作を伴うことで台詞の意味が明らかになるという特徴があるからである。(例:台詞の中の指示「ヤイヤイ、これは附子ぢゃ」)つまり、身体的な動きは、言語的表現から観客が想像する内容をより豊かにしているのである。

　こうした「身体性」に関わる叙述は物語の描写にも見られるが、通常の文字言語のテクスト分析では、それ以外の部分との関係性(脚本においては「台詞」の部分)などが大きく取りあげられることはほとんどない。しかし、脚本テクストにおいては、この「ト書き」もテクストの重要な構成要素の一部として分析の対象とする必要がある。これは、より「読み物」的な性格の強い『狂言記』ではト書きがほとんどないことと併せても、明らかである。

　さて、本来役者の動きは人から人へと直接身体で教え伝えられるが、「言葉」として動作を教えている部分がト書きである。つまり狂言のテクストには、音声を伴わない身体的側面と音声を伴う言語的側面との両方が含まれ、一つのテクストとして存在しているのである。演技における言語と非言語との両方のコードがひとつのテクストの中に存在し、書き分けられているのである。このように脚本では、「本文」と「ト書き」という演じ手にとっての二重のコードが併存し、相互が補完しあうことで完結している[14]。

　またト書きには小道具も示されている。「主(舞台後方から葛おけを持って出て舞台前方に置く)」といった、黒漆塗りのかずら桶が附子の入れ物と見立てられているなどの例がある。一般に狂言では道具の種類が少なく(扇や傘、刀など)、多くは役者の身振りで表現され[15]、比喩的な機能を果たしているのである。

[課題]
1. 写本によって台本の表現がどのように異なっているのか、またそこからどのような特徴があげられるのかを、「附子」の他の部分、または他の演目を取りあげて観察してみよう。
2. 狂言の会話文において、文頭に置かれる感動詞(イヤ、サテ、ヤレなど)や文末に置かれる感動詞(カナ、ヤ、ヨ、ワ、ゾなど)がどのように用いられているのか(呼びかけや応答詞、疑問など)、また「エイエイ」「ヤットナ」といったかけ声が登場人物ごとにどのような特徴を与えているかなどを分析してみよう。
3. 狂言の「笑い」はどういった場面で想定されているか、台本の内容展開や登場人物のやりとりを中心に考えてみよう。
4. 狂言では一対一の「対話」によって内容が展開していく。この話し手と聞き手が交替しあう「対話」の特徴に基づいて、狂言全体の流れを観察してみよう。

注
1 出家して間もない人、新たに仏門に入った人。
2 野村(2005)では、狂言の登場人物である田舎大名や太郎冠者、諸国百姓がミヤコの言語を駆使できる理由として、ミヤコの言語が狂言の詞章に乗って各地に伝播したとするメディアとしての演劇という位置づけを行っている。
3 太郎冠者と次郎冠者の「扇げ扇げ」といって附子にだんだん近づいていき、蓋を取るまでのやりとりなどは、省略されている。
4 池上(1996)では、狂言における人称を以下のように整理している。
　　一人称：わたくし・こち・みども・それがし
　　二人称(尊)こなた・そなた・わごりょ・なむぢ・そち・おのれ(卑)
5 言語と笑いについては、小泉(1997)や金水(1992)などの語用論的な立場からの研究がある。

6 野村(1996)は「落語の笑い」の性格をレトリックの観点から整理している。また、佐々木・森岡(1992)では、狂言における罵り語や喧嘩の場面に見られる「笑い」を考察している。
7 「漫才」のボケとつっこみの機能を、安部(2004)は以下のように定義している。
　　ボケ＝おかしみの構造図を完成させる表現
　　ツッコミ＝ボケの後続部分でおかしみを効果的に伝達する言語操作
8 「プロット」とは文芸批評などで用いられる用語で、物語のあらすじを意味する。「ストーリー」が出来事の時間的な流れを中心に捉えているのに対して、「プロット」は出来事の因果関係を中心に捉えたものである。
9 談話の構造については、プロップらによる文章構造分析、社会言語学からの談話分析がある。また山口(1984)は、今昔説話の文章展開は、「発端－事件の展開－クライマックス－結末－解説」という様式と捉えている。
10 社会言語学の視点からLabov(1972)は、「Abstract-Orientation-Complicating event-Resolution-Coda」という「語りのモデル」を提示している。
11 尾上(1999)では、落語は「全体として〈下げ〉に向かって営々と築きあげられる〈素材紹介〉と〈共感形成〉の準備のいとなみ」だと考えられている。また、落語や漫画の構造モデルには次のようなものがある。
　　＊落語の構造モデル(野村　1994)
　　　登場→ マエオキ → マクラ → 本題 オチ →ムスビ →退場
　　＊4コママンガの構造(古岩井 1998)
　　　1コマめ　状況　　2コマめ　発端　　3コマめ主人公の心理的動機と反応
　　　4コマめ　意外な結果
12 壽岳(1983)は、「狂言に於てはセリフ中に使われた擬声語も多いが、ト書の部分にもかなりでてくることは興味あることである」と指摘しており、狂言においてオノマトペは効果的に多用されていることが分かる。
13 中村(1991)におけるレトリックの類型は「展開のレトリック＝配列・反復・付加・省略」と「伝達のレトリック＝間接・置換・多重・摩擦」がある。また落語のレトリックの例では、野村(1994)が、ジグチオチ(地口)という同類・類音異義語による語句のシャレがオチの大半のタイプだとしている。
14 写本では、ト書きは文字を小さくして記入されている。
15 落語においては小道具を扇子が全てひきうけている。

[参考文献]

安部達雄(2004)「笑いとことば―漫才における「フリ」のレトリック―」『文体論研究』50　文体論学会

荒木良雄(1956)『狂言』創元社

池上秋彦(1996)『国語史から見た近代語』東苑社

伊藤博之・今成元昭・山田昭全編(1995)『仏教文学講座第七巻　歌謡・芸能・劇文学』勉誠社

尾上圭介(1999)「落語の〈下げ〉の談話論的構造」『日本語学』18(10)明治書院

北川忠彦(1974)「謡曲狂言と説話文学」市古貞次・大島建彦編『日本の説話　第4巻』東京美術

金水敏(1992)「ボケとツッコミ―語用論による漫才の会話の分析―」『上方の文化上方ことばの今昔』大阪女子大学国文学研究室編　和泉書院

小泉保(1997)『ジョークとレトリックの語用論』大修館書店

古岩井嘉蓉子(1998)「〈語り〉としての漫画の構造―〈笑い〉の意味するもの―」『文体論研究』44　文体論学会

小山弘志他(1990)『岩波講座　能・狂言Ⅴ　狂言の世界』岩波書店

小山弘志他(1990)『岩波講座　能・狂言Ⅶ　狂言鑑賞案内』岩波書店

佐々木みよ子・森岡ハインツ(1997)「悪態の笑い―狂言と落語―」『日本語学』16(1)明治書院

壽岳章子(1983)『室町時代語の表現』清文堂出版

中村明(1991)『日本語レトリックの体系』岩波書店

野村剛史(2005)「狂言の言語―その近世スタンダードとの関係―」『国文学解釈と教材の研究』50(7)学燈社

野村雅昭(1994)『落語の言語学』平凡社

野村雅昭(1996)『落語のレトリック』平凡社

橋本朝生(1993)「狂言と説話」本田義憲編『説話の講座第六巻　説話とその周縁―物語・芸能―』勉誠社

蜂谷清人(1991)「狂言の日本語」『日本語学』10(11)明治書院

安田章(1996)『国語史の中世』三省堂

山口仲美(1984)「文章の展開」鈴木一彦・林巨樹編『研究資料日本文法第8巻　構文編』明治書院

Labov, W. (1972) *Language in the Inner City*. Blackwell

―テクスト―
北川忠彦・安田章校注(2001)『新編日本古典文学全集　60　狂言集』小学館
小山弘志校注(1960)『日本古典文学大系 42　狂言集　上』岩波書店
橋本朝生・土井洋一校注(1996)『新日本古典文学大系　58　狂言記』岩波書店

＊能舞台のイラストは、お茶の水女子大学狂言研究会の田嶋明日香氏が作成したものである。

事項索引

あ

あいさつ　29
あいづち　29, 111
AIDMAの法則　48
ア系　117
アスキーアート　163
アスペクト　188, 202
アナロジー　172, 231

い

言い直し　243
位相　140, 169
一人称　143, 244
一貫性　192
一般化の発想　227
隠語　169
因子分析　150
インターテクスチュアリティー(間テクスト性)　229
引用　119, 211
引用表現　190

う

ウィキペディア　31
ウェブ上の文学　174

え

エッセイ　210
絵文字　23

お

応答詞　29
大阪弁　141
オノマトペ(擬音語・擬態語)　231

音声言語　239
音声言語と文字言語の関係　12
音声言語と文字言語の連続性　242
音声テクスト　241

か

下位語　206
会話参加者　105
会話展開の型　105
会話の構成　75
顔文字　24
書きことば　35, 169, 222, 230
書きことばの種類　10
書きことばの特徴　9
重なり　73, 110
数え歌　247
語り手　228
語り手の設定　148
語りの構造　251
間接的行動指示　121
間接的文脈　51
間テクスト性(インターテクスチュアリティー)　241
感動詞　29, 114
関連語句　191
緩和表現　78

き

擬音語・擬態語(オノマトペ)　227, 252
聞き取り不能箇所　74
擬似会話　36
逆説の接続詞　208
キャッチコピー　47
キャッチコピーの表現形式と効果　52
キャッチコピーのレトリック　57
ギャル文字　24
狂言の構造　249

共通語　141

く
空間的配置　181
区切り表記記号　28
句点　50
句読点　227
くりかえし　247

け
ケータイ小説　174
ケータイメール　19
結束性　191
言語の6機能　53

こ
語彙　58
語彙の結束性　206
語彙の連鎖　191
広告の文章の歴史　59
口語的表現　241
構成　46
構造　197
構造・構成　164
国語教育　6
コ系　115, 203
5W1H　184
5段階尺度　150
小道具　253
詞書　230
言葉遣い　243
コミュニケーション・ギャップ　75
コント　249

さ
作者　163
雑誌広告　43

し
司会者　106
色彩配置　226
指示語　115, 203
自然形式　104
実験形式　104
視点　211
ジャンル　162, 175, 209
収録機器　125
受動表現　188
上位語　206
小説の文体　135
助言者　106
助言の間接性　120
助詞の省略　183
新言文一致体　27
身体表現　253
新聞記事　180

す
随想的章段　223
随筆　197

せ
性差　70, 143
接続詞　114, 205
接続助詞　185
接続表現　207
絶対指示　204
線状的構造　199
線状的文脈　51
全体構造　32
全知視点　164

そ
草子地　228
漱石と鷗外の文体比較　145

相談者　106
相談談話　99
相談談話の談話構造　106
双方向(インタラクティブ)性　46
ソ系　116, 203

た
turn-taking(話者交代)　73, 109
体言止め　190
対話　104, 245
タ形　35, 189, 201
段落　197
談話データの性格　105
談話分析　68, 104

ち
チャット　19
注意喚起表現　78
直接的行動指示　121
直接的文脈　51
沈黙　113

て
ディスコースマーカー　113
ディスコミュニケーション　31
テイル形　189, 202
テンス　189, 201

と
統括機能　197
東京方言　141
統計的文体論　150
ト書き　253
独話　104
とりちがえ　247

な
仲間語　169
名のり　244, 250

に
日常会話　65
日記的章段　223
二人称　244
日本語教育　6
人称　69

ね
ネガティブ・フェイス　122
ネガティブ・ポライトネス　122, 142
ネガティブ・ポライトネス・ストラテジー　123
ネチケット　31
ネット広告　43

の
能舞台　251
のだ　199

は
場　8
媒体　8
ハイパーテキスト　161, 164
橋本文法　13
発話末　28
バナー広告　45
話しことば　35, 104, 140, 169, 222, 230
話しことばの一般的特徴　68
話しことばの種類　10
話しことばの特徴　10
場面差　72
パラグラフ　197
反復表現　191

ひ

ＰＣメール　19
美意識　223
引歌　229
引札　26, 59
非線状的文脈　51, 181, 230
非タ形　35
被調査意識　104
ＢＢＳ（電子掲示板）　31
非文　183
比喩　118, 152, 231
比喩表現　171
表記　23, 57, 152, 170
表現　169
表示　49
描写法　173

ふ

フィラー　112, 243
フォーマリティ　72
副詞　114
フレーミング　31
ブログ　19, 174
プロット　250
文学研究　7
文間　152
文章・談話　2
文章・談話研究　3
文章構成　225, 231
文章読本　147
文章と談話の区別　5
文章の構造　183
文体　26, 139, 227
文体印象　139
文段　198
文長　152, 187
文と非文　49
文の構造　226
文の連接関係　207
文末　28, 152
文末表現　171, 188, 199
文脈　51, 168
文脈指示　203
文脈展開　224

へ

べらんめい調

ほ

方言と共通語　141
ポジティブ・フェイス　124
ポジティブ・ポライトネス　124, 142
ポジティブ・ポライトネス・ストラテジー　123
ポップアップ広告　45
ポライトネス　122

ま

間　171
漫才　249
漫才・コント　80

み

見出し　181

め

メディア　104

も

文字起こしデータ　68
文字化の方法　124
文字言語　239
文字テクスト　241
モダリティ　188, 199, 201, 230

よ
用語　26
4コマ漫画の構造　252

ら
ラジオの相談番組　99

り
リード　181
立体的構造　199
臨時一語　170, 191
隣接ペア　30, 75, 109, 168, 246,

る
類聚的章段　223
ル形　189

れ
レトリック　252
連用中止法　186

わ
和漢混淆文体　223
話者交代（turn-taking）　73, 109
話題語　77
和文体　221, 222
話法　211
笑い　80, 113, 246, 248

人名索引

A-Z
Brown and Levinson　122
Jefferson, Gail　126

あ
相原林司　54

い
石井正彦　170, 191
市川孝　9, 49, 51, 181, 207
伊藤雅光　36
井上夢人　176
井伏鱒二　149

う
宇佐美まゆみ　127

お
岡村和江　146

か
海保博之・原田悦子　126
桂英史　175
仮名垣魯文　61
樺島忠夫・寿岳章子　150, 187
蒲生芳郎　145

き
紀貫之　229

く
久木田恵　141
串田秀也・定延利之・伝康晴　126

こ
小林英夫　145
小松茂美　25
小森陽一　61

さ
サーサス，ジョージ　126
斎藤兆史　139
佐久間まゆみ　197
佐竹秀雄　27
定延利之　9
讃岐希美　34
山東京伝　26, 60

し
志賀直哉　137
式亭三馬　60
清水康行　9
ジュネット，ジェラール　228
陣内正敬　142

す
杉谷代水　62

た
高崎みどり　73, 144
高本條治　25
武田宗俊　150
田辺聖子　136
谷崎潤一郎　139

つ
土屋信一　50

な
中野独人　162
中村明　139, 151, 252

中村真一郎　145
夏目漱石　142

に
西坂仰　126
西宮一民　142
日蓮　151

は
芳賀矢一　62
早川治子　80

ひ
平賀源内　60

ふ
福沢諭吉　61
プロップ，ウラジーミル　167

ま
増田太次郎　26, 61

み
三島由紀夫　146
三宅直子　141

む
村上春樹　136
村上征勝　151

も
本居宣長　61
森山卓郎　9
茂呂雄二　36, 80, 126

や
ヤコブソン，ローマン　53

安本美典　150
山口仲美　52, 225
山田潤治　176
山本芳明　61

よ
横山隆治　45
柳亭種彦　60

り
リード，ハーバード　146

わ
渡辺実　227

作品名索引

い
和泉式部日記　228
伊勢物語　223

う
宇治拾遺物語　231

お
大鏡　228
落窪物語　231

か
蜻蛉日記　223, 229

き
狂言記　240, 242, 250

け
源氏物語　150, 223, 228, 229

こ
古今和歌集　229
今昔物語集　231

し
沙石集　241

た
竹取物語　223

つ
徒然草　210

て

天正狂言本　241, 242

と

土佐日記　28, 223, 231

ふ

附子　235

ま

枕草子　197, 210, 221

各章執筆者

はじめに、1章、3章、5章、6章	高崎みどり
2章	高崎みどり・大澤理英
4章	星野祐子
7章、8章、9章、10章	立川和美
3章のデータ処理法・8章のデータ処理法	大澤理英

執筆者紹介 (50音順) *は編者

大澤　理英（おおさわ　りえ）（旧姓伊藤）
関西外国語大学准教授
　「オノマトペの意味拡張の事例に基づく共感覚的比喩表現の一方向性における反例と考察」(『日本認知言語学会論文集　第7巻 JCLA7』、2007年、日本認知言語学会）
　『日本語オノマトペの比喩による意味拡張を中心とした認知言語学的考察』(2008年、J＆C出版）
　「オノマトペの有契性に関する韓国語母語話者を対象としたイメージ調査とその考察」(『研究年報』(31)、2017年、日本エドワード・サピア協会）

高崎　みどり（たかさき　みどり）*
お茶の水女子大学名誉教授
　「文体の異性装の実際―読み手にとっての・書き手にとっての・日本語テクストにとっての」(『文学』11-4、2010年、岩波書店）
　『ガイドブック　文章・談話』(共編、2010年、ひつじ書房）
　『テクスト語彙論―テクストの中でみることばのふるまいの実際』(2021年、ひつじ書房）

立川　和美（たちかわ　かずみ）*
流通経済大学教授
　「説明文のマクロ構造把握に関する研究―国語教育の実態とその応用に向けて」(東京大学大学院博士論文、1997年）
　「中心文及びトピックセンテンスに関する再考察―中核文認定への提案」(『文体論研究』(46)、2000年）
　『日本語随筆テクストの諸相』(共著、2007年、ひつじ書房）

星野　祐子（ほしの　ゆうこ）
十文字学園女子大学准教授
　『多人数による課題解決型話し合いの談話分析的研究』(お茶の水女子大学大学院博士論文、2010年）
　「「対話」指導に関する主張とその考察」(『「対話」学習の開発』、2013年、三省堂）
　「『月刊食道楽』における外来語の機能―明治末期と昭和初期に刊行されたグルメ雑誌を資料として」(『十文字学園女子大学紀要』(47)、2017年、十文字学園女子大学）

ここからはじまる文章・談話

発行	2008年4月25日　初版1刷
	2021年5月20日　　　3刷
定価	2000円+税
編者	ⓒ 高崎みどり・立川和美
発行者	松本功
装幀	近藤祐子
印刷・製本所	三美印刷株式会社
発行所	株式会社 ひつじ書房
	〒112-0011 東京都文京区千石2-1-2 大和ビル2F
	Tel.03-5319-4916　Fax.03-5319-4917
	郵便振替 00120-8-142852
	toiawase@hituzi.co.jp　https://www.hituzi.co.jp

ISBN978-4-89476-345-6

造本には充分注意しておりますが、落丁・乱丁などがございましたら、小社かお買上げ書店にておとりかえいたします。ご意見、ご感想など、小社までお寄せ下されば幸いです。